SABRINA MÜLLER, JASMINE SUHNER

TRANSFORMATIVE HOMILETIK

Sabrina Müller / Jasmine Suhner

Transformative Homiletik
Jenseits der Kanzel

(M)achtsam predigen in einer sich verändernden Welt

Bibliografische Information der Deutschen Nationalbibliothek:
Die Deutsche Nationalbibliothek verzeichnet diese Publikation in der Deutschen Nationalbibliografie; detaillierte bibliografische Daten sind im Internet über http://dnb.d-nb.de abrufbar.

2. Auflage 2024

Andreas-Bräm-Straße 18/20, 47506 Neukirchen-Vluyn,
info@neukirchener-verlage.de

Umschlaggestaltung: Grafikbüro Sonnhüter, www.grafikbuero-sonnhueter.de
Lektorat: Anna Böck
Gestaltung und Satz: Magdalene Krumbeck, Wuppertal
Verwendete Schrift: Apollo MT Std, Akko Pro
Gesamtherstellung: Drukarnia Dimograf Sp. z o.o., Bielsko-Biała
Printed in Poland
ISBN 978-3-7615-6911-5 Print
ISBN 978-3-7615-6912-2 E-Book

www.neukirchener-verlage.de

Band 3: IST – »Interdisziplinäre Studien zur Transformation«

Herausgegeben von Sandra Bils, Thorsten Dietz, Tobias Faix, Tobias Künkler, Sabrina Müller, in Zusammenarbeit mit dem Studiengang Transformationsstudien für Öffentliche Theologie & Soziale Arbeit an der CVJM-Hochschule.

INHALT

Für alle, die im Namen der Hoffnung und von der Ruach inspiriert ihre Unruhe bewahren:
die lauten und leisen Stimmen an den Rändern und in den bunten Zentren der Welt, die polyphon und mutig am Transformativ Predigen mitbauen

Für alle explorativ-homiletisch Tätigen, die uns gelehrt haben, wie ein gemeinsames Essen in einem Slum, ein Kaffee bei einer stillen Meditation in einer Großstadt, ein Bibel-Teilen in einer Kirchgemeinde und das getanzte Evangelium in einer Megachurch zur Predigt wird: Stephen, Ian, Marianne, Martin, Michael und viele mehr

Für alle Tänzer:innen diesseits und jenseits der Kanzel: besonders Timon, und auch viele weitere, die auf je ihre Weise Schönheit, Verbundenheit und Hoffnung in diese Welt hinein kommunizieren
und uns damit einen flüchtigen Blick schenken auf das, was wir sein könnten, auf unser atmendes Ich und auf eine zutiefst verbundene, lächelnde Welt

1 Geleitwort des Herausgeber:innenteams

Papa don't preach

»Papa don't preach« ist eines der bekanntesten Hitsingles von Madonna. Der Inhalt dieses 1986 veröffentlichten Liedes ist schnell erzählt. Eine Jugendliche ist schwanger von ihrem Freund. Es hatte nicht an Warnungen gefehlt, nicht in ihrem Freundeskreis und ganz sicher nicht zu Hause. Nun ist es zu spät und sie weiß zweierlei: Dass sie dieses Kind bekommen möchte und dass sie dabei Hilfe benötigen wird. Nach vielen Sorgen und durchwachten Nächten spricht sie nun mit ihrem Vater und wünscht sich, dass er ihr hilft. Dass er ihre Entscheidung für das Kind und für die Beziehung mit dem jungen Mann akzeptiert und ihr zur Seite steht. Nur eines, und das zieht sich als Refrain durch das Lied, möge er bitte nicht tun: sie anpredigen. Papa don't PREACH. Kein »Habe ich dir nicht gesagt« und kein »Das hast du nun davon«. Keine Ansprache von oben herab, vorwurfsvoll und besserwisserisch. Nichts, was irgendwie an das erinnert, was sie und ihre Hörer:innen sich unter einer Predigt vorstellen. Und das scheint eindeutig zu sein. Wer predigt, redet auf Menschen ein, ohne sie zu hören und zu sehen. Wer predigt, glaubt nicht nur, dass er etwas zu sagen hat; er glaubt, das Sagen zu haben. Wer predigt, steht auf einem hohen Podest. Wer predigt, sagt basta. Wer predigt, ist nicht Papa, sondern Patriarchat. So klang das Wort »Predigt« für viele im Jahr 1986. Und wahrscheinlich hat sich seither nicht sehr viel verändert.

Ende des Happyland

In ihrem Buch »Jenseits der Kanzel« sind Sabrina Müller und Jasmine Suhner auf diese Erfahrung eingestellt. Predigen versteht sich nicht mehr von selbst. Bis in die jüngste Gegenwart hinein konnten Kirche und Theologie die eigene Predigttätigkeit als selbstverständliches Kerngeschäft ansehen. Anders als bei Madonna wurde das »klassische Kanzelbewusstsein« nicht als Problem durchschaut. Es galt als das selbstverständliche Gefüge, dass ein gebildeter Mann in amtlicher Kleidung von erhöhter Position auf eine Versammlung einredete, die er als unterweisungsbedürftig ansah; und die offensichtlich mit größter Bereitschaft gekommen war, sich etwas sagen zu lassen. Inzwischen begegnet uns das Unbehagen mit diesem Format nicht mehr nur in den Charts. Es ist in die Kirchen eingewandert. Viele wollen nicht mehr das Sagen haben oder sich was sagen lassen. An diesem Machtgefüge ist nichts mehr selbstverständlich.

Die Fragen, die in diesem Buch gestellt werden, gehen von den Erfahrungen vieler marginalisierten Gruppen aus und betreffen alle, die sich biblisch-theologischer Machtansprüche bedienen, denn die Machtmechanismen sind oftmals gleich. Dabei geht es nicht nur um eine theologisch begründete und/oder strukturelle Unterdrückung von Menschen, sondern auch eine latente und gewohnheitsmäßige Unterdrückung, die oftmals schwer zu fassen ist und von der Gewohnheit und gewordenen Automatismen lebt. Die Autorin Tupoka Ogette[1] hat dafür ein Wort geprägt: Happyland. Happyland beschreibt die Welterfahrung derjenigen, die unter keiner Unterdrückung leiden und sich sogar offen gegen Unterdrückungsmechanismen wie Sexismus, Rassismus oder Diskriminierung einsetzen. Sie merken aber nicht, wie sehr auch sie daran gewöhnt sind, eigene Privilegien für selbstverständlich zu nehmen und Ausgrenzung anderer zu übersehen. Es geht genau um diese Gewohnheiten und Selbstverständlichkeiten, die sich aus einer jahrhundertelangen Geschichte speisen und die manchmal sogar ungewollt fortgeführt werden. Viele Männer leben in diesem Happyland gut und bequem, denn viele Kirchen sind in ihrer Einrichtung und ihrer Führung so selbstverständlich auf Männer ausgerichtet, dass diese oft gar nicht merken, wie sie Frauen den Platz und die Stimme nehmen, gerade weil sie die eigenen Positionen als selbstverständlich nehmen. Dazu kommt, dass dann biblisch-theologische Argumentationen diese Positionen geistlich untermauern und Männer in eine Rolle zwängen, die ihnen oftmals nicht guttut und sie überfordert. In diesem Happyland haben Frauen oft das Gefühl des »Nicht-gesehen-Werdens«, des »Nicht-zu-Wort-Kommens« oder des »Nicht-gehört-Werdens«.

Kleine Wegbeschreibung

Müller und Suhner würdigen in ihrem Entwurf zunächst eine Reihe von neueren Ansätzen in der Homiletik. Dabei wenden sie sich genau den Problemen zu, die man in einem Lied wie »Papa don't preach« ausgedrückt finden kann. Predigen ist in einer zweitausendjährigen Geschichte zu einer Art machtbasiertem Reden geworden. Und dieser implizite Geltungsanspruch ist zäh. Er verschwindet nicht einfach aus diesem Format, wenn man versucht es anders oder besser zu machen. Darum muss sich die Homiletik mit den impliziten Machtaspekten beschäftigen. Darum stellen die Autorinnen neuere Ansätze einer kritischen Machttheorie vor, unter besonderer Berücksichtigung postkolonialer und feministischer Ansätze. Dabei geht es nicht um einen banalen Gegensatz, dass man an die Stelle eines machtvollen Predigens künftig den Stil achtsamer Unterhaltung zu setzen habe. Reine Umkehrung der Vorzeichen wäre keine Lösung. Nicht der Gebrauch von Macht ist das Problem, denn dem können wir uns nie entziehen. Machtgebrauch und Achtsamkeit auf die Situation gehören zusammen. Dabei geben Müller und Suhner einen eindrücklichen Überblick in die internationale Predigtforschung: Reflexion eigener Privilegien, Perspektivübernahme eines Blicks von unten, kontextsensible Wahrnehmung der jeweiligen Situation und Förderung von Partizipation werden weltweit als notwendige Herausforderungen christlicher Kommunikation entdeckt. Schließlich entwerfen sie eine Skizze einer neuen Predigtkultur. In neutestamentlicher bzw. reformatorischer Sprache konnte man Predigen als Ausrichtung der befreienden Botschaft des Evangeliums in der Kraft des Heiligen Geistes beschreiben. Wenn es um diese befreiende Heilsmacht geht, bedarf es einer neuen Sprache, die sich vom autoritären Pathos früherer Ansprüche befreit.

Gut reformatorisch gehen Müller und Suhner auf die Bibel zurück. Im Anschluss an neue Bibelexegese in feministischer Perspektive setzen sie auf eine Neuentdeckung des Geistes Gottes als Ruach im Sinne der Hebräischen Bibel und einer umfassenden Reich-Gottes-Orientierung. Mit der Wiederentdeckung der Ruach, der göttlichen Geistkraft, kommt eine neue Dynamik in die Rede von Gott und Mensch, jenseits patriarchalischer Denk- und Redeformen. Die Hoffnung auf das Reich Gottes befreit die christliche Sprache von der Fixierung auf das Individuum und seine Innerlichkeit.

Jenseits der Kanzel?

Braucht es eine Transformation des Predigens? Genügen nicht ein paar neue Inhalte? Manchmal genügen neue Gedanken nicht, wenn sie sich in das Bestehende einfügen sollen. Ein Beispiel aus eigenem Erleben: Die internationale Kongressgemeinschaft hatte sich schon fast vollständig in der großen Stadtkirche eingefunden. Eine Referentin aus Asien wurde respektvoll vorgestellt und alle machten sich auf den harten Kirchenbänken zum Zuhören bereit. Denn da der Andrang so groß war, sprach sie nicht in einem Universitätsraum, sondern in der großen Kirche von der mächtigen Kanzel. Man sah – und alle mussten ganz genau hinschauen – ein lockiges Büschel schwarzer Haare hin und her bewegen. Mehr war nicht zu sehen. Schlagartig wurde das ganze Dilemma deutlich: Die asiatische Referentin verschwand geradezu hinter dieser mächtigen Kanzel. Auch an ein Podest hatte niemand gedacht. Die Menschen, die hier in der Regel sprachen, waren über Jahrhunderte hinweg alle männlich gewesen oder zumindest weiße Menschen mit hinreichender Körpergröße.

So ist es bis heute oft in Kirche und Gesellschaft. Auch in gutwilligen Zusammenhängen lässt sich nicht übersehen, dass die Strukturen für ganz bestimmte Menschen passend waren und für andere nicht. Mit ihrer transformativen Homiletik machen Müller und Suhner nicht nur Lust auf neue Gedanken. Ihr Blick über den Tellerrand westlich-weißer Theologie bahnt auch neue Formen einer gemeinschaftlichen Predigtkultur an.

Thorsten Dietz und Tobias Faix für die Herausgeber:innen

1 Das lesenswerte Buch von Tupoka Ogette heißt »Exit Racism« und beschäftigt sich vorwiegend mit Rassismus. Wir »leihen« uns hier ihren Begriff Happyland und deuten ihn im Kontext dieses Beitrags.

2 Vorwort

»Holt die Predigt von der Kanzel!« – dann hat sie die Chance, Augen zum Leuchten zu bringen und Menschen dazu zu bewegen, sich und die Welt zu verändern. So lautet das Plädoyer dieser Homiletik anderer Art. Wie andere Homiletiken auch, sieht sie die monologische Predigt von der Kanzel in der Krise, aber weder bedauert sie diese Entwicklung noch möchte sie sie durch andere Inhalte oder eine andere Sprache überwinden. Stattdessen motivieren Sabrina Müller und Jasmine Suhner dazu, die Predigt als Teil des vielfältigen religiösen Kommunikationsgeschehens innerhalb und außerhalb der Kirche zu verstehen. Denn die Kanzel und der Monolog sind, wie das Buch zeigt, Ausdruck von Machtverhältnissen, die in feministischer und postkolonialer Sicht ohnehin zu überwinden sind. Diese verlassend, kann und soll die Predigt lebendige, kreative und transformierende Begegnungen zwischen Menschen und biblischen Texten fördern. Menschen sollen in Resonanz gehen mit der »Ruach« Gottes und so ermutigt und ermächtigt werden zu transformativen Prozessen, die die Welt im Horizont des Reiches Gottes verändern.

Wie das gelingen kann, dafür liefert das Buch kein fertiges Konzept. Vielmehr werden die Leser:innen mitgenommen in die Suchbewegungen der beiden Autorinnen und dadurch motiviert zur eigenen Suche, die durch persönliche Fragen an die Leser:innen unterstützt wird. Der Weg dorthin führt zunächst über homiletische Theoriediskurse: einerseits klassische, die kritisch auf ihre Potenziale ebenso wie auf ihre Schwierigkeiten befragt werden, und andererseits eher unbekannte feministische und postkoloniale überwiegend aus anderen Kontinenten. Er leitet dann weiter zu Theorien zu Machtverhältnissen und Ansätzen zu deren Überwindung. Schließlich mündet er in praktische Beispiele, in welchen Formen Predigen jenseits der Kanzel gelingen und was dies bewirken kann, auch und gerade in digitalen Formaten.

Wie kann und will ich so predigen, dass Augen leuchten, dass Menschen zu mündigen Subjekten im Umgang mit der Bibel werden, dass sie miteinander kreativ werden und auf diesen Wegen spürbar zur Veränderung von Gesellschaft und Kirche beitragen? Diese Frage stelle ich mir nach der Lektüre des Buches und fühle mich gleichzeitig ermutigt, diese

Wirkung der Predigt für möglich zu halten – jenseits der Kanzel und (m)achtsam für Menschen und für die Welt im Horizont des Reiches Gottes.

Prof. Dr. Uta Pohl-Patalong

Ein persönliches Dankeschön

Bevor wir nun ins Buch einsteigen, möchten wir uns herzlich bedanken: bei Dr. Patrick Todjeras und Pastorin Birgit Mattausch für die kritische Lektüre und die wertvollen Hinweise und Rückmeldungen, bei Prof. Dr. Uta Pohl-Patalong für ihr ermutigendes Vorwort, bei Aline Knapp für das sorgfältige Korrektorat und beim Universitären Forschungsschwerpunkt (UFSP) »Digital Religion(s)« der Universität Zürich, der uns immer wieder interdisziplinäre Zusammenarbeiten mit vielen Wissenschaftler:innen ermöglicht, die inspirierend sind für unser eigenes theologisches Denken.

Dass dieses Buch nun in der zweiten Auflage erscheint, freut uns außerordentlich. Es ist uns Anlass, zusätzlich Ihnen, unseren Leser:innen von Herzen zu danken. Zahlreiche haben uns direkt angeschrieben, andere auf Social Media Kanälen über dieses Buch berichtet, manche haben Seminare und Vorlesungen dazu gehalten, andere uns von ihren konkret durch das Buch ausgelösten Transformationsprozessen in der Praxis erzählt. Auch die kritischen Stimmen schätzen wir überaus - denn die Resonanz und das Weiterdenken ist genau dies, worum es uns geht: Die homiletische Baustelle als solche zu fördern und dazu zu motivieren. Dass dies geschieht, berührt uns. Und in diesem Sinne gilt unser Dank auch all jenen, die Homiletik und religiöse Kommunikation weiterdenken und weiterbauen.

3 Einleitung

Liebe:r Leser:in,
die Idee für dieses Buch ist schon vor einigen Jahren entstanden. Wir saßen in einer Konferenz im schweizerischen Fribourg. Der Regisseur Wim Wenders erzählte mit bewegenden Worten davon, was ihn in seiner Arbeit antreibe: das reisende Unterwegssein; die Stimme gegen Armut zu erheben, ein Gespür für den »Ortssinn«, also für die Bedeutung von Kontexten. Der Soziologe Hartmut Rosa sprach über den »Leuchtende-Augen-Index« und über Resonanzerlebnisse. Wir beide saßen als Zuhörerinnen dort. Gleichzeitig malten und skizzierten wir auf je unseren Notizblöcken mit: nicht nur zum Gesagten, sondern dazu, wie leuchtende Augen und Homiletik, Transformation und Predigen zu denken und zu tun sind und wie sie zusammenhängen. In dieser Konferenz entstand also bei Bleistift-Skizzen, unter Wispern und Lachen, und anhand von Emojis für Homiletik-Frust und Homiletik-Träume der Grundgedanke für dieses Buch: die Idee, den zahlreichen bestehenden Büchern über Homiletik ein anderes zur Seite zu stellen. Ein illustriertes Buch, das zwar an klassische Homiletik-Anliegen und an gelingende gelebte religiöse Kommunikationsgeschehen anknüpft, aber darüber hinaus die Frage stellt:

Was heißt transformativ predigen?

Wir begannen einen Suchprozess.

Inspiriert durch die visuelle Version des Bestsellers »Reinventing Organizations« entstand unsere Idee, das vorliegende Buch zu schreiben und zu gestalten. Dieses Buch soll eines sein, bei dem der Text herausfordert und inspiriert, das aber auch visuell ansprechend und kurzweilig ist. Es soll bereits beim Durchblättern zur eigenen Weiterentwicklung der Praxis religiöser Kommunikation anregen. Deshalb finden Sie hier sowohl Text als auch Sketchnotes (von Sabrina Müller) sowie Fragen und Übungen für sich selbst.

Tiefer graben

Grau unterlegte Kästchen bedeuten: Hier wird die Thematik nochmals vertieft in der Forschungsdebatte verortet. Hier finden Sie in Kurzform Erläuterungen zu Begrifflichkeiten, Konzepten und weitere Literaturhinweise.

Jetzt wird's praktisch!

Kästchen mit gezackter Linie bedeuten: Hier finden Sie Fragestellungen, die sie direkt an sich selbst stellen können und Übungen, die Sie zum Weiterdenken anregen sollen.

Wieso sind uns diese Kästchen wichtig? Schreiben hat, ebenso wie Predigen, auch mit Macht und mit Rollen zu tun. Wiederholt möchten wir deshalb auch Fragen und Übungen benennen, die Sie als Lesende dazu ermuntern, den Themen selbstständig und aktiv nachzugehen. Auf diese Weise, so hoffen wir, unterbrechen wir den zwangsläufig eher monologischen Charakter eines Buchs und fordern Sie heraus, sich Ihre eigene Meinung zu bilden.

Manchmal finden Sie Sketchnotes: Diese visualisieren den Text, um ihn in Kürze und manchmal auch humorvoll verständlich zu machen.

Dies ist also ein Buch, das man in unterschiedlicher, je persönlicher Vertiefung oder nur kapitelweise und praxisnah lesen kann. Eines, das Sie leicht mit anderen teilen können und das Ihnen hilft, nicht mehr nur über das zu sprechen, was nicht funktioniert, sondern auch über die vielen Möglichkeiten, die im Feld der Homiletik offenstehen. Dieses Buch zeigt, wie einige Menschen und einige Systeme Wege gefunden haben, um wirkungsvoll, seelenvoll und sinnvoll zu predigen. Und es lädt Sie ein, sich eine neue Zukunft für Ihre eigene Art religiöser Kommunikation vorzustellen. Machen Sie sich auf Denk- und Handlungsanstöße gefasst!

3.1 Wozu noch eine Homiletik – und ist dies überhaupt eine?

Das vorliegende Buch geht davon aus, dass Predigen in zutiefst wirkungsvoller, seelenvoller und sinnvoller Weise möglich ist und dass dies vielerorts geschieht, innerhalb wie außerhalb der Kirche.

Im klassischen homiletischen Kontext, in der Kirche, läuft aber auch einiges nicht wie erwünscht. Es lässt sich so manche traurige Geschichte darüber erzählen, wie administrative Anforderungen an Pfarrpersonen die Lebendigkeit und Energie aus dem Predigtgeschehen verdrängen:

wenn etwa die Bürokratie die Gestaltungs- und Sprachmacht übernimmt und die Kreativität im Keim erstickt; wenn Egoismus und Machtspiele oder Silodenken in Kirchgemeinden grassieren und der:m Prediger:in alle emotionale Kraft raubt; wenn religiöse Kommunikation weniger von transformativ-theologischer Kraft denn von theologischer (Sprach-)Leere oder Management-Müdigkeit geprägt ist. Es lässt sich ebenso manche traurige Geschichte darüber erzählen, wie das Predigtgeschehen in vielfacher Weise nach wie vor zutiefst patriarchalisch und kolonial geprägt ist; wie dann Prinzipien der Kontrolle anstelle empowernder Gemeinschaft, wie das Hierarchische anstelle des Systembewussten, wie gesetzte Aussagen anstelle von Fragen, wie Statisches und Konservatives anstelle von Transformation dominieren.

Zugleich haben in- und außerhalb der Kirche zahlreiche Menschen Sehnsucht nach etwas Anderem und spüren Resonanz mit »religiösen Kommunikationsgeschehen«, gerade auch solchen »jenseits der Kanzel« (mehr zu diesem Ausdruck erfahren Sie in den folgenden Kapiteln). Viele Menschen sind nachhaltig inspiriert, wenn sie »predigt-ähnliche« Sequenzen in Podcasts, Liedern, Filmen (z. B. Motivationsreden) hören, wenn sie Bilder und Videos von Influencer:innen sehen, auch wenn sie manche Reden in klassisch-christlichen Formaten oder auch weiteren Kontexten hören. Der Grund für diese Resonanz liegt unserer Ansicht nach an dem ungebrochenen, weit verbreiteten Bedürfnis danach, Erfahrungswissen, Hoffnungen und Lebensweisheiten von Gegenübern zu hören, zu lesen, mitgeteilt zu bekommen und aktiv mitzuteilen.

Wir gestalten dieses Buch – schreibend und illustrierend – in der Absicht, eine etwas andere Homiletik zu bauen. Wir wollen damit Anstoß dazu geben, dass bereits tätige und angehende Prediger:innen und Hörer:innen, was im Idealfall zusammenfällt, leuchtende Augen beim Lesen bekommen und inspiriert und motiviert werden für ihre weitere religiöse Kommunikationspraxis – auf der Kanzel ebenso wie jenseits davon. Wir wollen unsere Leser:innen gleichzeitig dazu herausfordern, darüber nachzudenken, was bei ihnen selbst in dieser Hinsicht eigentlich leuchtende Augen auslöst:

»Das, was wir meinen, wenn wir alltagsweltlich davon reden, dass eine Begegnung jemandes Augen zum Leuchten gebracht habe, ist eine empirische Realität und keine esoterische Phantasie. [...] Die *leuchtenden*

Augen eines Menschen können […] als sicht- und tendenziell messbares Indiz dafür gelesen werden, dass der ›Resonanzdraht‹ in beide Richtungen in Bewegung ist: Das Subjekt entwickelt ein intrinsisches, tendenziell handlungsorientierendes und öffnendes Interesse *nach außen*, während es zugleich *von außen* in Schwingung versetzt oder affiziert wird.«[1]

In klassischen wissenschaftlichen Disziplinen formuliert, sehen wir wesentlich zwei Anknüpfungsfelder für dieses Buch:

- Es geht uns zum einen um einen Anschluss an homiletische Fragen und Anliegen. Hier wollen wir die Praktische Theologie und spezifisch die Homiletik weiterdenken.
- Es geht uns zum anderen aber ganz grundsätzlich um den Blick für gelingendes, gelebtes religiöses Kommunikationsgeschehen. Ein solches lässt sich nicht ohne Weiteres in das einreihen, was man gängig unter »Homiletik« fasst. Für solches wollen wir ebenfalls die Augen öffnen und davon her Grundideen, Handlungsempfehlungen und Inspirationen benennen. Hier schließen wir an interdisziplinäre Ansätze der Kommunikationswissenschaft, der Transformationsforschung, der Philosophie und weiterer Disziplinen an.

Wir schreiben dieses Buch nicht abstrakt und nicht frei von Prämissen. Inhaltlich geht es uns um den Blick auf notwendige Transformationen in unserer Gesellschaft und konkret in der Predigtpraxis. Hierzu zählen für uns wesentlich eine *dedication (Einsatz/Hingabe)* für die Option für die Ränder, die »voices from the margins«, sowohl äußerlich-gesellschaftlich wie auch innerlich-seelisch. Christlich-theologisch gesprochen geht es uns um die Sehnsucht nach, Hoffnung auf und Handeln für das Reich Gottes. Allgemeiner formuliert geht es uns um die Frage, wie religiöse Kommunikation transformierend wirken kann. Sie kann dies nur in Räumen, nur durch Menschen, nur durch Ideen, die sich selbst wieder in Bewegung setzen lassen.

Wir werden uns in den kommenden Kapiteln von Begriffen und Themen unserer beiden Anknüpfungsfelder leiten lassen:

- Wir knüpfen an einige klassische theologische Begriffe an: **Ruach** als transformierende Kraft und **Partizipation** als ermächtigende

Dynamik. Und, in kritischer Weise, an homiletische Entwicklungslinien und das damit verknüpfte »klassische Kanzelbewusstsein«.
- Wir knüpfen auch an Begriffe und Theoriekonzepte an, die stärker in genereller gelebter Theologie und religiöser Kommunikationspraxis, in Religionssoziologie und -psychologie, in Philosophie und Transformationsforschung zu finden sind: feministisch-postkoloniale Theologien, Empowerment, Spiritualität, unkonventionelle Wege, Fluidität zwischen Religion und Nicht-Religion.

Viele dieser Ideen unserer beiden Anknüpfungsfelder überschneiden sich letztlich dann doch. Ruach als unverfügbare und transformierende Kraft liegt dann plötzlich nahe bei imago und Imagination, Theismus und Atheismus treffen sich im Anatheismus (vgl. Teil III), Jünger:innen-Denken trifft sich mit Empowerment (vgl. Teil II).

Natürlich gibt es eine unseren gesamten Suchprozess und damit dieses Buch leitende Forschungsfrage. Auch wenn jede:r Forscher:in sich eingestehen muss, dass das Anstreben eines genau bestimmten Forschungsziels, auf das dann jegliche Forschungstätigkeit direkt ausgerichtet wird, als eigentlich paradoxes Unterfangen angesehen werden muss. Die wesentlichen Fragestellungen des vorliegenden Buchs lauten:[2]

Was heißt transformativ predigen und wie lassen sich entsprechende Erkenntnisse in Handlungsempfehlungen für interessierte Homiletik-Visionär:innen fassen?

Sie hören bzw. lesen: Dies ist keine »klassische« Homiletik. Dies ist auch keine neue Homiletik und kein ausführliches Handbuch über neue Homiletik-Ansätze. Sie halten vielmehr ein Buch in den Händen, welches homiletische Anliegen zugleich unterschreitet als auch überschreitet. Dieses Buch ist eine erzählerische und kritische Einführung in die Homiletik – aber keine umfassende, sondern eine stichprobenartige. Wir bevorzugen dabei nicht die Großtheorien, sondern das Kleinteilige, das Fragmentierte, Beiläufige, Erzählerische und das Partikulare.[3] So werden einige wichtige Elemente neu entstehender gelebter religiöser Kommunikationsgeschehen hervorgehoben, gerade so viel, dass Sie einen guten Eindruck davon erhalten, worum es dabei geht. Das Buch zeigt Beispiele gelingenden gelebten Predigtgeschehens, auch »jenseits der Kanzel«.

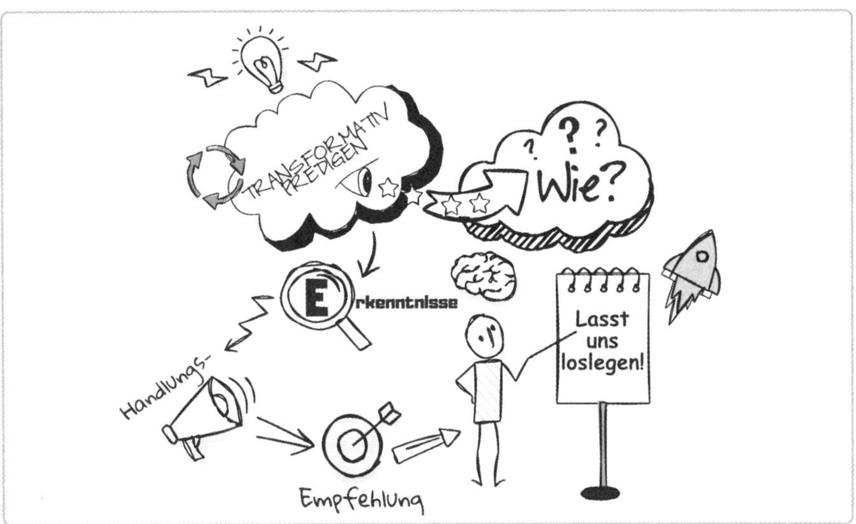

Wir sprengen dabei in mancher Weise einen »klassischen« Homiletikbegriff. Dies verdeutlichen wir auch, indem wir an manchen Stellen, allgemeiner von »religiöser Kommunikation« sprechen.

Weshalb ordnen wir dieses Buch insgesamt dennoch im Feld »Homiletik« ein? Der Begriff Homiletik meint zunächst einmal, etymologisch, die Kunst des Umgangs (gr. ὁμιλητική τέχνη), und zwar mit Menschenmengen und Versammlungen (gr. ὅμιλος). Es geht um die spezifische Kunst öffentlichen Sprechens, im religiösen Bereich eben: des Predigens. Es kann sich dabei um ausgefeilte Sprechkunstwerke handeln oder um die Intention, mit wenigen Gesten einen Samen zu streuen, oder um poetische oder prosaische, laute oder leise Worte. Die Funktion des Predigens bleibt dabei stets »Verheissung und Wirklichkeit miteinander zu versprechen, so dass verständlich wird, wie Christusverheissung auch und gerade diese den Glauben bedrängende Wirklichkeit betrifft, aufbricht, in ihrer Bedeutung für den Glaubenden verändert […]«.[4] Form und Inhalt werden dabei kontextuell gedeutet.

Diesem Verständnis von Homiletik gehen wir im Folgenden in spezifischer Weise, nämlich (m)achtsam (vgl. Teil II), auf die Spur. Was dies für den Homiletikbegriff bedeutet, werden wir im Teil III sehen.

Abschließend möchten wir anmerken, dass unsere Perspektiven von unseren spezifischen, je unterschiedlichen evangelisch-theologischen und kirchlichen (Praxis-)Erfahrungen geprägt sind. Wir beide sind weiß und in der Schweiz in der traditionellen Mittelschicht ohne akademischen Hintergrund aufgewachsen. Wir beide haben uns an der Universität Zürich promoviert (und habilitiert), Sabrina Müller in Praktischer Theologie, Jasmine Suhner in Religionspädagogik.

Sabrina Müller hat langjährige kirchliche, theologische und ökumenische Praxiserfahrung in der Jugendarbeit und als Pfarrerin im In- und Ausland. Sie hat längere Zeit in England geforscht, mehr als zwei Jahre in den USA gelebt und ist als Gastforscherin an der Claremont School of Theology (CST) und in ihrer Tätigkeit als Co-Chair in Praktischer Theologie bei der American Academy of Religion mit feministisch-postkolonialen Theologien in Berührung gekommen. Durch die verschiedenen Forschungserfahrungen im Ausland und das Interesse an kontextuellen Theologien fließen diese Aspekte ebenso in Sabrinas theologische Reflexionen mit ein wie ihre Prägung durch die deutschsprachige Praktische Theologie.

Jasmine Suhner hat vor ihrem Theologiestudium mehrere Jahre klassische Musik studiert, hat beruflich als Tänzerin und Tanzlehrerin gearbeitet, und betätigt sich bis heute außerhalb der universitären Arbeit als Kulturverantwortliche im Feld von Philosophie, Kunst und Gesellschaftsthemen sowie als Coachin. Diese verschiedenen Berufs- und Lebenserfahrungen, ihr damit verknüpftes Interesse an Embodiment (Verkörperung), Erfahrungsmystik, innovativen (Religions-)Sprachformen und transreligiösen Themen fließen in ihre religionspädagogische Forschung und ihr theologisches und religionsphilosophisches Denken und Handeln mit ein.

Unbestritten ist, dass unser sozialer und theologischer Standort auch diese homiletische Studie mitbestimmt hat. Aus methodischen Gründen ist das offene Benennen solcher Hintergründe notwendig, denn die Erläuterung persönlicher Prägungen und des eigenen Bias führt dazu, dass sich die Lesenden der Normativitäten der Autorinnen bewusst sind und dass gleichzeitig wir als Autorinnen unsere Normativitäten bewusster setzen und so die Glaubwürdigkeit der Ausführungen erhöht werden kann.[5]

3.2 Methodische Verortung: Zur »Produktion« des Phänomens »Predigen jenseits der Kanzel«

Dieses Buch ist kein Forschungsprojekt im klassisch-akademischen Sinn. Es ist vielmehr ein Suchprojekt. Sie als Leser:in begleiten uns auf dieser Suche. All jene, die sofort mit dieser Suche beginnen möchten, können an dieser Stelle vorblättern zum Kapitel 2.3, sich einen Überblick über den Aufbau dieses Buch verschaffen und dann je nach Lust und Laune von Anfang bis Ende oder auszugsweise lesen.

Für all jene, die sich im weiteren Sinn für die methodische Grundlegung dieses Buchs interessieren, fügen wir hier einige Verortungen und Reflexionen zum methodischen Vorgehen dieses Buchs an.

> *»Als Forscher[innen] wissen wir immer recht gut, woher wir kommen, [...], aber wir wissen im Voraus nicht genau, wohin wir uns wenden, welchen Weg wir nehmen und wo wir uns zu einem bestimmten Augenblick befinden werden, denn um diese Positionen zu kennen und auf der Karte des Projekts einzutragen, müssten wir gefunden haben, wonach wir suchen, noch bevor wir es entdeckt hätten.«*[6]

Wenn wir im Rahmen dieses Buchs von *Predigen jenseits der Kanzel* sprechen, so können wir nie einfach objektiv Predigtgeschehen an sich betrachten. Unsere Betrachtung ist stets von unserem Blick, unseren Interessen, unseren Begriffen und unserem Suchen geprägt. Unsere Ausführungen können dem realen Geschehen nie ganz entsprechen. Aber unsere Suche und dieses Buch als das Ergebnis dieser Suche können die Leser:innen vielleicht dazu bringen, das Phänomen des *Predigens jenseits der Kanzel* in bewussterer Weise wahrzunehmen.

Im Sinne einer methodischen Selbstverortung legen wir hier dar, auf welche Weise wir uns in diesem Buch mit dem Phänomen Predigen jenseits der Kanzel beschäftigen. Wir legen jene Fragen dar, die uns dazu geführt haben, uns diesem Thema aus wissenschaftlicher Perspektive und zugleich in erzählender Weise zuzuwenden. Zudem skizzieren wir die Vorannahmen, die unserem Arbeiten und Schreiben zugrunde liegen, und ziehen Verbindungslinien zwischen thematischen Aspekten des untersuchten Phänomens, die vor dem Untersuchungsprozess noch nicht absehbar waren und die sich erst allmählich ergeben haben.

Zu Beginn sei vorangestellt: Wir verstehen Theologie als kritische Geistes- und Gesellschaftswissenschaft, deren zentrale Aufgabe unter anderem darin besteht, das Geflecht von Beziehungsstrukturen zwischen verschiedenen Menschen und der Natur im Wechselspiel mit religiösen Traditionen und Erfahrungen, religiösen Themen, religiöser Praxis und gesellschaftlichen Verhältnissen zu untersuchen. Damit zusammenhängend können und sollen akademische Theologien auch vorherrschende Vorstellungen von Lebensorientierungen, Denk-, Handlungs- und Kommunikationsweisen kritisieren und Optionen für entsprechende Transformation anbieten.

Homiletik – als Reflexion auf die klassische Kanzelrede – ist nicht unabhängig vom Begriff der Kanzel und damit von dem zu untersuchen, was wir »Kanzelbewusstsein« nennen. Die Kanzel als Symbol für Kirche ist wesentlich mit Homiletik, pastoraltheologischem Selbstverständnis, Amtstheologie und Macht verbunden. Auch jüngere homiletische Ansätze implizieren zumeist, dass »normales« homiletisches Tun im kirchlichen Raum und in klassischer Manier von der Kanzel aus erfolgt – also in grundsätzlich hierarchischer, analoger, kirchlich-professionalisierter Weise. Auch wenn das aktuelle Predigtgeschehen selten noch wirklich von der Kanzel aus geschieht, bleiben die Weisen zu predigen dennoch die gleichen. Die Kanzel wird hier also zum Symbol für eine (Predigt-) Haltung (vgl. Kapitel 3).

Weitere predigt-ähnliche religiöse Kommunikationsprozesse finden zwar statt – und dies wird auch wahrgenommen –, trotzdem erhalten sie bisher wenig Eingang in die theologische Debatte und auch wenig Raum in der Aus- und Weiterbildung von Pfarrpersonen. Der Grund dafür liegt darin, dass bei kanzelfernen religiösen Kommunikationsformen die kirchliche, kanzelnahe Verortung gerade nicht gegeben ist und diese Formen deshalb weniger als homiletisches Tun wahrgenommen werden.

Mit diesem Buch versuchen wir, vermeintliche Eindeutigkeiten in Bezug auf gegenwärtig relevantes homiletisches Tun zu hinterfragen und nachzuzeichnen, welche normatisierenden Diskurse diese Thematik durchziehen. Im Fokus stehen die Fragen, wie diese Diskurse unsere Vorstellungen prägen, was dabei überhaupt als Predigt oder religiöse Rede gilt und inwiefern »kanzel-jenseitige« religiöse Rede höchstens als Spezialform von klassischer Predigt konstituiert wird.

Eine besondere Herausforderung dieses Vorhabens bestand darin, dass wir dabei selbst nicht von vornherein unseren Blick einschränkende normative Festlegungen setzen, also nicht von vornherein festlegen, wie sich etwas verhält oder wie etwas ist. Es geht darum, infrage zu stellen, weshalb etwas genauso in Erscheinung tritt bzw. treten konnte und weshalb sich genau dieses und nicht ein anderes Wissen über Homiletik konstituiert (hat).

Diese Herangehensweise entspricht einer dekonstruktivistischen Forschungshaltung im Anschluss an Derrida, bei der es darauf ankommt, keine voreiligen Bedeutungsschließungen vorzunehmen und diese gleichsam zu zementieren.[7] Vielmehr geht es dabei um eine Offenheit gegenüber immer neuen Bedeutungsverschiebungen bei einer gleichzeitigen und kontinuierlichen Infragestellung dominanter Bedeutungen.[8]

Eine transformative Homiletik muss also offen sein, Bedeutungen hinterfragen und entsprechende Deutungsmächte und Bedeutungsverschiebungen wahrnehmen. Sie schaut systembewusst um sich, beachtet ihre eigene Entstehungsdynamik und gibt jenen Kräften, Theorien und Erfahrungen Raum, welche die homiletische Kernaufgabe in der Gegenwart von Grund auf stärken (mehr dazu in Teil III).

Das Buch ist in drei Teile gegliedert. Der Blick zurück (vgl. Teil I) zeigt: Homiletik ist, durch verschiedene Pfadabhängigkeiten, nach wie vor geprägt durch eine die Debatte steuernde Sicht des *weißen westlichen Mannes*. Eine transformative Homiletik muss deshalb unseres Erachtens feministische, aber auch postkoloniale Ansätze miteinbeziehen (vgl. Teil II). Dabei schließen wir auch an Masseys Feststellung an, dass jede Arbeit einer feministischen Wissensproduktion nicht allein darin bestehen dürfe, Geschlechterverhältnisse zu erforschen, sondern dass es auch notwendig sei, »the gendered nature of our modes of theorizing and the concepts with which we work«[9] selbst zum Gegenstand des kritischen Forschens zu machen. Damit meinen wir: Es ist auch zu fragen, wie das Phänomen des »Predigens jenseits der Kanzel« hervorgebracht wird und wie Wissen darüber erlangt werden kann (bzw. konnte). Dieser Frage widmen wir uns dann auch noch einmal am Ende dieses Buches.

Der Prozess unserer Recherche umfasst deutschsprachige sowie angelsächsische homiletische Konzeptionen. Auch bei den Beispielen kanzelferner Predigten bewegen wir uns in diesen beiden Sprachräumen.

Dabei geben wir die von uns gewählten Beispiele in Form von Erzählungen weiter: Auf diese Weise versuchen wir den lebendigen Charakter der Praxis möglichst beizubehalten.

3.3 Wie ist dieses Buch aufgebaut?

Dieses Buch erschließt sich Schritt für Schritt. So gibt es z. B. für das, was wir unter »Embodiment« verstehen oder wie wir auf feministische Diskurse eingehen, eigene Kapitel. Manchmal klingen die Themen aber bereits vor diesen entsprechenden Kapiteln schon an. Die hier aufgeworfenen Themen, die Fragestellungen, überhaupt die Realität sind nicht linear wie ein Buch. Wir laden Sie ein, sich in Ihrem eigenen Tempo und auch mit Sprüngen durch dieses Buch zu lesen. Gemütlich und langsam Lesende sind eingeladen, dieses Buch Kapitel für Kapitel zu genießen, auch mit großen zeitlichen Abständen zwischen den Kapiteln – denn die einzelnen Kapitel sind auch je für sich gut verständlich und aussagekräftig.

Schnell Lesende sind eingeladen, im Eiltempo durch diese Seiten zu fliegen – denn die Titelüberschriften, die Kästchen und Sketchnotes vermitteln bereits einen Einblick in wesentliche Themen dieses Buchs.

Jene, die es eilig haben, dürfen direkt nach hinten zu den Handlungsempfehlungen blättern (Kap. 17 und 18). Man muss ja auch nicht immer ein ganzes Menü essen, um den Energiekick eines koffeinhaltigen Espressos genießen zu dürfen.

Kritisch Weiterdenkende schließlich dürfen, ja sollen dieses Buch gerne weiterentwickeln, denn wenn dieses Buch Inspiration und Handlungen auslöst, dann ist eines seiner wesentlichen Ziele erreicht.

Für alle diese verschiedenen Leser:innen präsentieren wir hier einen Überblick über die Kapitel dieses Buchs:

TEIL I. VOM KANZELBEWUSSTSEIN: EINE KANZELKRITIK. Wir beginnen dieses Buch mit der Anknüpfung an homiletische Entwicklungslinien: Dies ist der klassischste Teil dieses Buchs: eine Darstellung homiletischer Entwicklungen – aber dies unter dem Gesichtspunkt der Kanzel, die uns als Metonymie und Metapher dient (Kap. 3). Wir durchschreiten hier die Geschichte der Kanzel in einigen kurzen Skizzierungen und landen auf diesem Weg beim Kanzelbewusstsein der jüngeren Zeit (3.3). Von da aus werfen wir einen Blick auf aktuelle homiletische Entwürfe und Debatten (3.4 und 3.5) und gelangen zur Frage: Was nun?

TEIL II. (M)ACHTSAME HOMILETIK. Wenn ein Transformationsbedarf festgestellt wird und man die entsprechende Transformation bewusst fördern möchte, dann lohnt es sich, die Ausgangslage systematisch zu betrachten. Dies machen wir in Teil II, indem wir uns zunächst mit klassischen Machttheorien und -verständnissen auseinandersetzen (4.1 und 4.2). Von hier aus zeigen wir partizipative Machtverständnisse (5.1) und feministische (5.2) sowie postkoloniale Diskurse (5.3) auf, die das klassische Kanzelbewusstsein und entsprechende Homiletikdiskurse inspirieren und transformieren (5.4 und 5.5). Am Ende dieses Teil II machen wir einen kurzen Zwischenhalt, blicken zurück, schauen in die Gegenwart und stellen die Frage: Was nun? Kap. 6)

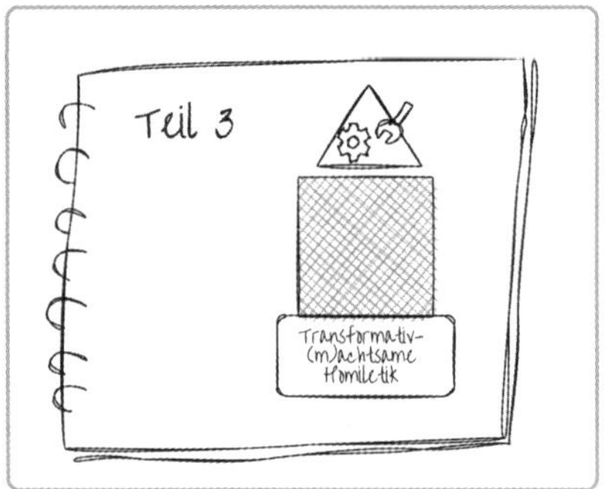

TEIL III. EINE TRANSFORMATIV-(M)ACHTSAME HOMILETIK. Im letzten Teil dieses Buches lassen wir unseren Suchprozess in konkrete Handlungsempfehlungen und Inspirationen münden. Nach einer Einleitung (Kap. 7) stellen wir kritisch die (für eine transformative Homiletik doch wichtige) Frage, was konkret »Transformation« meint (Kap. 8). Theologisch wissen wir uns in dieser Frage getragen und verortet in der Ruach, dem Geist Gottes, in der wir Transformation und damit auch eine transformative Homiletik verankern. An dieser Stelle knüpfen wir auch wieder an den Begriff der Resonanz an und rücken transformations-systembewusst die leisen, stummen, ungehörten Stimmen, *voices from the margins*, in den Blick (Kap. 9). Von hier aus gelangen wir zu einem »System transformativ-(m)achtsamer Homiletik« (Kap. 10) und zu verschiedenen Dimensionen einer transformativ-(m)achtsamen Homiletik (Kap. 11). Es gibt sie bereits in vielerlei und motivierenden Weisen: innovative, inspirierende, mutige Beispiele transformativ-(m)achtsamer Homiletik. Wir beschreiben oder vielmehr erzählen einige davon ganz konkret. Und wir konkretisieren, in welcher Weise hier transformatives Predigen erfolgt und welche Handlungsempfehlungen Sie für sich daraus ableiten könnten. Wir enden mit einem Anfang (Kap. 12): Wir heißen Sie willkommen auf der homiletischen Baustelle der Zukunft!

1 ROSA, Hartmut: *Resonanz: Eine Soziologie der Weltbeziehung*, 5. Aufl., Berlin: Suhrkamp Verlag 2016, S. 671 und 241.

2 Vgl. RHEINBERGER, Hans-Jörg: *Experiment, Differenz, Schrift: zur Geschichte epistemischer Dinge*, Marburg an der Lahn: Basilisken-Presse 1992, S. 54.

3 Vgl. dazu z. B. SLEE, Nicola: *Fragments for Fractured Times: What Feminist Practical Theology Brings to the Table*, London: SCM Press 2020, S. 3: »I regard the occasional, contextual and fragmentary nature of this collection as a virtue rather than a problem! Like much British theology, my own work eschwes the large-scale, systematic or comprehensive approach typical of Germanic theology of the first half of the twentieth century and facours the small-scale, the incidental, the narrative and metaphorical, the particular.«

4 LANGE, Ernst: *Predigen als Beruf: Aufsätze*, Stuttgart: Kreuz-Verlag 1976, S. 27.

5 Für eine ausführliche Reflexion zu Bias in der Forschung vgl. u. a. HARKER, David: *Creating Scientific Controversies: Uncertainty and Bias in Science and Society*, Cambridge: Cambridge University Press 2015; und hier spezifisch noch HARKER, David: *Two challenges for the naïve empiricist, Creating Scientific Controversies: Uncertainty and Bias in Science and Society*, Cambridge: Cambridge University Press 2015, S. 37–59.

6 SERRES, Michel: *Atlas*, Berlin: Merve 2005, S. 258, Gender-Ergänzung: S.M./J.S.

7 Vgl. DERRIDA, Jacques: *Auslassungspunkte: Gespräche (hg. von P. Engelmann)*, Wien: Passagen Verlag 1998.

8 Vgl. SANDOVAL, Chéla: »*Re-Entering Cyberspace: Sciences of Resistance*«, in: *Dispositio 19/46* (1994), S. 75–93, hier S. 78.

9 MASSEY, Doreen: *Space, Place, and Gender*, NED-New edition Aufl., Minnesota: University of Minnesota Press 1994, S. 12.

TEIL 1/

VOM KANZELBEWUSSTSEIN: EINE KANZELKRITIK

4 Mit der Kanzel durch die Homiletik-Geschichte: Eine Skizze

»I begin with an assumption: it is not a matter of asking if the scholarship of homiletics embeds whiteness, but it is a matter of revealing how it does so. With that assumption, I self-critically examine how we as scholars write, how we publish, and how we select course readings.«[1]

Irgendwie ist es an vielen Orten in der westlichen Welt fassbar: Predigten verlieren an Leuchtkraft. Die Sonntagspredigt lässt sich – zumindest in ihrer klassischen Form – kaum mehr als Hauptgeschehen kirchgemeindlichen Lebens bezeichnen. Die Gottesdienst-Besuchszahlen nehmen unabhängig von den Konfessionen ab. Predigten scheinen ein immer kleiner werdendes Publikum anzusprechen oder nachhaltig zu prägen. Pfarrpersonen klagen über Ermüdung und Enttäuschung im Blick auf das homiletische Geschehen auf der Kanzel. Nichtsdestotrotz sehnen sich religiöse ebenso wie sich als konfessionsfrei spirituell bezeichnende Menschen nach predigt-ähnlichen Kommunikationsgeschehen: entsprechende YouTube-Videos zu Spiritualität, zu Weisheitssuche, zu verschiedensten religiösen Lebensfragen zeugen hiervon, ebenso Beiträge und Chats auf Spotify, Twitter und weiteren Social-Media-Plattformen. Auch die meterweise mit religiösen, spirituellen oder religionsphilosophischen Ratgebern gefüllten analogen Buchläden sind nur einer von vielen Indikatoren solcher Sehnsucht.

Der Gesamteindruck verweist darauf: Es gibt Grund dafür, dass religiöse Kommunikation umfassend gesucht wird, auf Resonanz stoßen kann und sie offenbar irgendetwas Konstruktives zur Bewusstseinsentwicklung des Menschen beiträgt. Es gibt Grund zur Annahme, dass wir im Umbruch zu einem völlig neuen Homiletikparadigma stehen.

Dieses neue Paradigma wird in verschiedenen Hinsichten von aktuellen Entwicklungen geprägt sein. Es ist, dies nehmen wir an dieser Stelle bereits vorweg, jenseits der Kanzel. Jenseits also jenes speziellen Predigt-Orts, der innertheologisch jahrhundertelang als Metonymie für das

Predigen verwendet worden ist – deutlich bis heute etwa an Veröffentlichungen von Martin Nicol und Alexander Deeg »Im Wechselschritt zur Kanzel«[2], an Isolde Karles »Kanzel-Ich«[3], Rainer Preuls »die Kanzel als letzter Ort für die Pflege der Bildungssprache«[4] oder an Roland Lehmanns »Reformation auf der Kanzel«[5]. Das neue Homiletikparadigma ist von neuen Entwicklungen in Theologie und Kirche, aber auch von politischen und gesellschaftlichen Debatten und Entwicklungen wie Digitalisierung, Embodiment-Erkenntnissen, von postkolonialen und feministischen Diskursen und mehr geprägt. Zudem gründet es in der Bedeutung, die der Kanzel, dem pastoraltheologischen Selbstverständnis und der Amtstheologie über die Jahrhunderte zugewachsen ist.

Wir nehmen sämtliche dieser Indikatoren als Anlass und gehen mit Ihnen nun in einer »Ultrakurz-Geschichte« auf die Entwicklung und die Bedeutung der Kanzel ein. Was wir hier skizzieren, ist also ein Schnelldurchlauf durch die Geschichte der Homiletik anhand der Kanzel, gewissermaßen eine kurze »narratologische Rampe«. Sie dient uns dann dazu, um anschließend von dieser Rampe aus in das heutige Feld von Homiletik zu springen.

---

1 Kim-Cragg, HyeRan: *»Invisibility of Whiteness: A Homiletical Interrogation«*, in: HMLTC 46/1 (2021), S. 28–39, hier S. 28.

2 Nicol, Martin und Alexander Deeg: *Im Wechselschritt zur Kanzel. Praxisbuch Dramaturgische Homiletik*, 2. Aufl., Göttingen: Vandenhoeck & Ruprecht 2013.

3 Karle, Isolde: Praktische Theologie, Bd. 7, Leipzig: *Evangelische Verlagsanstalt 2020 (Lehrwerk Evangelische Theologie)*, S. 233.

4 Preul, Reiner: *Kirchentheorie*, Berlin: de Gruyter 1997, S. 293.

5 Vgl. Nicol/Deeg: *Im Wechselschritt zur Kanzel. Praxisbuch Dramaturgische Homiletik*; Lehmann, Roland M.: *Reformation auf der Kanzel: Martin Luther als Reiseprediger*, 1. Aufl., Tübingen: Mohr Siebeck 2021.

5 Die Anfänge der Kanzel als Ort öffentlicher Kommunikation

Die christliche Predigtgeschichte begann, gemäß biblischer Erzählung, mit der Pfingstpredigt des Petrus vor Pilger:innen »aus allen Völkern unter dem Himmel« (Apg 2,5)[1]. Jene Predigt wird Petrus auf einem Platz in Jerusalem gehalten haben. Wann und wie aber kam die Kanzel als liturgischer Ort der Predigt ins Spiel?

Die *Geschichte* der Kanzel als Predigtort beginnt lange vor dem ersten *Aufbau* einer Kanzel. Der Name »Kanzel« führt zurück in das 4. Jahrhundert, als zum ersten Mal von den sogenannten *cancelli* gepredigt wurde.[2] Die *cancelli* waren kunstvoll verzierte Platten aus Holz, Stein, oder Metall, die in einer christlichen Basilika den Altarraum vom Gläubigenschiff abgrenzten. Diese Platten gaben der Kanzel aber nur den Namen. Historisch haben sie wenig mit der heutigen Kanzel zu tun. Lediglich die Funktion des Predigens verband sie.

Wie also kam der Gedanke eines Predigtstuhls, einer Kanzel, eines Predigt-Rednerpodests für das Predigtgeschehen auf? Um in diesem Buch einmal im westlichen Kontext zu bleiben, beginnen wir mit einem kurzen Blick in die griechisch-römische Antike.

5.1 Kathedra und Thron als Predigtorte

Schon in der Urkirche verlangten die Theologie und das Verständnis des bischöflichen Amtes einen besonderen Predigtort: den Sitz des Bischofs. Der Predigtstuhl. Die Idee eines besonderen Stuhls für Predigt oder für Lehre: sie ist keine christliche. Dasselbe gilt für einen erhöhten Ort als Rednerpodest: Auch dies ist keine primär christliche Erfindung. Die Urkirche knüpfte hierfür an jüdische und antike Traditionen an:

- In jeder Synagoge gab es eine Stelle, von der aus der Rabbiner die Schrift deutete. Sie lag der hörenden Gemeinde gegenüber. Dort saßen die Rabbiner zur Predigt auf ihrem Lehrstuhl, der traditionell und rituell eine große Bedeutung besaß. Lehrstühle bzw.

Kathedren waren die Ehrenplätze in der Synagoge, auf die sich die Schriftgelehrten drängten. Wer dort sitzen durfte, übernahm Aufgaben, die mit besonderen Ehren verbunden waren (vgl. Mt 23,6). Dabei wurde ein Stuhl immer hervorgehoben: der eigentliche Lehrstuhl, den die Jüd:innen vielfach mit der Kathedra des Mose identifizierten. Die »Kathedra des Mose« in der Synagoge bewahrte die Kontinuität der Lehre durch Jahrhunderte, und solange der Rabbiner mit ihr zu tun hatte, predigte er die Tora in der rechtmäßigen Nachfolge des Mose. Auf einer Kathedra war er eingesetzt worden. Es galt insofern als Axiom: »Wer amtlich lehrt, sitzt auf einem Sessel«.[3]

- Dieser im Judentum übliche Brauch kennt Parallelen in der Antike. In jedem besseren Haus des Altertums standen Stühle für die Alten, die Frauen und die Gäste. Diesen Personen einen erhöhten Sitz zu geben, war eine Form der Höflichkeit. Und ebendiese Höflichkeit, Wertschätzung oder auch Ehrung fand Ausdruck in der Kathedra, die zum Symbol der Ehrung für die vor-sitzende Person und deren Machtautorität wurde: Könige oder Beamte be-setzten eine Kathedra für Regierungstätigkeit und Rechtsprechung. So ließ sich etwa der Staatsdiener Pontius Pilatus auf einem Stuhl nieder, damit er Jesus rechtskräftig verurteilen konnte (vgl. Joh 19,13). Auch zum Ausdruck von Lehrautorität wurde das Sitzen auf einer besonderen Kathedra üblich.[4]
- Der Gedanke eines (manchmal erhöhten) Sitzens als Ausdruck besonderer Ehre oder Autorität trifft auf einen anderen Brauch: jenen des erhöhten Platzes für öffentliches Reden. Das altgriechische Wort bema (βῆμα) bedeutet »Podest« oder »Stufe«. Ein solches Podest wurde im antiken Griechenland und Rom für verschiedenste erhöhte Rednerpodeste verwendet. Auch in Synagogen kennt man die mit diesem Wort etymologisch zusammenhängende Bima oder Bimah, von wo aus die Tora-Lesung im jüdischen Gottesdienst erfolgt. Die Verwendung eines erhöhten Rednerpults ist also sowohl weltlich anzutreffen wie auch in verschiedenen Religionen bekannt.

Diese verschiedenen jüdischen und antiken Traditionen kannte die Urkirche, übernahm deren Grundgedanke und weitete ihn aus. Für die Urkirche galt die Kathedra, der Bischofsstuhl, als Zeichen der apostolischen Lehrsukzession. »Viele Bischöfe behaupteten deshalb, auf der Kathedra eines Apostels zu sitzen. In ihr verkörperten sich die wahre apostolische Lehre und die Legitimation des predigenden Lehrers. So existieren die ›Kathedra des Petrus‹ oder die ›Kathedra des Jakobus‹, die ihren bischöflichen Be-sitzer als Nachfolger dieses Apostels auswiesen.«[5] Auch für Augustinus gehörten Kathedra und Predigt untrennbar zusammen. »›Warum predige ich? Warum sitze ich hier auf der Kathedra? Wofür lebe ich?‹ [...] Bei Augustinus fließt das Bewusstsein seines Bischofsamtes kräftig in seine Predigttheologie ein. Der *locus superior – des höheren Ortes –*, von dem herab er spricht, ist für ihn Symbol der vorgegebenen Kirchenstruktur, die es ihm zur Pflicht macht, seines Amtes zu walten.«[6]

Predigen verstand man damals als amtliches Sprechen. Nur der, der in der Reichskirche zum Bischof beamtet war, durfte offiziell die Lehre der Apostel verkünden. Sobald er auf seiner Kathedra saß, predigte er amtlich.

In der Ostkirche verstärkte sich der Gedanke und die Gestalt der Kathedra: Sie steigerte sich zu einem Thron. Weil sich in Ostrom das bischöfliche Amt stärker als im Westen gefestigt hatte, konnte der Bischof als Zeichen seiner kirchlichen und staatlichen Autorität mehr als eine Kathedra – eben: einen Thron – beanspruchen. So sprach etwa Johannes Chrysostomos häufig von seinem »Thron« als Ausdruck seines bischöflichen Predigens: »Diesen Thron haben wir übernommen, von diesem Thron erheben wir unsere Stimme, seitdem Christus uns den Dienst der Versöhnung, nämlich die bischöfliche Würde, anvertraut hat.«[7]

Thron und Kathedra standen in den frühchristlichen Kirchen in der Apsis[8], und sie knüpften so an das Vorbild der kaiserlichen Basilika an, in der die Apsis ebenfalls Ort für den Kaiserthron gewesen war. Als die Raumaufteilung einer christlichen Basilika Ende des 4. Jh. feststand, blieb die Apsis die Stelle, die für die Kathedra bzw. den Thron reserviert wurde. Weil die Gotteshäuser immer größer wurden, bekamen die Prediger aber akustische Schwierigkeiten. Die Kathedra als Predigtstuhl war zu weit von den Zuhörer:innen entfernt.

Deshalb schuf man tragbare Amtssessel für die Bischöfe. In Quellen sind viele hölzerne Lehrstühle bezeugt, die man leicht von Ort zu Ort im

Kirchenraum tragen konnte. »Möglicherweise können wir aus dieser veritablen Stellung der Kathedra schließen, daß der Bischof bei offiziellen richterlichen und Vorsitzer-Funktionen (wie bei der Entscheidung über die Taufzulassung) in der Apsis saß, beim Lehren jedoch seinen Sitz nahe ans Volk heran oder gar in dessen Mitte rückte«.[9] Als Stuhl blieb aber auch die tragbare Kathedra das Symbol der legitimen und autoritativen Lehre des Bischofs. Überall, wo die Kathedra stand, besaß der Bischof seine Leitungsmacht und sein Predigtrecht. Erst als man die Kathedra räumlich näher an die *cancelli* rückte, entstand der Begriff »Kanzel«.

5.2 Ambo und Lettner als Predigtort

Als Alternative zur Predigt von der Kathedra aus wurde manchmal vom sogenannten Ambo aus gepredigt. Ambonen entstanden in der Mitte des 4. Jahrhunderts, wohl als eine Folge des regen Kirchenbaus, und waren erhöhte Podeste zwischen Gemeinde- und Altarraum. Primär verwendet wurden sie für die gottesdienstlichen Lesungen. Ein erhöhtes Podest – Bima – wurde, wie erwähnt, bereits im Judentum zur Verlesung von Gesetz und Propheten verwendet. Auch in heidnischen Kontexten waren solche Podeste bekannt, etwa im ägyptischen Isiskult.[10]

Das Wort »Ambo« ist griechisch und leitet sich ab vom Verb »hinaufsteigen«. Die Etymologie verdeutlicht die podestartige Erhöhung des Ambos, zu dem jeweils hinaufgestiegen wurde und wird. Diese Erhöhung trug und trägt dem Bemühen Rechnung, das Vorlesen der Heiligen Schrift ehrenvoll zu gestalten. Der Ambo stand auch den nichtbischöflichen Predigern offen: Hier lasen auch Diakone und Lektoren vor. So gesehen ist der Ambo Symbol für den Rang seines Benutzers innerhalb der kirchlichen Hierarchie: Auf dem Ambo standen meist Kleriker, aber nicht Bischöfe.

Allerdings: Die räumliche Nähe des Ambos zur feiernden Gemeinde hatte deutliche akustische Vorteile für die Zuhörenden. Allmählich wurde der Ambo deshalb mancherorts auch für die Predigt genutzt: Nachweislich haben als erste Gregor von Nazianz und Johannes Chrysostomos vom Ambo aus gepredigt, »obwohl« sie Bischöfe waren und auch die Kathedra benutzen durften.[11]

Insgesamt war der Ambo eine stärker in Südeuropa und im Byzantinischen Reich bekannter Ort für Lesungen und eben manchmal für Predigten. Im Norden Europas hingegen wurden für Lesungen zuweilen sogenannte »Lettner« gebaut – vom lateinischen Wort »lectorium«: ein Pult, auf dem das »lectionarium«, das Lesungsbuch, lag.[12]

5.3 Erhöhung und Höherstellung

Ungefähr ab dem 4. Jh. entwickelte sich also in verschiedenen Kirchen allmählich ein eigener liturgischer Mittelpunkt, von dem aus gepredigt wurde. Häufig predigten die frühen Bischöfe auch noch von ihrem Stuhl in der Apsis aus: Dies entsprach der Position der Magistrate in den weltlichen Basiliken, deren allgemeine Form die meisten großen frühen Kirchen annahmen. Insgesamt fand das Predigen damit grundsätzlich von Stellen aus statt, die mehrere Funktionen hatten.

Der Begriff der »Kanzel« wird dabei bei den Kirchenvätern verschiedentlich erwähnt. So zum Beispiel bei Gregor von Nyssa[13], bei Augustinus[14] oder bei Johannes Cassianus. Letzterer etwa konstatierte im Blick darauf, welches (zusätzliche) amtliche Recht dem Kanzelredner zur Seite stehe: »Wer es [bei der ›brüderlichen Zurechtweisung‹, Anm. S.M./J.S.] aus der Kanzel und im Beichtstuhle zu thun hat, dem steht die Amtsgnade und das amtliche Recht zur Seite.«[15]

Eine der frühesten Erwähnungen einer Kanzel in einer Kirche geht auf Cyprian zurück (250 n. Chr.): »When this man, beloved brethren, came to us with such condescension of the Lord, illustrious by the testimony and wonder of the very man who had persecuted him, what else behoved to be done except that he should be placed on the pulpit, that is on the tribunal of the church; that, resting on the loftiness of a higher station, and conspicuous to the whole people for the brightness of his honor, he should read the precepts and gospel of the Lord, which he so bravely and faithfully follows?«[16] Diese Erwähnung bezieht sich indessen nicht auf eine Kanzel, wie wir sie heute kennen; vielmehr verdeutlicht der Kontext dieses Briefs, dass mit »Kanzel« hier einfach eine erhöhte Plattform gemeint ist, auf welcher der Klerus saß.

Wesentlich an all den genannten Begriffen – Kathedra, Ambo, Bima etc. – ist also deren *räumliche Erhebung oder Erhöhung*. Auch das englische Wort für Kanzel, »pulpit«, stammt aus dem Lateinischen und bedeutet »platform« oder »staging«. Diese räumliche Höherstellung ist in mehrfacher Weise deutbar und wirksam: *Ekklesiologisch* verweist sie symbolisch auf die höhere Stellung derjenigen, die von der Kirche zum Klerus über die Gemeinde geweiht worden sind. *Biblisch-theologisch* lässt sich dieses »Hinaufsteigen zum Verkünden« als Erinnerung oder Hinweis auf verschiedene alttestamentliche und neutestamentliche Worte deuten: etwa an ein Wort des Propheten Jesaia: »Auf einen hohen Berg steig hinauf, du Freudenbotin Zion! Erhebe mit Macht deine Stimme« (Jes. 40,9); oder an die Bergpredigt. *Akustisch* kann die Erhöhung des Orts zur besseren Verteilung der Schallwellen und also des (Stimmen-)Klangs im Raum, in *visueller* Hinsicht der besseren Sichtbarkeit der sprechenden Person verhelfen. Grundsätzlich *theologisch* und *liturgisch* kann die Erhöhung der Kanzel auf die spezifische Dignität der von dort aus stattfindenden Wortverkündigung verweisen.

Trotz dieser Vielfalt an erhöhten Predigt-Orten von der Urkirche bis ins Mittelalter ist festzuhalten: Bis weit ins Mittelalter hinein spielte die Kanzel eine geringere Rolle als der Altar. Im Mittelpunkt von Kirche und Liturgie stand der Altar. Der Fokus auf die Eucharistiefeier verdrängte den Raum für die Predigt – buchstäblich.

5.4 Kanzeln – erhöhte Standorte als portable Rednerpulte

Breite Verwendung erhielt die Kanzel erst im späten Mittelalter. Hintergrund dieser Entwicklung waren wesentlich die mittelalterlichen Bettelorden: Hier fand der Ort der Predigt neue Aufmerksamkeit – außerhalb des Kirchenraums, bei der Volkspredigt, im Freien.

Hatte die Predigt im ersten Jahrtausend ihren primären Platz *innerhalb* der Messe, zeichnete sich ab dem 12. Jahrhundert allmählich ein Wandel ab: Bernhard von Clairvaux entdeckte die Massenwirksamkeit der Predigt und hat als einer der Ersten wieder im »größeren Maße außerhalb der Messe und der Kirchen gepredigt, um Menschen zu erreichen, zu denen sein Ruf sonst nicht gelangt wäre«.[17] Immer stärker konnte sich in der Folge die Predigt aus dem liturgischen Zusammenhang lösen. Die Mönche der neuen Bettelorden hielten ihre Predigten außerhalb der Messe, meist unter freiem Himmel. Grund hierfür waren nicht zuletzt mehrfache Konflikte zwischen Bettelmönchen und Pfarrern, die dazu führten, dass Bettelmönche für ihre Predigten ins Freie auswichen.[18] Als solcher in der freien Natur predigender Bettelmönch wurde ein bestimmter in besonderer Weise bekannt: Bruder Berthold (Berthold von Regensburg, ca. 1210–1272). Als Franziskanermönch zog er predigend durch die Schweiz und viele weitere europäische Länder. Wenn er auf freien Plätzen in den Städten auftrat, verwendete er ein Podest mit Stützen, das er jeweils weiter zum nächsten Predigtort trug.[19]

Aus solchen immer öfter von Bettelmönchen verwendeten »Predigtbühnen« im Freien entwickelte sich die Kanzel als erhöhter Standort und portables Rednerpult. Als die Wandermönche sesshaft wurden und sich eigene Kirchen bauten, wiesen sie den Kanzeln einen festen Ort zu, der die Raumarchitektur mitprägte. Auch Pfarrer ließen sich von diesen Entwicklungen bei den Franziskanern und Dominikanern prägen und gaben der Kanzel und Kanzelrede neues Gewicht. In den späteren Kirchenbauten der Mönchsorden sowie in allen anderen Kirchen seit dem 14. Jh. erhielt die Kanzel dann einen festen Platz. Ab dem Spätmittelalter war die Kanzel der im Kirchenraum übliche Predigtort.

In der katholischen Kirche unterbracht erst die Liturgiereform des II. Vatikanischen Konzils dic jahrhundertealte Tradition, indem die meisten Priester die Kanzel seither nicht mehr besteigen. Evangelische Pfarrer:innen predigen dagegen bis heute je nach Kontext von der Kanzel.

5.5 Die Kanzel – Ort öffentlicher Rede

Die Bedeutung der Kanzel ging im Laufe des Mittelalters weit über den Kirchenraum und auch über das Religiöse hinaus: Die Kirche des Mittelalters war ein, wenn nicht *der* zentrale Raum der Öffentlichkeit. Sie war die »einzige Institution, die im Mittelalter quer zu den neben- oder übereinander befindlichen Korporationen oder Gesellschaftsschichten stand und den Partikularismus ihrer Kommunikation überwand«.[20] Entsprechend war auch die Kanzel »eine Stätte amtlicher Bekanntmachung«[21], ein Ort der öffentlichen Kommunikation wichtiger Belange einer Gemeinschaft, eines Dorfs, einer Stadt.

5.6 Kunstgeschichtliche Aspekte

Ab dem 16. Jahrhundert erhielt die Kanzel auch aus kunstgeschichtlichen Aspekten eine ausgeprägte Form. Der Zugang zur Kanzel erfolgt seither meist über eine Treppe mit Brüstung, wobei sowohl Treppenbrüstung als auch der Kanzelkorb (Korpus) häufig reich mit biblischen Motiven verziert sind. Verzierung der Kanzel, aber auch Verortung im Kirchenraum variieren dabei und sind abhängig von der jeweiligen christlichen Konfession.

Vom Aufbau her ähneln sich »katholische« und »evangelische« Kanzeln, die frühen und die späten Kanzeln. Sie setzen sich alle aus drei Hauptbestandteilen zusammen: einem Korpus, einem Kanzelfuß, auf dem der Kanzelkorpus steht, sowie fast immer einer Schalldecke. Zur Kanzel führt außerdem normalerweise eine Treppe, die manchmal durch eine Tür verschlossen wird. Die meisten Kanzeln wurden entweder aus

Stein gehauen oder aus Holz geschnitzt. Sämtliche Teile einer Kanzel können verziert sein. Diese künstlerischen Verzierungen übernahmen die Kanzeln gewissermaßen als Erbe von den Ambonen und Lettnern.

1 Bei diesem und den folgenden Bibelzitaten verwenden wir die Elberfelder Übersetzung.
2 Vgl. DAMBLON, Albert: *Ab-kanzeln gilt nicht: Zur Geschichte und Wirkung christlicher Predigtorte, Münster,* Hamburg, London: LIT 2003, S. 10.
3 EMMINGHAUS, Johannes H.: *»Gestaltung des Altarraums« 11* (1985).
4 Vgl. DAMBLON: *Ab-kanzeln gilt nicht*, S. 11.
5 DAMBLON, Albert: *Zwischen Kathedra und Ambo. Zum Predigtverständnis des II. Vatikanums – aufgezeigt an den liturgischen Predigtorten*, Düsseldorf: Patmos 1988, S. 237.
6 ZERFASS, Rolf: *Der Streit um die Laienpredigt: eine pastoralgeschichtliche Untersuchung zum Verständnis des Predigtamtes und zu seiner Entwicklung im 12. und 13. Jahrhundert*, Freiburg: Herder 1974 (Untersuchungen zur praktischen Theologie 2), S. 111.
7 Vgl. DAMBLON: *Ab-kanzeln gilt nicht*, S. 11–12.
8 Eine große Nische in einer Kirche, meist ein Halbrund mit eigenem halbrunden Gewölbe und Dach, heißt nach dem griechischen Wort für Gewölbe (»Hapsis«) Apsis.
9 EMMINGHAUS: *»Gestaltung des Altarraums«*, S. 52.
10 Vgl. DAMBLON: *Ab-kanzeln gilt nicht*, S. 19.
11 Vgl. DAMBLON: *Zwischen Kathedra und Ambo. Zum Predigtverständnis des II. Vatikanums - aufgezeigt an den liturgischen Predigtorten*, S. 535.
12 DAMBLON: *Ab-kanzeln gilt nicht*, S. 43–51.
13 NYSSA, Gregor v.: *»Ausgewählte Reden«. Ausgewählte Schriften des heiligen Gregorius, Bischofs von Nyssa*, Bd. 70, Kempten 1880 (Bibliothek der Kirchenväter, 1 Serie), https://bkv.unifr.ch/de/works (abgerufen am 22.3.2023)
14 HIPPO, Augustinus v.: *»Ausgewählte Briefe (Erster Teil)«. Des heiligen Kirchenvaters Aurelius Augustinus ausgewählte Briefe / aus dem Lateinischen mit Benutzung der Übers. von Kranzfelder übers. von Alfred Hoffmann*, Bd. 29–30, Kempten 1917 (Des heiligen Kirchenvaters Aurelius Augustinus ausgewählte Schriften Bd. 9–10; Bibliothek der Kirchenväter, 1. Reihe), https://bkv.unifr.ch/de/works (abgerufen am 22.3.2023).
15 CASSIANUS, Johannes: *»Vierundzwanzig Unterredungen mit den Vätern (Collationes patrum)«. Sämtliche Schriften des ehrwürdigen Johannes Cassianus: erster Band / aus dem Urtexte übers. von Antonius Abt*, Bd. 59 und 68, Kempten 1879 (Bibliothek der Kirchenväter, 1 Serie), https://bkv.unifr.ch/de/works (abgerufen am 22.3.2023).

16 Karthago, Cyprian v.: *»The epistles of Cyprian«, in: Roberts, Alexander und James Donaldson (Hrsg.): The Writings of the Fathers Down to AD 325 ANTE-NICENE FATHERS VOLUME 5: Hippolytus, Cyprian, Caius, Novatian, Appendix*, 2. Aufl., Edinburgh 1995.

17 Poscharsky, Peter: *Die Kanzel: Erscheinungsformen im Protestantismus bis zum Ende des Barocks*, Gütersloh: Gütersloher Verlagshaus 1963, S. 15.

18 Ebd.

19 Ebd., S. 16.

20 Wilke, Jürgen: *Grundzüge der Medien- und Kommunikationsgeschichte: Von den Anfängen bis ins 20. Jahrhundert*, Köln: Böhlau Verlag 2000, S. 11.

21 Ebd., S. 11.

6 Die Kanzel als konfessioneller Ort

Im Blick auf die Genese, den Stellenwert, die Verortung und Bedeutung der Kanzel ist zu unterscheiden zwischen verschiedenen christlichen Konfessionen. Weshalb? Die Stellung der Kanzel verweist auf den Stellenwert der Wortverkündigung.

Entsprechend veränderte sich der Ort und Stellenwert der Kanzel mit der Reformation: Mit der zunehmenden Bedeutung, die die Predigt im Rahmen der Reformation erhielt, wurde die Kanzel zum zentralen liturgischen Ort. So wurde mancherorts nun der gesamte Gottesdienst von der Kanzel aus gehalten. Vermehrt wurden in reformierten Kirchen die Kirchenbänke auf die Kanzel hin ausgerichtet, sodass diese zum Zielpunkt des Raumes wurde. In reformierten Neubauten wurde gänzlich auf einen Altarraum verzichtet. In der lutherischen Kirche wurden zwar die alten Standorte für Altar und Kanzel beibehalten, oftmals aber zumindest die Emporen auf die Kanzel hin ausgerichtet. Diese Zweiteilung – Kanzel einerseits, Altar andererseits – wurde in der Barockzeit aufgehoben, es entstanden sogenannte Kanzelaltäre. In der katholischen Kirche erhielt die Kanzel ihre spezifische Bedeutung erst im Zuge der Gegenreformation. Insgesamt war und blieb der Ort der Kanzel im Kirchenraum über Jahrhunderte hinweg theologisch umstritten. Zu Beginn des 19. Jahrhunderts etwa wurde erneut intensiv um den Ort der Kanzel gerungen, in der Folge die Kanzel oftmals wieder vom Altar getrennt und an den Chorbogen gesetzt. In den meisten evangelischen Kirchen nach dem Zweiten Weltkrieg wurde die Kanzel als Gegenstück zum Taufstein seitlich neben dem Altarbereich aufgestellt. Die konfessionelle Prägung spiegelt sich auch in der Ikonographie wider: Während in der reformierten Kirche die Kanzel bilderlos bleibt, zeigt sich in der katholischen Kirche oft ein bestimmtes Bildprogramm mit den vier Kirchenlehrern Hieronymus, Ambrosius, Augustin und Gregor dem Großen sowie die acht Seligkeiten seit der Barockzeit. In den lutherischen Kirchen wurden in der Regel die vier Evangelien sowie Themen des Alten und Neuen Testamtens dargestellt. Das Standardprogramm war hier seit 1570 meist die Szenenfolge des zweiten Artikels des Credos: Sündenfall, Verkündigung, Geburt,

Kreuzigung und Auferstehung. Seit der Mitte des 17. Jahrhundert trat vermehrt der Aspekt des Leiden Jesu in den Fokus.[1]

Lesepult, Kanzel oder Ambo können je nach Kontext und Raum unterschiedliche Höhe und Verzierungen aufweisen – entsprechende Ausgestaltungen waren von finanziellen Ressourcen ebenso wie vom jeweils verfügbaren Material und herrschenden Kunstverständnis abhängig. Heutige moderne Kanzeln sind häufig weniger verziert. Ihre räumliche Wirkung – der man durch die Erhöhung eine gewisse bewusste Dominanz nicht absprechen kann und darf – bleibt. Die unterschiedlichen Platzierungen der Kanzel innerhalb des Kirchenraums sind also von theologischen, konfessionellen Deutungen geprägt. Das Verhältnis von Kanzel und Altar ist dabei bis heute Gegenstand von Diskussionen.

Der Blick zurück zeigt: Der Predigtort hat im Laufe der Jahrhunderte variiert. Die jeweilige geschichtliche Situation und der Zeitgeist wirkten auf das Predigtverständnis und damit auch auf den Predigtort ein. In der Hauskirche des Anfangs wurde anders gepredigt als in der Reichskirche nach Konstantin. Die Kirche hat die Predigt nie auf nur einen Ort hin fixiert. Während der Altar als Ort des eucharistischen Opfers stets feststand, bliebt der Umgang mit dem Predigtort variabel.

Erst die mittelalterliche Kanzel wurde auf die Zielvorstellung der Predigt als öffentlicher Rede hin gebaut und auch als Zeichen, Symbol und Versinnbildlichung der Autorität und Macht des jeweiligen Kanzelredners verstanden. Ambo, Kathedra und Lettner dienten primär anderen Zielvorstellungen und erst sekundär dem Predigtgeschehen – hier durften auch Personen niedrigerer kirchlicher Hierarchie sprechen.

Das Wesen, der Stellenwert und die Ausrichtung des homiletischen Geschehens lassen sich so nicht umfassend, aber doch in weiten Teilen gut an der Kanzel »ablesen«. Die Kanzel: Ein Ort, an dem über Jahrhunderte hinweg erforschte, gelehrte und gelebte Theologie laut wurde, von dem aus gelebte Religion und Theologie geprägt wurden und sich die institutionalisierte Religion weiter konstituierte.

1 Vgl. für diesen ganzen Abschnitt: POSCHARSKY, Peter: »*Kanzel*«. *Theologische Realenzyklopädie Online*, Berlin / New York: De Gruyter 2010, S. 599–604; JAMES F. WHITE: »*Kanzel*«. *Religion in Geschichte und Gegenwart – Online Publication*, 4. Aufl., Leiden: Brill; ULRICH BOCK: »*Kanzel*«. *Religion in Geschichte und Gegenwart – Online Publiation*, 4. Aufl., Leiden: Brill.

7 Das »klassische Kanzelbewusstsein«

Heutige konstituierte Strukturen in religiösen Institutionen – Sprache, Rollenverteilung, Forschungsdebatten, Kanzelthemen, Infrastruktur, Rituale usw. – haben nicht ein »Wesen an sich«. Sie sind vielmehr ein Produkt ihrer Geschichte, ihrer Pfadabhängigkeiten, ihrer vielfältigen Kontexte. Wir bezeichnen nun das Bewusstsein, das mit der Art, dem Prozess und den Inhalten des religiösen Kommunizierens von der Kanzel aus zusammenhängt, als »Kanzelbewusstsein«. Das heutige Kanzelbewusstsein darf nicht ohne seine Entwicklungsgeschichte wahrgenommen und gedeutet werden. Es zeigt sich an vielen Aspekten, implizit oder explizit. Wenn wir im Folgenden drei wesentliche Aspekte des klassischen Kanzelbewusstseins nennen, so erheben wir damit keinen Anspruch auf »Vollständigkeit«. Es gibt weitere wichtige. Wir nennen hier diese drei, weil sie sich seit vielen Jahrhunderten durchziehen. Sie prägen bis heute das Predigen und damit auch das Homiletikbewusstsein. Außerdem sind wir der Ansicht, dass besonders diese drei Aspekte zurzeit in der homiletischen Theorie sowie in theologischen Aus- und Weiterbildungen weit weniger wahrgenommen werden, als sie tatsächlich das Kanzelgeschehen prägen.

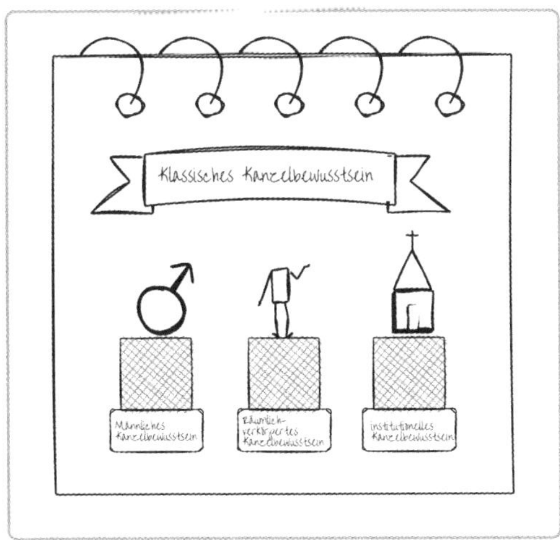

7.1 Männliches Kanzelbewusstsein

Der Großteil des heute nach wie vor dominierenden Kanzelbewusstseins, wir nennen es »klassisches Kanzelbewusstsein«, ist ein Produkt wesentlich männlichen Denkens und Handelns – um konkreter zu sein: des Denkens und Handelns primär weißer Männer. Dies liegt unter anderem daran, dass das Christentum in einer Zeit entstanden ist, die patriarchalisch orientiert war. Alle Machtstrukturen – politisch, gesellschaftlich, wissenschaftlich, religiös – waren männlich. In diesem Androzentrismus – von griechisch aner = Mann, d. h. auf den Mann zentriert – ist der Mann das Maß und die Frau das Wesen, das sich an diesem Maß ausrichtet.

Das Christentum hat solche Denkstrukturen nicht geschaffen, aber es entstand in einer Zeit, in der sie besonders ausgeprägt waren. Die hellenistische Epoche, ca. ab dem 3. Jh. v. Chr. bis in die ersten nachchristlichen Jahrhunderte hinein, war besonders von dieser Vorherrschaft männlicher Elemente geprägt. Dies wirkte sich auf die damalige Denk- und Werteordnung, auf Philosophie, Theologie und Gesellschaft aus, und wirkt bis in das Heute hinein. Dennoch haben in ausnahmslos jeder Epoche einzelne Frauengestalten, Frauengruppierungen – gerade im Mittelalter – wesentliche theologische Debatten, religiöses Wissen und religiöse Erfahrungen geprägt und tradiert.[1]

Nicht nur das Christentum, sondern viele weitere Religionssysteme wie Hinduismus, Buddhismus, Judentum, Islam haben androzentrische Strukturen und benachteiligen das weibliche Leben und weibliche Aspekte.[2] Fast alle höchsten Werte wurden männlich dargestellt. Das höchste denkbare Gut, Gott als das Vollkommene schlechthin, konnte so ebenfalls nicht anders als männlich gedacht werden.

Fraglos war eine Wendemarke auf dem Weg der Frauenbenachteiligung die Gründung der Universitäten, zu denen jahrhundertelang offiziell nur Männer zugelassen waren. Im Gegensatz dazu wurde in Klöstern der theologische Diskurs rege von Frauen mitgeprägt. Bis die ersten Frauen an Universitäten studieren durften und bis sie die Zulassung zu Berufen wie den einer Pfarrperson erlangten, dauerte es noch lange. Frauengeschichtsschreibung ist, besonders im Bereich von institutionalisierter Religion und Kirche, weitgehend die Darstellung von Ungleichheit – positiv gewendet: ein allmählicher Weg hin zur Gleichberechtigung. Die Diskussion um die Frauenordination, um die Zulassung der Frauen zum Amt als Pfarrerin bzw. Pastorin, sehen wir als einen zentralen Indikator für die Einstellung zur Frau im Christentum. Exemplarisch und überblicksartig schauen wir auf die Einführung der Frauenordination in Deutschland und in der Schweiz und darüber hinaus.

Deutschland

Vor rund 100 Jahren wurde in der evangelisch-lutherischen Kirche im hamburgischen Staate intensiv um die Frage gerungen, ob Frauen auf die Kanzel gehörten, ob sie also vollwertig als Pastorinnen tätig sein dürften oder nicht.[3] Seit der Jahrhundertwende war es Frauen in Deutschland möglich, sich an Universitäten zu immatrikulieren. Zuvor wurden sie nur vereinzelt als Gasthörerinnen zugelassen. Im Wintersemester 1908/09 gab es in diesem Zusammenhang die ersten Studentinnen der evangelischen und 1925 schließlich auch die erste Studentin der katholischen Theologie an deutschen Universitäten. Professoren der Theologie standen diesen Theologiestudentinnen zunächst vielfach ablehnend gegenüber. So äußerte etwa der Königsberger August Dorner 1897 die These, dass »das wissenschaftliche Analysieren theologischer Probleme, (…) in der Dogmatik der in der Historischen Forschung (…) der weiblichen Begabung fern« sei – denn Frauen seien »weniger für begriffliche Analyse und Erfassen großer Zusammenhänge, als intuitiv angelegt«.[4] Ähnliche Debatten fanden sich im Blick auf die Ordinationsfrage. So argumentierte etwa Pastor Ernst Bauer (1879–1959) mit einem Frauenbild, das für seine Zeit übliche Anschauungen aufnahm: Die Natur der Frau liege im Dienen, daher könne sie als Mutter, Lehrerin, Missionarin und Seelsorgerin tätig sein, »aber man halte sie fern von Altar und Kanzel«. Die Ordination der Frau würde sich nicht mit dem apostolischen Amt vertragen, sie wäre die kirchliche Krönung der »Unnatur der Frauenbewegung«.[5]

Zuspruch erhielten Theologinnen also zunächst nur verhalten. Zu einer gewissen kirchenhistorischen Berühmtheit gelangte hier die Stellungnahme des Pastors Friedrich Sauerlandt (1877–1941), der meinte: »Heißen wir (…) Theologinnen also als unsere Mitarbeiterinnen herzlich willkommen, und danken wir Gott dafür, daß er gerade in der jetzigen schweren Notzeit der Kirche ihr diese wertvollen Hilfskräfte schenkt!«[6]

Insgesamt galt meist der Tenor: »Frauen gehören nicht auf die Kanzel«.[7] Dies war eine weit verbreitete Meinung, die mit einem Verbot der Ordination bzw. Priesterweihe von Frauen einherging.

Schweiz

Ähnliche Diskussionen und Entwicklungen zeigten sich im 20. Jh. auch in der Schweiz. Eine Vorreiterrolle nahm dabei Zürich ein. Die Zürcher Kirche hat im Oktober 1918 als erste Landeskirche in der Schweiz und Europa zwei Frauen ordiniert: Rosa Gutknecht (1885–1959) und Elise Pfister (1886–1944).[8] Auch bürgerliche Kreise setzten sich damals für Frauenrechte ein. Die Frauenordination passte also in diese Zeit. Und die Zürcher Landeskirche repräsentierte darüber hinaus einen protestantischen Bevölkerungsanteil von 76 Prozent. Drei Jahre später führte die Zürcher Kirchensynode das Frauenpfarramt ein, doch versperrte sich das Schweizerische Bundesgericht einer Zustimmung. Der folgende, durchaus zynische Text aus dem Jahr 1922, erschienen in der Zeitschrift »Nebelspalter«, mag jene Diskussion darstellen:

Die Frau auf der Kanzel

Man will es in Zürich durchaus nicht leiden,
Daß Frauen Pfarramtsstellen bekleiden.
Glaubt man vielleicht, sie könnten nicht predigen,
Sich ihrer Meinung mit Nachdruck entledigen?
So fragt nur die Männer vom Stande der Ehe,
Wie es in Puncto „Beredsamkeit“ stehe!

Und für die Predigt zum Falle der Sünde
Besitzt ja die Frau historische Gründe.
Vom Garten Eden die alte Geschichte
Erscheint noch immer im fraglichen Lichte.
Verändert sind zwar Zeiten und Raum,
Doch blüht noch immer der Lebensbaum,
Noch immer wird das Reine entheiligt,
Und — wenn man fragt — war niemand beteiligt.

Einst lüstern, den Apfel vom Baume zu brechen,
Möcht' Eva heute darüber sprechen
Und sachlich, der besseren Meinung Hüter,
Verteidigen ihre heiligsten Güter.
Wird sie auch die Welt nicht befreien vom Bösen,
So laßt sie — redend — sich selber erlösen.

Koks

Abbildung 1, Quelle: E. Löpfe-Benz (1922). Die Frau auf der Kanzel, in: Nebelspalter. Band: 48, Heft 30, S. 11.

Als ab den 1930er-Jahren die nächsten Theologinnen das universitäre Theologiestudium erfolgreich abschlossen, begannen die Kantonalkirchen, die pfarramtliche Tätigkeit zu regeln: Erteilung der Ordination, Erlaubnis der Tätigkeit auf von Kirchgemeinden bezahlten Pfarrstellen (neben dem Pfarrer auf der ordentlichen Pfarrstelle). Solche Regelungen brachten auch manche weitere Diskriminierung mit sich. So war es Pfarrerinnen etwa erlaubt zu predigen und zu taufen, nicht aber überall das Abendmahl zu leiten. Im Vergleich zu den evangelischen Landeskirchen in Deutschland waren jedoch die Schweizer Theologinnen von Anfang an bessergestellt, beispielsweise in Bezug auf die Heiratsfrage. In den Folgejahren nahmen immer mehr Theologinnen pfarramtliche Aufgaben wahr. Seit 1956 werden sie als Pfarrerinnen zugelassen. Die erste Frau innerhalb der EKD wurde schließlich 1958 ordiniert. Allerdings galt für Pastorinnen innerhalb der EKD bis 1974 die Ehelosigkeit.

Weite(re) Blicke

Einige Mitgliedkirchen der anglikanischen Gemeinschaft, die dem katholischen Ämterverständnis näherstehen als der Protestantismus, ließen ab den 1970er-Jahren Frauen zum Priesteramt zu, in der Church of England ist die Priesterweihe für Frauen seit 1994 möglich und die Weihe zur Bischöfin seit 2014. In der katholischen und orthodoxen Kirche ist eine Priesterweihe für Frauen nach wie vor nicht möglich. Hier ist die Kanzel, als Ort der normativen Lehrvollmacht, den Männern vorbehalten. Anders sah dies in der Heilsarmee aus: Hier wurden Frauen seit dem 19. Jahrhundert ordiniert, wobei sich die Heilsarmee auch als Erneuerungsbewegung von unten, die auf der Straße bei den Menschen ist, versteht.[9]

Bis in die 1960er-Jahre hinein »herrschte« so in der Theologie und auf der Kanzel nahezu ausschließlich eine männliche Theologie, die von Männern verkündet und deren Geschichte von Männern geschrieben worden ist. Dies änderte sich in den 80er- und 90er-Jahren.[10] Seit Frauen auch in größerer Zahl in der Lage sind, Theologie zu studieren, alte Sprachen zu lernen und die Grundlagen von theologischen, religionsphilosophischen und geisteswissenschaftlichen Auffassungen zu überprüfen, ist es möglich, u.a. gender-bezogene einseitige theologische Übersetzungen und Interpretationen heiliger Schriften kritisch in den Blick zu nehmen und zu korrigieren. Auch weitere und andere Themen werden seither erforscht, debattiert und auf der Kanzel laut – etwa eine größere Offenheit für verschiedene Theologien und theologische Deutungsmuster, weibliche Gottesbilder, Kreativität und Partizipation und im weiteren Sinn umfassende partnerschaftliche Konzepte.[11] Dennoch, so kritisiert die afrikanische Theologin Lilian Cheelo Siliwa zu Recht, herrscht der patriarchalische Bias nach wie vor in Kirchen, in der Homiletik und in der Liturgik: »Traditionally, most Protestant churches have had patriarchal biases in their liturgical forms of worship, forms that are also informed by the cultural contexts from which these churches emerged.«[12]

Biblische Perspektiven und feministische Theologie

Weibliche Denkerinnen, Rednerinnen und Gestalterinnen sind aus vielen religiösen Welten nicht wegzudenken. Bekannt aus der griechisch-römischen Antike sind die vestalischen Jungfrauen. Sie dienten der römischen Göttin Vesta - bei den Griechen Hestia -, der Beschützerin von Heim und Herd. Oder auch die Sibyllen, die etwa der Kirchenvater Augustinus als Prophetinnen verstand und die bis ins Mittelalter als Künderinnen des Heils galten.

Gemäß den biblischen Überlieferungen behandelte Jesus Frauen respektvoll und unterwies sie bereitwillig. In den Evangelien ist kein Hinweis dafür zu finden, dass Jesus die Frauen davon abhielt, anderen die »gute Botschaft« zu überbringen. Als zu Pfingsten Männer und Frauen Gottes den heiligen Geist empfingen, zitierte Petrus aus Joels Prophezeiung die Worte: »Und es wird geschehen in den letzten Tagen, spricht Gott, da werde ich von meinem Geist ausgiessen über alles Fleisch, und eure Söhne und eure Töchter werden weissagen.« (Apg 2,17; Joel 2,28.29).[13]

Dass sich die christliche Kirche in ihrer patriarchalen jüdisch-abendländischen Tradition über Jahrhunderte mit der Gleichberechtigung der Frauen schwergetan hat, steht außer Frage. Insbesondere das Pauluswort, »In den Gemeindeversammlungen sollen die Frauen schweigen.« (1. Kor 14,34) hatte eine prägende Wirkungsgeschichte. Nebenbei bemerkt: Diese Bibelstelle gehörte auch zu den Argumenten von Männern, die sich in der Schweiz bis in die 1970er-Jahre gegen das Frauenstimmrecht wehrten. Auch das deuteropaulinische Wort »Die Frau soll durch stilles Zuhören lernen, in aller Unterordnung.« (1. Tim 2,11f) wurde in diesem Zusammenhang gerne zitiert. Damit wurde zwar Frauen nicht die Fähigkeit zu lehren abgesprochen, aber jene zur Leitung, jene zum »Sein des Haupts«. Mit Paulus: »Ich will aber, dass ihr wisst: Das Haupt eines jeden Mannes ist Christus, das Haupt der Frau aber ist der Mann, das Haupt Christi aber ist Gott.« (1. Kor 11,3; 1. Petr 3,1).

Seit dem Ende des 20. Jh. sind inzwischen neue, weiblichkeits-freundliche Zugänge und Interpretationen zu solchen biblischen Aussagen entstanden. Relevant für solche neuen Zugänge sind nicht nur theologische Perspektiven, sondern auch die Erkenntnisse der Soziologie, der Geschichtswissenschaft, postkoloniale Theorien und mehr. Sie erhellen, inwiefern biblische Texte auf Basis zutiefst patriarchalisch geprägten Denkens und für eine solche patriarchalisch organisierte Gesellschaft passend formuliert worden sind; wie biblische Texte also neu gelesen werden müssen – wenn wir deren theologische Substanz ernst nehmen wollen und nicht stattdessen die Strukturen, aus denen heraus sie formuliert worden sind, weiter tradieren wollen. Auch wenn beides, Kontext und Inhalt, eng verflochten sind, dürfen sie bei der Exegese, in der Homiletik, in jeder religiösen Kommunikation und Reflexion also nicht untrennbar vermischt bleiben.

Vor allem seit sich die Genderforschung etabliert hat, ist eine große Breite an weiteren patriarchatskritischen Forschungsthemen entstanden. Anders als die Feministische Theologie, die sich besonders in ihren Anfängen mit der Aufarbeitung der Benachteiligung von Frauen in Religionen und Theologien widmete, betrachtet sich Genderforschung als eine Wissenschaft von zugleich Frauen-, Männer- und Geschlechterforschung. Sie nimmt die gesamten historischen, philosophischen und soziologischen Zuschreibungen und Entwicklungen in den Geschlechterzuweisungen und ihren Auswirkungen von Tradition und Geschichten in den Blick.

Die Feministische Theologie geht nicht in der Genderforschung auf – nicht, solange Frauen noch in vielen Religionen und religiös geprägten Kulturen deutlich benachteiligt sind. Genderforschung und Feministische Theologie(n) arbeiten deshalb häufig Hand in Hand – und werden dabei nicht nur immer interdisziplinärer, sondern auch, über die Grenze der christlichen Konfessionen hinaus, interreligiös.

7.2 Räumlich-definiertes und verkörpertes Kanzelbewusstsein

Das klassische Kanzelbewusstsein ist also Produkt seiner Geschichte. Mit seiner historischen Entwicklung hat es sich auch in der Architektur verfestigt. Hier hat es sich räumlich definiert, und gewissermaßen »verkörpert«, und auf bestimmte Körper hin ausgerichtet. Dies zeigt sich an verschiedensten Aspekten in der kirchlichen Architektur. Auch hier legen wir den Fokus wieder, exemplarisch, auf die Kanzel.

Die Kanzel ist meist erhöht: Aus akustischen Gründen – das Gesprochene wird dadurch leichter und klarer hörbar, was in Zeiten vor Erfindung des Mikrofons von großer Relevanz war. Ist der:die Sprechende im Vergleich zur Zuhörerschaft erhöht, ist er oder sie außerdem gut im Blickfeld. Nicht zuletzt wird dem »Wort von oben herab« mehr Autorität zugemessen. Ein zentrales architektonisches Moment ist auch die wechselseitige körperliche Ausrichtung von Sprecher:in und Zuhörenden aufeinander, die die Herstellung der typischen one-to-many-Kommunikation mitkonstruiert. Die Relevanz dieses aufeinander-ausgerichtet-Seins zeigt sich u. a. in der expliziten und impliziten Rückversicherung der:s Sprechers:in, dass er:sie von den anwesenden Personen visuell und/oder akustisch wahrgenommen wird und dass vielleicht sogar Wahrnehmungswahrnehmung besteht.[14]

Der Bau der Kanzel ist, historisch nachvollziehbar, auf weiße westeuropäische und nordamerikanische Männer ausgelegt. Dies zeigt sich an den meisten Kanzeln seit dem 14. Jahrhundert: Unabhängig vom verwendeten Material und den Verzierungen sind Kanzeln für die durchschnittliche Körpergröße von Männern gebaut. Die Kanzeln lassen häufig den Oberkörper des predigenden Mannes sehen, die Kanzelbrüstung geht bis Mitte Körper. Dies betont in den meisten Fällen die Postur des Mannes. Männer auf der Kanzel gehen körperlich selten »verloren«, das oft zutreffende Klischee breiterer Schultern und eines kräftigeren Körperbaus verhilft hierzu. Die Kanzel vermag so den Ausdruck von Autorität und »Männlichkeit« zu unterstreichen. Kleine, körperlich zierlichere Frauen, die heute als Predigerinnen, Pfarrerinnen und Pastorinnen tätig sind, verschwinden hinter der für sie oft zu hohen Kanzelbrüstung. Sie benötigen ein erhöhtes Fußbrett, um zum Lesepult oder Mikrofon zu gelangen. Dasselbe gilt für weitere Menschen, die nicht der white male normativity entsprechen, auch sie gehen hinter der Kanzelbrüstung öfter »verloren«, ihre Sichtbarkeit und Präsenz wird »verschluckt«. Auf nonverbaler Ebene wird klar, dass Menschen, die nicht der Passform des weißen westlichen Mannes entsprechen, nicht auf die Kanzel passen.

Machttheorien und machtkritische Ansätze wissen spätestens seit der Mitte des 20. Jahrhunderts um den Einfluss von Körper und Körperlichkeit: Im Rahmen von – von der Kognitionswissenschaft ausgehenden – Ansätzen zu Embodiment werden Machtdynamiken auch unter dem Gesichtspunkt von Räumlichkeit, Körpergröße, Stimmkraft und -höhe mehr wahrgenommen (siehe Kap. 11).

7.3 Institutionen-ermächtigtes (mono-)konfessionelles Kanzelbewusstsein

Nicht zuletzt ist das Kanzelbewusstsein eng mit der entsprechenden Anerkennung durch die Institution Kirche verknüpft. Angesichts kirchengeschichtlicher und theologischer Entwicklungen ist dies gut nachvollziehbar. In der Folge wird Kanzelberedsamkeit bis heute meist traditionell verstanden als die Fähigkeit und Tätigkeit, die jener Person gebührt,

- die eine entsprechende theoretische und praktische Ausbildung absolviert hat, etwa ein Theologiestudium und ein Vikariat,
- die ordiniert oder beauftragt ist,
- die sich – um im christlichen Bild zu bleiben – im Christentum verortet (sei dies eher in dessen Zentrum oder an dessen Rändern),
- die grundsätzlich nach wie vor in analogen kirchlichen Räumlichkeiten verortet wird.

Weitere Räume sind im Vergleich dazu höchstens sekundäre homiletische Orte – manche zu Recht, manche zu Unrecht in unseren Augen: So darf eine öffentliche Fußgängerzone aus freiheitsrechtlichen Gründen nicht zur Quasi-Kanzel ernannt und für jegliche Predigt verwendet werden. Hingegen gibt es zahlreiche kanzelferne(re) Orte, alltags-seelsorgerliche und (religions-)pädagogische, säkulare Printmedien oder digitale YouTube-Kommentardebatten, Pub-Gespräche oder Straßenkämpfe und mehr –, die auf intensivere Resonanz stoßen können als manche klassische Kanzelrede. Ähnliches ist zu konstatieren im Blick auf »weiter« sich verortende Menschen, die – vielleicht im weitesten Sinne – predigen: Menschen ohne Theologiestudium, die in bewegender Art nachhaltig im Themenfeld Religion und Spiritualität sprechen; Menschen, die zu jenen religiösen Themen sprechen, die von institutionalisierter Religion als derzeit nicht zentral erachtet werden; Menschen, die in bewegenden YouTube-Filmen und nicht in Wortformaten predigen und so weiter. Sie sind präsent, sie bewegen ihre Zuhörer:innen und ihnen wird ihre (gar in Teilen messbare) Resonanz auch nicht grundsätzlich abgesprochen. Aber solche Beispiele prägen zurzeit das Selbstverständnis »klassischer Kanzelrede« noch wenig, prägen nur wenige entsprechende Aus- und Weiterbildungen, geschweige denn den Homiletikdiskurs in angemessener Weise.

Man mag nun zu Recht einwenden: Wenn plötzlich vieles, gar alles religiöse, bewegende Sprechen innerhalb und außerhalb des Gottesdienstes und der Kirche als Kanzelrede betrachtet wird, was wird daraus gewonnen – und für wen? Zerfließt das bis dahin doch gut fassbare Profil der klassischen Kanzelrede dann nicht so sehr, dass weder kirchliches noch außerkichliches religiöses Reden davon gewinnen? Oder werden nicht-religiös-institutionalisierte Menschen, die eben ihr Sprechen davon prägen lassen, dass sie frei der sogenannten Kanzelberedsamkeit sprechen, vereinnahmt?

Wir behaupten: Sowohl jene als auch diese Redner:innen und Zuhörer:innen sollen und dürfen ihre Wahrnehmung schärfen. Denn wenn der Blick der »klassisch-Kanzelbewussten« geöffnet wird für eigene unbewusst prägende Pfadabhängigkeiten und Perspektivenverengungen, können die gegenwärtige kirchliche Predigtpraxis, die Homiletikdebatten, aber auch die zahlreichen Schattierungen zwischen »auf« und »jenseits« der Kanzel nachhaltig und menschenorientiert weiterentwickelt werden. Auch der Dialog zwischen diesen Formen kann dann konstruktiv und wechselseitig inspirierend geführt werden.

1 Exemplarisch verweisen wir an dieser Stelle auf eine Theologin, die sich im 20. Jahrhundert als politische und feministische Theologin gerade auch im Feld der gelebten, erfahrenen Religion und der Mystik weltweit einen Namen gemacht hat: Dorothée Sölle. Exemplarisch ihr Werk: SÖLLE, Dorothée: *Mystik und Widerstand*, Freiburg i.Br. 2014.

2 Für entsprechende weitere Vertiefung gibt es unzählige Publikationen. Wir empfehlen an dieser Stelle als eines der Standardwerke klassischer feministischer Theologie die Trilogie der Theologin Fiorenza: SCHÜSSLER FIORENZA, Elisabeth: *Transforming vision: explorations in feminist the*logy*, Minneapolis: Fortress Press 2011; SCHÜSSLER FIORENZA, Elisabeth: *Changing horizons: explorations in feminist interpretation*, Minneapolis: Fortress Press 2013; SCHÜSSLER FIORENZA, Elisabeth: *Empowering memory and movement: thinking and working across borders*, Minneapolis: Fortress Press 2014.Minneapolis: Fortress Press 2014.

3 Vgl. zum Folgenden: HERING, Rainer: *»Frauen auf der Kanzel? Die Auseinandersetzungen um Frauenordination und Gleichberechtigung der Theologinnen in der Hamburger Landeskirche«*, in: HERING, Rainer und Inge Mager (Hrsg.): *Kirchliche Zeitgeschichte (20. Jahrhundert). Hamburgische Kirchengeschichte in Aufsätzen, Teil 5*, Hamburg 2008 (Arbeiten zur Kirchengeschichte Hamburgs 26), S. 105–153.

4 Zitiert nach ebd, S. 108.

5 Ebd., S. 117.

6 Ebd., S. 116.

7 EVANG.-LUTHERISCHE KIRCHE HANNOVERS: *»Frauen gehören nicht auf die Kanzel? Oh doch!« (2021)*, https://www.landeskirche-hannovers.de/evlka-de/presse-und-medien/frontnews/2021/09/09 (abgerufen am 09.11.2022).

8 Zur Frauenordination in der Schweiz vgl. AERNE, Pierre: *Frauen auf der Kanzel, Frauenordination und Frauenpfarramt in den Reformierten Kirchen der Schweiz*, Zürich 2015.

9 »Die Heilsarmee bezog von Anfang an Frauengleichberechtigt in die Leitungsarbeit ein und war eine der wenigen religiösen Gemeinschaften, die Frauen schon im 19. Jahrhundert als völlig gleichberechtigt gegenüber Männern ansahen. Die Heilsarmee berief als eine der ersten freikirchlichen Gemeinschaften Frauen als Leiterinnen und Predigerinnen in ihre Gemeinden.« BAUER, Gisa und Paul METZGER: *Grundwissen Konfessionskunde*, 1. Aufl., Stuttgart: utb GmbH 2019 (Bauer, Grundwissen Konfessionskunde), S. 236–237.

10 Zum Frauenbild in der Theologie der Neuzeit verweisen wir auf den Überblick von SCHARFFENORTH, Gerta und Erika REICHLE: *»Frau VII. Neuzeit«. Theologische Realenzyklopädie*, Bd. 11, Berlin/New York 1983. Zur Situation in den 1990er-Jahren auf: SCHOTTROFF, Luise: *»Die Herren wahren den theologischen Besitzstand. Zur Situation feministisch-theologischer Wissenschaft in der Bundesrepublik Deutschland«*, in: *Junge Kirche 51* (1990), S. 367–371 sowie auf GÖSSMANN, Elisabeth u. a. (Hrsg.): *Wörterbuch der feministischen Theologie*, Gütersloh 1991.

11 Nach wie vor als klassisches Werk in diesem Zusammenhang zu nennen: EISLER, Riane: *The Power of Partnership (New World Library)*, Novato (California) 2002.

12 SIWILA, Lilian Cheelo: *»›Do This in Remembrance of Me‹: An African Feminist Contestation of the Embodied Sacred Liturgical Space in the Celebration of Eucharist«*, in: CARVALHAES, Claudio (Hrsg.): Liturgy in postcolonial perspectives: only one is holy,

New York: Palgrave Macmillan 2015 (Postcolonialism and religions), S. 83–94, hier S. 89.

13 Die folgenden Bibelzitate sind formuliert nach der Zürcher Bibel, Zürich: TVZ, 2007.

14 Es ist dabei nicht allein der:die Prediger:in, der:die das Predigtereignis gestaltet, sondern auch eine aktive, wechselseitige Herstellungsleistung aller Anwesenden. Deshalb bezeichnet z. B. Carolin Dix die Predigt als Ereignis mit ko-präsenten Beteiligten durch die Möglichkeit wechselseitiger Wahrnehmung als Interaktionsereignis. Vgl. Dix, Carolin: *Die christliche Predigt im 21. Jahrhundert Multimodale Analyse einer Kommunikativen Gattung*, Wiesbaden 2020, S. 339–416.

8 Aktuelle Homiletikdiskurse unter die Lupe genommen

Insgesamt stellen wir fest: Das Kanzelbewusstsein, also das Bewusstsein für die Geschichte der Art und des Inhalts des Redens von der Kanzel, ist aus historisch nachvollziehbaren Gründen wesentlich geprägt von patriarchalischen Denk- und Handlungsstrukturen. Wie aber sieht es mit der deutschsprachigen Homiletik heute aus?

Überblicksartig stellen wir im Folgenden einige dominierende homiletische Ansätze, die zumindest an deutschsprachigen Universitäten diskutiert und gelehrt werden, vor. Die Perspektive auf die deutschsprachige Homiletik wird dabei dieses Kapitel prägen, dies aufgrund unseres Kontextes als Autorinnen. Es werden aber ebenso ein paar Grundlinien der angelsächsischen Homiletik in aller Kürze nachgezeichnet. Eine Erweiterung homiletischer Ansätze und eine explizite Diskussion postkolonialer und feministischer Entwürfe wird in Teil II folgen.

8.1 Der homiletische Standard im deutschsprachigen Kontext

Grundsätzlich verfügen viele Universitäten über eine Gender- und Diversitypolicy. In ihnen ist u. a. verankert, dass Forschungserkenntnisse und Publikationen von Frauen in die Lehre miteinbezogen werden müssen.[1] Dies gilt damit eigentlich auch für theologische Fakultäten.

Der Blick auf die kirchlich-homiletische Praxis verdeutlicht: In der Schweiz liegt der Frauenanteil im evangelischen Gemeindepfarramt bei knapp 40% und in den Spezialpfarrämtern bei ca. 50%.[2] In Deutschland sehen die Zahlen ähnlich aus. Hier sind inzwischen 35,2% der gemeindlichen Pfarrstellen von Frauen besetzt, der Frauenanteil im aktiven Dienst beträgt 38,3%.[3] Auf der Kanzel stehen also sowohl Männer als auch Frauen.

Um der Frage auf den Grund zu gehen, inwieweit sich diese Zahlen in aktuellen Homiletikseminaren und homiletischen Diskursen abbilden, wurden sieben Seminarpläne von sechs großen deutschsprachigen Universitäten verglichen, wobei drei von Frauen und vier von Männern erarbeitet wurden.[4] Im Folgenden soll anhand dieser Seminarpläne aufgezeigt werden, wie viele Texte von Frauen und von People of Color hierin Raum fanden.

Sowohl die Universitäten als auch die Ersteller:innen der Homiletikseminare werden anonymisiert. Die Analyse ergibt folgendes Bild:

Nr.	Geschlecht	Standard-werke	Artikel	Artikel v. Frauen	PoC	Interna-tional	Männer %	Frauen %
1	m	0	12	1	0	0	91.7	8.3
2	m	1	27	1(2)	0	2	96.3 (92.6)	3.7 (7.4)
3	m	0	39	1(2)	0	11	97.5 (94.9)	2.5 (5.1)
4	m	0	14	0	0	0	100	0
5	w	2	0	0	0	0	100	0
6	w	0	12	1	0	0	91.7	8.3
7	w	1	10	0	0	0	100	0

Deutlich wird, dass der Literaturkanon der Seminare eine Perspektivenverengung im Hinblick auf Gender und Diversität aufweist. In den Semesterplänen der Homiletikseminare sind weibliche Stimmen selten (unter 4% der gelesenen Texte stammen von Frauen) und People of Color nicht existent.

Autor	Mehrfach gelesen
W. Engemann	4
A. Grötzinger	4
E. Lange	4
M. Nicol/A. Deeg	4
M. Meyer-Blanck	3
K. Barth	2
M. Josuttis	2
G. Theißen	2

Die Entwürfe, die in den Seminaren am häufigsten behandelt werden, namentlich die von Wilfried Engemann[5], Albrecht Grözinger[6], Ernst Lange[7] und Martin Nicol/Alexander Deeg[8], gelten als zentrale Referenzgrößen im deutschsprachigen homiletischen Diskurs. Damit dominieren die rezeptionsästhetischen Ansätze (plus E. Lange) männlicher Autoren die homiletische Ausbildung und die homiletischen Debatten bis heute.

Die deutschsprachige Homiletik ist seit den 1980er-Jahren geprägt durch rezeptionsästhetische Modelle. Bis heute ist im Diskurs der Gedanke zentral, »[…] dass die Predigt ein Kunstwerk sei und dass die Homiletik von Denkfiguren der Ästhetik nachhaltig profitiert.«[9] Dies wurde in unterschiedliche Richtungen weiterentwickelt u. a. von Wilfried Engemann, Albrecht Grözinger und Martin Nicol/Alexander Deeg. Im Folgenden werden diese Ansätze plus Ernst Lange skizziert.

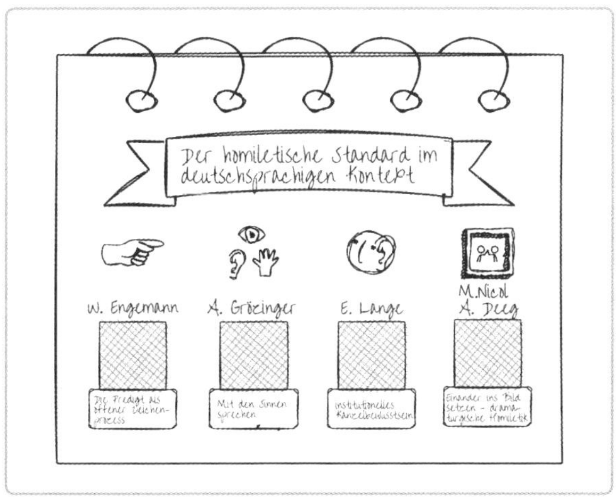

8.2 Wilfried Engemann: Die Predigt als offener Zeichenprozess[10]

Wilfried Engemann (geb. 1959) beschreibt die Predigt als einen offenen Zeichenprozess und verknüpft semiotische Einsichten mit homiletischen Fragen. In der Predigt geht es für Engemann nicht um eine aktualisierende Wiederholung der Tradition, sondern um die Fortsetzung eines sich immer schon in Gang befindlichen Rezeptionsprozesses. Die Predigt ist dadurch ein Reden von Mensch zu Mensch, das sich in der Spannung von Verstehen und Verständigung bewegt. Dabei stellt sich natürlich u. a. die Frage, inwieweit ein:e Prediger:in das, was das Gegenüber hört, tatsächlich beeinflussen kann und wo hierbei die Grenzen sind. In diesem Prozess der Rezeption sollen die Hörenden zu einem eigenen Text, dem AURE-DIT, gelangen. Damit gemeint ist eine Art Simultan-Interpretation zum Manuskript des:der Predigenden. Entsprechend muss die Predigt auf Ergänzung und Fortsetzung hin gestaltet sein. Die Ambiguität der Predigt ist taktisch anzulegen. Die Notwendigkeit einer deutungsoffenen und interpretationsfähigen Predigt liegt im Ernst des Evangeliums begründet. Predigt ist ein schöpferischer Vorgang. Sie hat einen Erschließungs- und Entscheidungsraum zu gestalten: In diesem Raum, so die Intention, sollen die Hörenden sich einfinden und eigenständig positionieren können. Das Ziel der Predigt ist, die Möglichkeiten und Chancen, Herausforderungen und Perspektiven eines Lebens aus Glauben zu erschließen.

8.3 Albrecht Grözinger: Mit den Sinnen sprechen[11]

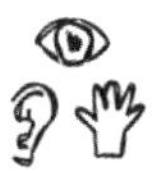

Albrecht Grözingers (geb. 1949) Ausgangspunkt ist die *Ästhetische Theologie*. Ästhetik versteht er dabei im ursprünglichen Wortsinn als *sinnliche Erkenntnis*. Ästhetik als wissenschaftliche Kategorie weist darauf hin, dass Inhalte immer schon an eine bestimmte Form gekoppelt sind: »Das Was ist immer mit dem Wie verknüpft.«[12] Auch für die Religion ist Ästhetik also eine zentrale Kategorie: »Religiöse Äußerungen sind immer mit einer bestimmten ästhetischen Form verbunden, an ihnen wird […] die Eigenart einer bestimmten Religion auf prägnante Weise erkennbar.«[13] Für die homiletische Praxis sind, so Grözinger, drei Aspekte entscheidend:

Die Wahrnehmung von der Wirklichkeit des Textes und der gesellschaftlichen Gegenwart. Grözinger versteht Praktische Theologie daher in diesem Sinne als Wahrnehmungslehre.

Die theologische Reflexion dieser Wahrnehmungen.

Die sprachliche Gestalt, in der die Predigt diese Reflexionen zum Ausdruck bringen muss.

Der letzte Punkt, die sprachliche Gestalt, ist für Grözinger dabei das Handwerk der Predigt, die *ars homiletica*: »Predigt ist nichts anderes, als gestaltete Sprache [und] gelingt in der Gestaltung von Sprache.«[14]

8.4 Ernst Lange: Mit den Hörenden über ihr Leben reden

Bis heute prägend im deutschsprachigen homiletischen Diskurs ist **Ernst Lange** (1927-1974). Immer noch wird er den homiletischen Diskursen der Gegenwart angerechnet, wie bei Isolde Karles kürzlich erschienenem »Lehrbuch Praktische Theologie«[15] ersichtlich wird. Lange verstand die Predigtarbeit als ein »Prozessgeschehen zwischen Tradition und Situation«[16] und betonte dabei die dialogische Struktur der Predigt. So soll die predigende Person »Anwalt der Hörergemeinde in ihrer jeweiligen Lage und Anwalt der Überlieferung in der besonderen Gestalt des Textes«[17] sein. Dabei ist für Lange der Situationsbegriff zentral, er bezieht sich auf die persönliche, berufliche und soziale Lage der Hörenden, gleichzeitig integriert er aber auch die Verheißung biblischer Texte. »Die Situation verändert sich, indem das Licht der göttlichen Verheißung auf sie fällt. Tradition und Situation, Verheißung und Wirklichkeit werden miteinander versprochen.«[18] Predigen bedeutet für Lange, mit den Hörenden über deren Dasein zu sprechen. Die:der Hörer:in ist das Thema, allerdings immer im Horizont der Christusverheißung: also als Hörer:in vor Gott.[19] Die Predigtaufgabe wird von Lange zusammenfassend folgendermaßen definiert: »Predigen heißt: Ich rede mit dem Hörer über sein Leben. Ich rede mit ihm über seine Erfahrungen und Anschauungen, seine Hoffnungen und Enttäuschungen, seine Erfolge und sein Versagen, seine Aufgaben und sein Schicksal. Ich rede mit ihm über seine Welt und seine Verantwortung in dieser Welt, über die Bedrohungen und die Chancen seines Daseins. Er, der Hörer, ist mein Thema, nichts anderes; freilich: er, der Hörer vor Gott.«[20]

8.5 Martin Nicol und Alexander Deeg: Einander ins Bild setzen – Dramaturgische Homiletik[21]

Martin Nicol (geb. 1953) und Alexander Deeg (geb. 1972) sind Vertreter der dramaturgischen Homiletik, in der die Predigt explizit als Ereignis und Erlebnis begriffen wird. Nach ihnen ist die homiletische Aufgabe, »die biblischen Worte, Bilder und Geschichten [...] zur Aufführung zu bringen, sodass sie in jeweils neuen Kontexten [...] neu an Bedeutung gewinnen. Dem entspricht das Leitbild der Dramaturgischen Homiletik: ›Einander ins Bild‹ setzen.«[22] Der Ansatz von Nicol und Deeg hat einen hohen innovativen Anspruch, wobei vor allem auf die Predigtproduktion fokussiert wird.

Nicol und Deeg verorten die *Dramaturgische Homiletik* in vielerlei Hinsicht in einem Wechselspiel: Zwischen praktischer Predigt und akademischer Reflexion liegt ihre Entstehung in den USA. Die konkrete Predigtarbeit soll im sogenannten homiletischen Atelier stattfinden, zu dem der Kinogang, ein Museumsbesuch und die Fahrt in der Bahn ebenso dazugehören.

Das zweite Wechselspiel findet zwischen Homiletik und Hermeneutik statt. Die Autoren wenden sich explizit gegen klassisch deduktive Hermeneutiken (*Skopus*-Methode). Sie betonen stattdessen mit rezeptionsästhetischen Hermeneutiken, dass »Bedeutung sich im Wechselspiel eines Textes mit seinen historischen und gegenwärtigen Kon-Texten ereignet.«[23] Sie favorisieren moderne Hermeneutiken, die den Text selbst wieder stärker ins Zentrum rücken: »In dem alten Antagonismus von Geist und Buchstabe verschieben sich die Gewichte zugunsten des Buchstabens. Damit werden biblische Texte den Kreisläufen entnommen, in denen sie nur die immer gleichen Wahrheiten bestätigen.«[24]

Das dritte Wechselspiel besteht wie bei Grözinger zwischen Form und Inhalt. Beide bedingen sich gegenseitig und sind für die Dramaturgie der Predigt aufeinander zu beziehen. Predigten sollen eben keine »Vorlesungen light«[25] sein, sondern eine sorgfältig gestaltete Inszenierung, die »den Bibeltext so zur Geltung bringt, dass Hörerinnen und Hörer sich mit dem je eigenen Leben in den Texträumen [...] wiederfinden können.«[26]

Die praktische Predigtarbeit wird so zur Kunst in Nachbarschaft zu anderen Künsten wie Theater, Musik und Film. Aus diesem *ästhetischen Paradigma* folgt, dass Prediger:innen aus der eigenen Rezeption verschiedenster Künste für ihre eigene Predigttätigkeit lernen können (und sollen).

Das Wechselspiel setzt sich in den folgenden zwei praktischen Hinweisen der Autoren fest:

- Wie ein Film aus verschiedenen Szenen, so besteht eine Predigt aus verschiedenen Moves (Szenen), aus *bewegten Sequenzen*. Die

Structure stellt die Verbindung der einzelnen Moves zum Ganzen der Predigt her. Es geht um die Erstellung eines Spannungsbogens.

- Um dafür zu sorgen, dass Inhalt und Form stimmig sind, schlagen Nicol/Deeg ein weiteres Wechselspiel aus Titeln und Mitteln vor: Sowohl die gesamte Predigt wie auch die einzelnen Moves sollten in der Vorbereitung mit Titeln versehen werden, die für den roten Faden sorgen. Dazu kann dann jeweils ein sprachliches Mittel gefunden werden, das diesen Titel am Besten zur Geltung bringt.

8.6 Kurze Reflexion zum deutschsprachigen homiletischen Standard

Alle diese beschriebenen Ansätze haben ihre Stärken und je auch individuelle blinde Flecken.

Alle der hier genannten Ansätze haben Aspekte eines Verständnisses von Predigt als einem kommunikativ-dialogischen Geschehen. Die Predigt wird häufig formal zwar als monologisch wahrgenommen, intentional soll sie aber ein dialogisches Ereignis, das die performative Realisierung vor (und mit) den Hörenden erfordert, sein. Auf diesen eigentlich dialogischen Charakter religiöser Rede, der sowohl von Engemann, Grötzinger, Nicol/Deeg betont wird, verweisen die Analysen der Kommunikationswissenschaftlerin Carolin Dix.[27]

Allerdings sind kollaborative Aspekte wie etwa Gespräche im Nachgang der Predigt zwischen der predigenden Person und ausgewählten Rezipierenden auch umstritten, insofern sie zwar im Kreis der unmittelbar Beteiligten zu Resonanz führen können, aber insgesamt in einem doch klassischen Kanzelbewusstsein verbleiben.

Es geht uns nicht darum, diese differenziert erarbeiteten homiletischen Ansätze zu diskreditieren, denn sie haben alle je ihre Berechtigung und ihren Kontext. Worauf wir hier aufmerksam machen, ist die Perspektive, welche den deutschsprachigen Homiletikdiskurs nach wie vor bestimmt. Der oben in der Analyse festgestellte Literaturkanon von Homiletik-Lehrveranstaltungen verdeutlicht diese Perspektive – oder

Perspektivenverengung – etwa im Hinblick auf Gender und Diversity, Monokonfessionalität, Sozialität und Partizipation.

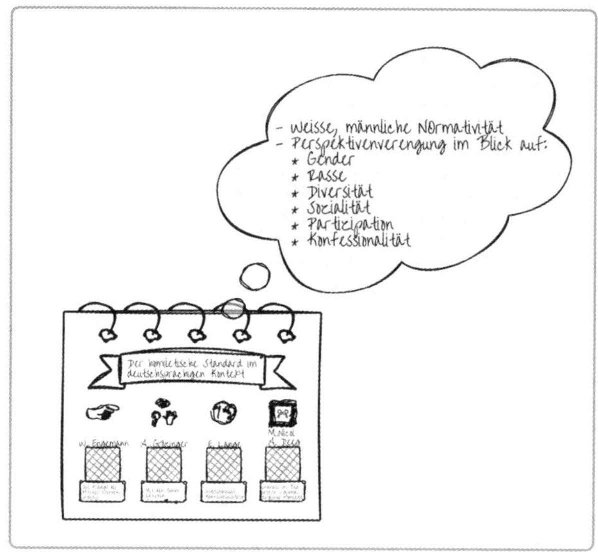

In den Semesterplänen der Homiletikseminare und auch im deutschsprachigen Homiletik-Bewusstsein sind weibliche Stimmen selten, sind People of Color nicht existent, sind die Inhalte der Predigten selten die Predigtformate mitbestimmend. Kurz:

- In den deutschsprachigen homiletischen Diskursen gibt es zwar Frauen,[28] aber es gibt sie gleichzeitig eben auch nicht – weil sie kaum wahrgenommen und entsprechend selten zitiert werden.
- In den deutschsprachigen homiletischen Seminaren gibt es zwar das Bewusstsein um homiletische Ansätze in anderssprachigen Ländern, aber es gibt diese gleichzeitig wenig – weil sie kaum gelesen werden.
- In den deutschsprachigen homiletischen Debatten gibt es zwar zahlreiche Hinweise (manchmal auch Grundlegungen) auf gesamtgesellschaftliche Themen, Befreiungstheologie, politische Philosophie, Nachhaltigkeit usw., aber sie sind verhältnismäßig wenig prägend – weil sie oft als Inhalt der Kanzelrede thematisiert werden, aber nicht durch entsprechende transformative Formate wirklich zur Mit- und Neugestaltung befähigen.

- In den deutschsprachigen homiletischen Debatten gibt es zwar Ansätze und Ideen für partizipative Homiletik-Formate, aber sie sind zugleich unterrepräsentiert angesichts dessen, dass jenseits der Kanzel unzählige nachhaltige religiöse Rede-Formate sich Bahn brechen, die deutlich zu wenig wahrgenommen werden.

---

1 Vgl. z. B. »*Maßnahmen zur Berücksichtigung von Gender-Aspekten in Lehre und Forschung*«, https://ethz.ch/services/de/anstellung-und-arbeit/arbeitsumfeld/chancengleichheit/equal-tools/gender-aspekte-in-lehre-und-forschung.html (abgerufen am 22.11.2021); Gleichstellungsbüro Universität Göttingen, »*Leitfaden_Gender_Lehre_Layout.pdf*«, https://www.uni-goettingen.de/de/document/download/36012151f15f8bac44c146c88c4eb714.pdf/Leitfaden_Gender_Lehre_Layout.pdf (abgerufen am 22.11.2021).

2 Vgl. »*Die Situation in den evangelisch-reformierten Kirchen*«, https://kirchenstatistik.spi-sg.ch/die-situation-in-den-evangelisch-reformierten-kirchen/ (abgerufen am 14.11.2021).

3 Vgl. »*Pfarrdienststatistik der EKD*«.

4 Methodisch wurde folgendermaßen vorgegangen: Die Seminarpläne wurden uns von Kolleg:innen und Studierenden zur Verfügung gestellt. Wir haben uns bei den Seminarplänen nur die Pflichtlektüre angeschaut. Das gesamte Volumen der Texte wurde mit 100% gekennzeichnet und davon wurde prozentual der Männer-, Frauen- und PoC-Anteil berechnet.

5 Vgl. Engemann, Wilfried: *Personen, Zeichen und das Evangelium: Argumentationsmuster der Praktischen Theologie*, Leipzig: Evangelische Verlagsanstalt 2003 (Arbeiten zur praktischen Theologie Bd. 23); Engemann, Wilfried: *Einführung in die Homiletik*, 2. Aufl., Tübingen: A. Francke 2011 (UTB 2128. Theologie); Conrad, Ruth: *Weil wir etwas wollen!: Plädoyer für eine Predigt mit Absicht und Inhalt*, Neukirchen-Vluyn: Neukirchener Theologie 2014 (Evangelisch-katholische Studien zu Gottesdienst und Predigt Bd. 2), S. 27–28.

6 Vgl. Grözinger, Albrecht: »*Mit den Sinnen sprechen*«, in: Charbonnier, Lars, Konrad Merzyn und Peter Meyer (Hrsg.): *Homiletik: aktuelle Konzepte und ihre Umsetzung*, Göttingen: Vandenhoeck & Ruprecht 2012 (elementar. Arbeitsfelder im Pfarramt), S. 153–165.

7 Lange: *Predigen als Beruf: Aufsätze*.

8 Nicol, Martin und Alexander Deeg: »*Einander ins Bild setzen*«, in: Charbonnier, Lars, Konrad Merzyn und Peter Meyer (Hrsg.): *Homiletik: aktuelle Konzepte und ihre Umsetzung*, Göttingen: Vandenhoeck & Ruprecht 2012 (elementar. Arbeitsfelder im Pfarramt), S. 68–84, Nicol und Deeg, *Im Wechselschritt zur Kanzel. Praxisbuch Dramaturgische Homiletik*.

9 Conrad: *Weil wir etwas wollen!: Plädoyer für eine Predigt mit Absicht und Inhalt*, S. 25.

10 Vgl. Engemann: *Personen, Zeichen und das Evangelium: Argumentationsmuster der Praktischen Theologie*; Engemann: *Einführung in die Homiletik*; Conrad: *Weil wir etwas wollen!: Plädoyer für eine Predigt mit Absicht und Inhalt*, S. 27–28.

11 Vgl. Grözinger, Albrecht: »*Mit den Sinnen sprechen*«, in: Charbonnier, Lars, Konrad Merzyn und Peter Meyer (Hrsg.): *Homiletik, aktuelle Konzepte und ihre Umsetzung*, Göttingen: Vandenhoeck & Ruprecht 2012 (elementar. Arbeitsfelder im Pfarramt), S. 153–165.

12 Ebd., S. 154.

13 Ebd.

14 Ebd. S. 156. Für den gesamten Abschnitt vgl. außerdem Grözinger, Albrecht: *Homiletik*, Gütersloh: Gütersloher Verlagshaus 2008 (Lehrbuch Praktische Theologie Bd. 2); Grözinger, Albrecht: *Praktische Theologie und Ästhetik: ein Beitrag zur Grundlegung der praktischen Theologie*, 2., durchgesehene Aufl., München: C. Kaiser 1991; Conrad: *Weil wir etwas wollen!: Plädoyer für eine Predigt mit Absicht und Inhalt*, S. 28–29.

15 Vgl. Karle: *Praktische Theologie*, S. 202.

16 Lange, Ernst: *Zur Theorie und Praxis der Predigtarbeit: Bericht von einer homiletischen Arbeitstagung September 1967 – Esslingen*, Stuttgart: Kreuz-Verl. 1968 (Predigtstudien. Beiheft 1), S. 28.

17 Ebd.

18 Weyel, Birgit: »*Predigt*«, in: Gräb, Wilhelm und Birgit Weyel (Hrsg.): *Handbuch Praktische Theologie*, Gütersloh: Gütersloher Verlagshaus 2007, S. 627–638, hier S. 633.

19 Vgl. ebd.; Karle: *Praktische Theologie*, S. 204.

20 Lange, Ernst: »*Zur Aufgabe christlicher Rede*«, in: Schloz, Rüdiger (Hrsg.): *Predigen als Beruf. Aufsätze zu Homiletik, Liturgie und Pfarramt*, 1. Aufl., Stuttgart: Kreuz-Verlag 1976, S. 52–67, hier S. 58.

21 Vgl. Nicol, Martin und Alexander Deeg: »*Einander ins Bild setzen*«, in: Charbonnier, Lars, Konrad Merzyn und Peter Meyer (Hrsg.): *Homiletik, aktuelle Konzepte und ihre Umsetzung*, Göttingen: Vandenhoeck & Ruprecht 2012 (elementar. Arbeitsfelder im Pfarramt), S. 68–84.

22 Ebd., S. 70.

23 Ebd., S. 69.

24 Ebd., S. 70.

25 Ebd., S. 71.

26 Ebd., S. 72.

27 Dix: *Die christliche Predigt im 21. Jahrhundert: Multimodale Analyse einer Kommunikativen Gattung*, S. 339–416.

28 Z. B. Conrad: *Weil wir etwas wollen!: Plädoyer für eine Predigt mit Absicht und Inhalt*. S. 16.

9 Homiletische Entwicklungslinien im US-amerikanischen Raum

Das Bild im US-amerikanischen Raum zeigt sich weniger einheitlich und ist diverser. Im Folgenden werden drei, in sich diverse, Ansätze kurz dargestellt. Ein Teil dieser Debatten bildet den Nährboden, auf dem neuere feministische und postkoloniale homiletische Diskurse entstanden sind. Diesen machtsensiblen Diskursen widmen wir uns intensiv in Teil II und III.

9.1 African American Preaching am Beispiel von Gardner Calvin Taylor[1]

Einflussreich für den Diskurs zum African American Preaching war Gardner Calvin Taylor. Er war baptistischer Prediger, Dozent u.a. an der Harvard Divinity School, zudem engagierte er sich in der amerikanischen Bürgerrechtsbewegung und stand im engen Kontakt zu Martin Luther King. Seine Homiletik weißt eine große Nähe zur Strömung der New Homiletic auf. Die zentrale Intention einer Predigt ist für ihn, eine Glaubenserfahrung herzustellen und nicht einfach über Glauben oder das Evangelium zu diskutieren. Predigt soll darauf abzielen, eine gegenwärtige Erfahrung von Gnade herzustellen. »The preacher ought to try, to bring the people before the presence of God and within sight of the heart of Christ.«[2] Gott ist für ihn in der Aktivität des Predigens präsent, wobei Predigende auf diese Präsenz verweisen sollen. Die predigende Person funktioniert also als eine Art Vermittler:in zwischen Gott und den Menschen – näher an der menschlichen Seite. Zentraler Ausgangspunkt ist für ihn dabei die Schrift. Taylor geht davon aus, dass sich alle zentralen Grunderfahrungen des Menschen in ihr widerspiegeln. So enthält sie existenzielle und weniger moralische Wahrheiten, womit er der Hermeneutik Bultmanns sehr nahesteht. Der Umgang mit dem biblischen Text sollte dabei weniger auf Details oder historische Fakten fokussiert sein und mehr auf die groben narrativen Linien und auf den Kontext der einzelnen Geschichte. Die Predigt darf sich nicht zu sehr auf Triviales fokussieren, sondern ist eine existenzielle Angelegenheit. Sie soll auf den grundlegenden menschlichen »terror« eingehen, also Tod, Einsamkeit und die Angst vor beidem. Die Predigt soll ein Wort sein »as from a dying person to dying people«[3]. Wichtig ist dabei ferner, den Menschen in ihrer Alltagswelt zu begegnen und diese mit dem Evangelium ins Gespräch zu bringen. »The African American preacher [...] their focus is riveted on the congregation's need to live a fully experiencing daily, secular existence.«[4] Die predigende Person soll daher offen sein für beides, den Ideenreichtum der Bibel und die alltäglichen, gegenwärtigen Ereignisse. Den:die Prediger:in definiert er als Wächter:in mit zwei Aufgaben: Gefahren wahrnehmen – seien sie spiritueller oder politischer Natur – und die eigene Community vor diesen warnen. Dabei hat er auch politische Angelegenheiten im Blick, die für ihn zutiefst theologisch sind. Zentral ist die sprachliche Gestaltung, die für ihn mehr ist als bloßer Schmuck des Inhalts. Er betont die Kraft von poetischer Sprache und Metaphorik und weiß um deren performative Natur.

9.2 New Homiletic am Beispiel von Fred B. Craddock[5]

Fred B. Craddock ist ein klassischer Vertreter der sogenannte New Homiletic, eine Strömung, von der auch Nicol und Deeg stark beeinflusst sind. Der erste zentrale Punkt dieses Ansatzes ist die Einsicht, dass Sprache nicht nur darstellt, sondern selbst Bedeutung kreiert. Auch das Predigen bildet nicht nur das Wort Gottes ab, sondern partizipiert daran. Craddock hebt hervor, dass eine Predigt vor diesem Hintergrund zu einer gemeinsamen Reise von Prediger:innen und Zuhörer:innen wird, bei der das Evangelium erfahren wird. Die predigende Person soll also nicht nur über das Evangelium sprechen, sondern die Hörenden zu einer Begegnung mit dem Wort Gottes durch die Predigt einladen. Zentral ist ferner die Erkenntnis, dass Form und Inhalt nicht voneinander getrennt werden können, weder in den biblischen Texten noch in der Predigt. In Predigten sollen daher die verschiedenen Genres und Gattungen der biblischen Texte wertgeschätzt werden. Die Prediger:innen sollen zu kunstvollen Ausdrucksformen ermutigt werden, um so die Hörenden mehr zu einer Begegnung mit der Schrift einzuladen. Dadurch wird die Rolle der Hörenden aufgewertet. Craddocks Denkansatz: »respects the hearer as not only capable of but deserving the right to participate in the movement and arrive at a conclusion that is his own, not just the speaker's.«[6] Er nennt seinen Predigtansatz daher induktiv. Damit meint er, dass die Predigt bei den Erfahrungen der Menschen anfangen und von dort aus allgemeinere Wahrheiten aufstellen soll, nicht umgekehrt (deduktiv) – sonst sei die Predigt nicht demokratisch und an den Adressat:innen orientiert, die den Weg zu den Resultaten so nicht mitgehen können.

9.3 Weitere von der New Homiletic beeinflusste Entwicklungen[7]

Der Einfluss der New Homiletic auf aktuelle US-amerikanische Ansätze ist groß. Insbesondere die Aspekte der Narration, Rezipient:innen-Orientierung und der induktive Ansatz sind dabei prägend. Im Nordamerika des späten 20. Jahrhunderts verbreiteten sich zunehmend narrative Ansätze des Predigens, die sich im Wesentlichen in vier Strömungen einteilen lassen (wobei der letzte Strang der feministischen – und postkolonialen – Homiletik in Teil II ausgeführt wird):

- Narratives Predigen kann bedeuten, die Predigt selbst als Geschichte zu gestalten mit einem Plot, Setting und Charakteren, aber ohne Kommentierungen. Vertreter hiervon sind: Richard Jensen, Charles Rice, Edmund Steimle und Morris Niedenthal.
- Narratives Predigen kann auch heißen, die Predigt wie eine Geschichte aufzubauen – ohne dass sie wirklich eine ist. Dies ist der Ansatz von Eugene L. Lowry (The homiletical plot 1980): Er denkt die Predigt beginnend mit der Darstellung einer Spannung oder eines Konflikts, verschärft diesen in der Folge, baut dann einen entscheidenden Turn ein und schließt mit der Lösung.
- Ferner gibt es den Ansatz, der das Predigen mit der Strömung des *postliberalism* verbindet, etwa bei Charles Campbell. Er plädiert dafür, die Bibelgeschichten nachzuerzählen und die Hörenden so

in die biblische Welt hineinzuziehen. Hintergrund ist, dass er Offenbarung oder Wahrheit nicht außerhalb der Texte basiert sieht.

Darüber hinaus sind **postmoderne Ansätze** entstanden, die nicht davon ausgehen, dass mit einheitlichen Erfahrungen von Hörenden zu rechnen ist, sondern die vielmehr davor warnen, von einer allzu großen Identifizierung zwischen Hörenden und Predigenden auszugehen. Auch hier sind verschiedene homiletische Modelle zu unterscheiden, die zu einer genaueren Ausrichtung an den Hörenden führen sollen:

- Ethnografische oder kongregationale Homiletik: Diese untersucht Situation und Gegebenheiten der konkreten Gemeinde, an die die Predigt gerichtet ist. Eine Vertreterin ist Nora Tubbs Tisdale.[8]
- Gesprächsbasierte und kollaborative Homiletik: Hier geht es darum, ein gastfreundliches Setting zu schaffen, in dem ein Raum für die Hörenden kreiert wird, sich anderen mitzuteilen. Die Predigten sind hier z. B. dialogisch angelegt. Zentrale Vertreter:innen sind: Lucy Atkinson Rose, Ronald Allen und John McClure. Letzterer hat die Methode einer kollaborativen Predigt entworfen, die Fremde willkommen heißen und mehrere Leute in Predigtvorbereitung und den Predigtakt selbst einbezieht.[9]
- Testimoniale Homiletik: Hierbei geht es darum, den:die Prediger:in als Zeug:in des Evangeliums ernst zu nehmen. Zentrale Aufgabe ist es, Zeugnisse der befreienden Kraft Gottes aus den eigenen Erfahrungen heraus mitzuteilen. Vertreter:innen hiervon sind u. a. Anna Carter Florence und Thomas Long.[10]

1 Vgl. Bond, L. Susan: *Contemporary African American Preaching. Diversity in Theory and Style*, St. Louis 2003, Taylor, C. Gardner: »*Shaping Sermons by the Shape of Text and Preacher*«, in: Wardlaw, Don M. (Hrsg.): *Preaching biblically*, Philadelphia: Westminster Press 1983, S. 137–152; Taylor, Gardner C.: *How shall they preach*, Elgin, IL: Progressive Baptist Pub. House 1977; Thomas, Gerald Lamont: *African American Preaching: The Contribution of Dr. Gardner C. Taylor*, New Edition Aufl., New York: Peter Lang Inc., International Academic Publishers 2004.

2 Taylor: »*Shaping Sermons by the Shape of Text and Preacher*«, S. 137.

3 Ebd., S. 142.

4 Ebd.

5 Vgl. Craddock, Fred B.: *As One Without Authority*, 3. Aufl., Nashville: Abingdon Press 1979 und Ottoni-Wilhelm, Dawn, New Hermeneutic, New Homiletic, and New Directions: an U.S.-North American Perspective, in: Deeg, Alexander, Martin Nicol (Hrsg.): Bibelwort und Kanzelsprache. Homiletik und Hermeneutik im Dialog, Leipzig: Evangelische Verlagsanstalt 2010, S. 50–54.

6 Craddock: *As One Without Authority*, S. 43.

7 Der folgende Abschnitt bezieht sich wesentlich auf: Ottoni-Wilhelm, *New Hermeneutic, New Homiletic, and New Directions: an U.S.-North American Perspective*, S. 47-71.

8 Vgl. Tisdale, Leonora Tubbs: *Preaching as Local Theology and Folk Art*, Minneapolis: Augsburg Fortress 1997.

9 Vgl. McClure, John S.: *The roundtable pulpit: where leadership and preaching meet*, Nashville, Tenn: Abingdon 1995.

10 Vgl. Florence, Anna Carter: *Preaching as Testimony*, Westminster John Knox Press 2007; Long, Thomas G.: *The Witness of Preaching, Third Edition*, 3. Aufl., Louisville, KY: Westminster John Knox Press 2016.

10 Brauchen wir ein neues Kanzelbewusstsein?

Das klassische Kanzelbewusstsein hat sich im Zusammenhang des patriarchalischen und dualistischen Denkens des westlichen Abendlandes der letzten zwei Jahrtausende entwickelt. Insgesamt erstaunt es angesichts der hier nur exemplarisch skizzierten Debatten und Entwicklungen wenig, dass die Kanzel als Ort, mehr noch als Symbol, sowohl in feministischen als auch in postkolonialen homiletischen Diskursen kritisiert wird.

So wird die Kanzel (und das Predigen eingeschlossen) nicht als neutraler Ort betrachtet, sondern als Ort, der durch seine Geschichte und bis heute als (exklusiver und auch exkludierender) Ort religiösen Deutungsmachtanspruchs[1] und strukturellen Sexismus und Rassismus angesehen werden muss. So beschreibt etwa HyeRan Kim-Cragg in ihrem Artikel »Probing the pulpit: postcolonial feminist perspectives«[2] die Kanzel als »[…] a historical site of white colonial memory and patriarchal authority«[3]. Sie bezieht sich dabei u. a. auf Aussagen von Austin Phelps aus dem Buch *Men and Books*, welcher die Kanzel und den Akt des Predigens folgendermaßen beschreibt: »The pulpit should be a battery, well armed … The gunner who works it must know what and where the vulnerable spots are … He must be a *man*.«[4]

Was nun? Wir Autorinnen fordern ein neues, ein offeneres, ein auch fluideres Kanzelbewusstsein in Theorie und Praxis. Wir brauchen für die gegenwärtige(n) Theologie(n) und für die aktuellen gesellschaftlichen Herausforderungen eine – so verdeutlicht auch der Titel dieses Buchs – transformativ-(m)achtsame Homiletik. Was meint dies? Dieser Frage gehen wir im zweiten und dritten Teil dieses Buch nach.

1 Vgl. Kumlehn, Martina: »*Deutungsmacht*«, https://www.bibelwissenschaft.de/stichwort/200577/ (abgerufen am 14.12.2019).

2 Kim-Cragg, HyeRan: »*Probing the Pulpit: Postcolonial Feminist Perspectives*«, in: *null 34/2* (2019), S. 22–30.

3 Kim-Cragg, HyeRan: *Postcolonial Preaching: Creating a Ripple Effect*, Lanham: Lexington Books 2021, S. 23.

4 Kim-Cragg: »*Probing the Pulpit: Postcolonial Feminist Perspectives*«, S. 23.

TEIL 2/

(M)ACHTSAME HOMILETIK

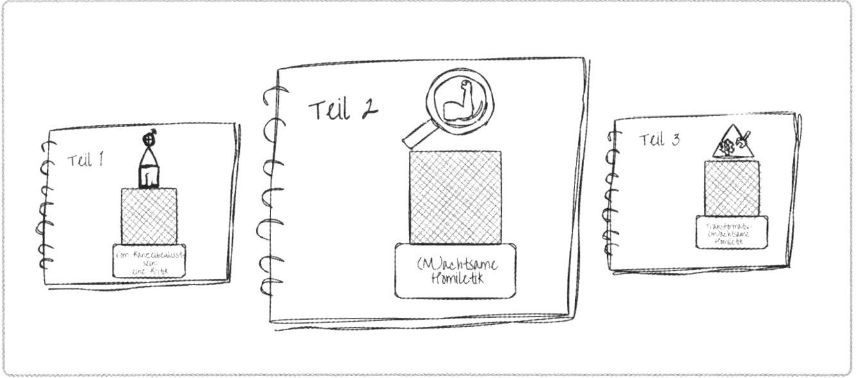

*»Never believe that a few caring people can't change the world.
For indeed that's all who ever have.«
Margaret Mead*[1]

Eine transformative Homiletik muss kontextuell und achtsam im Blick auf Macht sein. Sie soll die Personen, die bislang als Hörer:innen und Rezipient:innen bezeichnet wurden, zu eigener theologischer Kommunikation ermächtigen.

Wir werden in Teil II die Ausgangs- und Gegenwartsgrundlagen einer transformativen Homiletik näher betrachten. Zunächst werden wir klassische Machtdiskurse und -theorien skizzieren, denn religiöse Kommunikation und Predigtpraxis stehen unweigerlich im Zusammenhang mit Autorität und Macht. Im Anschluss daran diskutieren wir neuere machtkritische Ansätze wie partizipative, feministische und postkoloniale Theorien und Homiletik. Wir legen den Fokus also auf jene aktuellen Diskurse, welche die Begriffe von Macht, Autorität, Verantwortung und Einfluss nicht abwerten, aber Machtinhalt, Machtvertreter:innen, Machtprozesse und Macht-Blickrichtungen kritisch analysieren und auf implizite Machtdynamiken hinterfragen.

Von hier aus werden wir im Teil III weiterschreiten zur Frage, was nun (m)achtsam-transformative homiletische Gedanken, Handlungen und Kommunikationen anstreben. Woran orientiert sich diese Art der Homiletik? Hier machen wir uns stark für jene Konzepte, die wir an konkreten Beispielen gelebter, transformativer religiöser Kommunikation sehen: Geist und Geistorientierung, Partizipation und Empowerment, Embodiment, inter- und transreligiöse Fluidität.

1 Mead, Margaret: *The world ahead: an anthropologist anticipates the future*, New York; Berghahn Books 2005 (Margaret Mead – the study of contemporary western cultures; v. 6).

11 Who's got the power? Ein Blick auf Macht(-theorien)

Jedes System »religiöser Kommunikation« und damit auch jedes homiletische Geschehen ist geprägt durch Relations- und Machtdynamiken auf verschiedenen Ebenen.

Kanzeln sollen ein Ort der Bedeutung sein. Ein Predigtgeschehen ohne Anspruch auf Bedeutung ist, buchstäblich, bedeutungslos. Auch der Begriff und das Phänomen der Macht soll hier nicht per se als nur negativ dargestellt werden: Denn Macht oder auch Autorität und Verantwortung sind zunächst einmal Phänomene, die in jedem sozialen Gebilde vorhanden sind, ja sein müssen.

Wie aber Macht, Deutungsmacht und Autorität im jeweiligen Zusammenhang verstanden und gedeutet werden, ist entscheidend für das Verständnis von *transformativer* religiöser Rede. Geht man zum Beispiel davon aus, dass Transformation von einzelnen (Macht-)Hebeln ausgeht, oder dass partizipative Macht und Verantwortung erst nachhaltige Veränderung ermöglicht? Oder gibt es Grund zur Annahme, dass manche Menschen sich in bestimmten Räumen oder in mancher (Körper-)Haltung freier und gegebenenfalls auch nachhaltig prägender äußern?

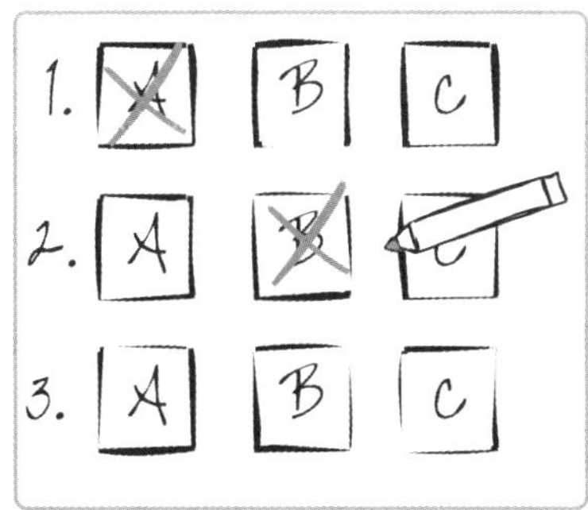

Wenn wir die wechselnden Dramaturgien der Macht verstehen wollen, der erlebten und der tradierten Macht, der expliziten und der impliziten Macht, der rollenbedingten oder charismabedingten, dann kommen wir nicht umhin, in der Vielfalt, im Labyrinth der zahlreichen Machtverständnisse etwas Ordnung zu schaffen. Das ist nicht einfach, denn die Macht maskiert sich auf viele Arten – und heute vielleicht mehr denn je. Wir sind aber der Ansicht, dass eine transformative Homiletik sich ihren bestehenden inneren und äußeren *systemischen* Dynamiken – und hier besonders den Machtdynamiken – stellen muss, um von da aus dann definitiv bei der Frage zu landen: Was nun?

Wer sich diese machttheoretischen Perspektiven sparen oder für später aufheben will, kann jetzt also fröhlich direkt zu Teil III vorblättern. Manche Verbindungslinien werden dann fehlen – aber das Format des Buchs erlaubt, auch jederzeit wieder zurückzublättern oder das Buch zu anderer Zeit wieder neu zu öffnen.

11.1 Machtbegriff und Machtformen

11.1.1 Der Begriff Macht

Etymologisch lässt sich das Wort Macht auf die beiden indogermanischen Wurzeln mag- (kneten, pressen, formen, bilden) und »magh« (können, vermögen, fähig sein) zurückführen. Im Althochdeutschen, Altslawischen und Gotischen meint der Begriff Macht (magan) eine Fähigkeit, ein Vermögen. In der deutschen Alltagssprache begegnet dies etwa noch im Ausdruck »jemand vermag etwas zu tun«.[1]

Die Fähigkeit zu tun und zu handeln und dadurch Einfluss zu nehmen, ist die ursprünglichste Gestalt der Macht. Diese Fähigkeit zu handeln, selbstwirksam zu sein, wird auch als *personale* Macht definiert. Personale Macht kann sich dann als *selbstbezügliche* Macht zeigen, wenn sie auf sich selbst gerichtet wird, oder als *soziale* Macht, wenn sie auf andere gerichtet wird. In der Scholastik wurde für diese beiden Arten zwischen monastischer Macht und politischer Macht unterschieden.[2] Grundsätzlich meint Macht also das Einflussnehmen auf (eigene oder fremde) Denk- und Verhaltenswahrscheinlichkeiten. Macht ist damit stets ein relationaler und systemisch zu verstehender Begriff.[3]

Im Blick auf das semantische Feld des Machtbegriffs ist festzuhalten: Es gibt keine einheitlich akzeptierte, trennscharfe Abgrenzung des Machtbegriffs von themennahen Begriffen wie Herrschaft, Gewalt, Einfluss, aber auch Verantwortung, Kompetenz, Charisma und Wahrheitsanspruch. Das Verhältnis von Macht und Gewalt etwa kann ganz unterschiedlich gefasst werden: So kann Gewalt sowohl als Grundlage wie auch als Gegenbegriff zu Macht verstanden werden.

Bei zunehmender sozialer Komplexität steigert sich auch die Komplexität der Machtrelationen. So ist in einfachen (Gesellschafts-)Systemen Macht noch ein *Mittel*, das zum Erreichen eines bestimmten Ziels angestrebt wird. Komplexer wird die Sachlage in jenen (Gesellschafts-)Systemen, Institutionen und Kulturen, wo Macht nicht mehr nur ein Mittel ist, sondern *für sich selbst erstrebenswert* wird. Herrschen um des Herrschens willen also. Hier gilt dann die Redewendung: Wichtig ist nicht die Macht, die du besitzt, sondern die Macht, die dein:e Feind:in dir zutraut. Wird Macht dann nur noch um ihrer selbst willen angestrebt, dient sie (meist) nicht mehr als »Hüterin des Guten«.[4]

An dieser Stelle ist noch eine terminologische Klärung anzufügen, eine Unterscheidung, die gerade im Kontext alter Institutionen, wie es die Kirche(n) sind, wichtig ist: Wir müssen unterscheiden zwischen »konstituierender Macht« und »konstituierter Macht«. Die *konstituierende Macht* ist die personale, die wir bereits angesprochen haben: dahinter steht eine individuelle Person oder Personengruppe. Aber: Eine solche Macht kann sich »verkörpern«, kann sich in Architektur, Kleidung, Dogmen, Infrastruktur und mehr materialisieren und festsetzen. Dann wird diese Macht zu einer *konstituierten Macht*, die sich also von der ursprünglich begründenden (personalen) Macht löst und für weitere, vielleicht andere Zwecke verwendet wird.[5]

11.1.2 Ein Labyrinth von Machtformen

Macht zeigt sich in verschiedensten Facetten. Wir sehen und erfahren sie etwa als Definitionsmacht bzw. Benennungsmacht, als Deutungsmacht[6], Entscheidungsmacht, Verfügungsmacht usw. Dass im Hintergrund jeder dieser Machtfacetten (auch) personale Macht steht, darf man nicht vergessen. Max Weber hat deshalb auf den charismatischen

Aspekt von Macht aufmerksam gemacht: Charisma ist die Fähigkeit einer Person, als Eigenschaft einer Persönlichkeit, über sich hinaus das weitere System zu prägen.

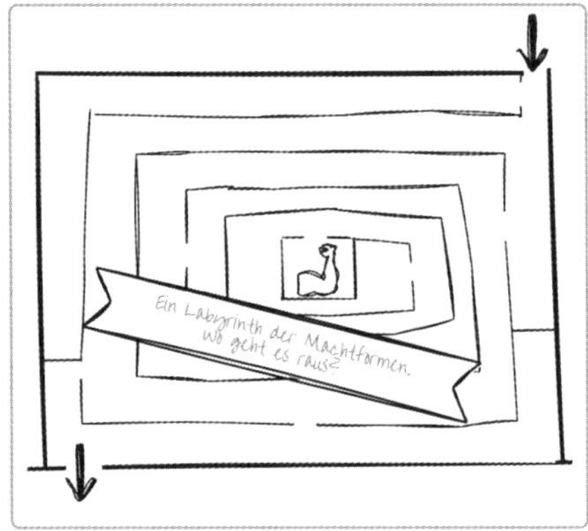

Macht kann sich nun im weiteren Sinne indirekt oder direkt, in harter oder weicher Form zeigen, sie kann als Gewalt oder als Verführung empfunden werden. In welcher Weise Macht wahrgenommen wird, ist kontextuell und systemisch bedingt, ist subjektiv, aber nie *nur* subjektiv.

Einige Aussagen lassen sich als grundlegend in Bezug auf Macht festhalten:

- Macht bezeichnet stets etwas Faktisches, während etwa (staatliche) Autorität und Herrschaft auf durch traditionelle Normen oder moderne Verfahren legitimierten, institutionellen Grundlagen basieren.[7]
- Zu den zentralen Merkmalen von Macht zählen entsprechende Möglichkeiten, mit ihr umzugehen. Sie kann durch klare Rollenverteilung oder Kompetenzzuweisung offengelegt werden. Oder sie wird tabuisiert, durch Verleugnung, Verschleierung, Naturalisierung, Charismatisierung oder Mythologisierung. Eine solche Tabuisierung von Machtverhältnissen kann gleichzeitig zum Kennzeichen ihrer Stabilität werden. Umgekehrt gilt, wenn Machtverhältnisse destabilisiert werden, können sie weniger verborgen werden.[8]

- Anthropologisch und psychologisch wird Macht gelebt und erlebt »als Bewusstsein des Beherrschens, als Empfindung der eigenen Möglichkeit. Es ist die Fähigkeit, das Mögliche wirklich zu machen.«[9] D.h.: Im Ursprung eines solchen Machtverständnisses liegt nicht unbedingt ein Feind der Freiheit (wie so oft behauptet), sondern vielmehr gerade auch ihr Antrieb. Von Natur aus sind Menschen zwar soziale Wesen, aber die westliche Kultur hat in den letzten Jahrhunderten immer stärker die Individualität betont: Wir wollen uns unterscheiden und autonom sein. Der Psychologe Joseph Nuttin hat deshalb in seiner berühmten Theorie der menschlichen Motivation vom »Vergnügen der Kausalität«[10] gesprochen. Macht als (vergnügliche) Handlungs- und Wirkungsmöglichkeit also. Frustration und Ohnmacht erleben wir hingegen im Fehlen von Handlungsmöglichkeiten.
- Insgesamt zeigt sich Macht als »essentially contested concept«[11], das unausweichlich zum Gegenstand öffentlicher – und damit auch theologischer – Auseinandersetzung wird. Es stellen sich Fragen wie: Was sind Kriterien für legitime Macht? Wann wird aus Macht Missbrauch? Wo sind Schnittfelder von Macht und Verantwortung oder von Macht und Beauftragung? Welche Machtverständnisse können gängige Machtstrukturen nicht einfach durch neue, wenig nachhaltige Machtstrukturen ersetzen, sondern ein System öffnen hin zu einem dynamischen Zusammensein und -gestalten?

In der Homiletik führt dies dann entsprechend zu Fragen wie: Was sind Kriterien, was Bedingungen dafür, dass ein Mensch predigen darf? Was bedeutet überhaupt predigen, ab wann ist eine Rede eine Predigt? Und ab wann ist jemand ein:e Prediger:in? Wie verhalten sich Charisma, Rolle, Kompetenz, Auftrag, Beauftragung usw. zueinander? Welche Art Verantwortung hat eine predigende Person?

Fragen Sie sich einmal selbst:

- Welche Art Macht hat Ihr Lieblingsfilm oder Ihr Lieblingsbuch über Sie (gehabt), wo hat es Sie nachhaltig geprägt?
- Kann es in einer Liebeserfahrung passieren, dass Verführende zu Verführten werden?
- Welche Art von Macht haben Sie selbst über Ihre nächsten Mitmenschen und wie gehen Sie damit um?
- Wie sehen die Machtverhältnisse offiziell aus und wie werden sie gelebt in Ihrer Kirch-/Pfarrgemeinde?
- Was sagt die räumliche Einteilung und Gestaltung über Machtverhältnisse in Ihrer Kirch-/Pfarrgemeinde aus?
- Wenn Sie sich an eine aktuelle Predigt oder ein religiöses Kommunikationsgeschehen (z. B. auf Instagram) erinnern: wo erkennen Sie darin Machtdynamiken?
- Wem in Ihrem Leben räumen Sie (bewusst) bereitwillig Macht über Sie ein?

11.2 Machttheorien und Machtdiskurse

Machtanalytische und machttheoretische Auseinandersetzungen gibt es zahlreiche. Denn in historischer, soziologischer, psychologischer, in kommunikationstheoretischer, pädagogischer und weiterer Forschung und Praxis kommt man nicht um eine Beschäftigung mit machttheoretischen Ansätzen herum.

Zu den einflussreichen Ansätzen der letzten Jahrhunderte gehören die von Niccolò Machiavelli, Thomas Hobbes, Immanuel Kant, Friedrich Nietzsche, Max Weber, Hannah Arendt und Michel Foucault. Zunächst jahrhundertelang wesentlich in philosophischen und politischen Zusammenhängen erörtert, entwickelte sich im 19. Jahrhundert allmählich eine verstärkte Ausweitung des Machtbegriffs und der Analyse machtdominierter Verhältnisse auf verschiedenste gesellschaftliche Bereiche, z. B. durch die Analyse der Religion als Machtphänomen durch Friedrich Nietzsche oder die Analyse der Klassenbeziehungen durch Karl Marx.[12]

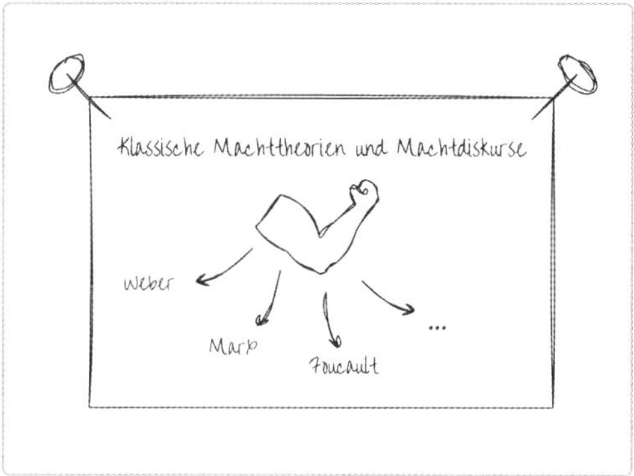

Die meistzitierte Machtdefinition in den deutschsprachigen Sozialwissenschaften formulierte Max Weber (1864–1920): »Macht bedeutet jede Chance, innerhalb einer sozialen Beziehung den eigenen Willen auch gegen Widerstreben durchzusetzen, gleichviel worauf diese Chance beruht.«[13] Weber hat Macht nicht als Besitz verstanden, sondern er denkt Macht als handlungsbezogen innerhalb einer sozialen Beziehung. Damit bedeutet Macht – zumindest temporär – stets eine *Asymmetrie in einer konkreten sozialen Beziehung*.[14]

Als Unterform von Macht definiert Weber Herrschaft als »die Chance, für einen Befehl bestimmten Inhalts bei angebbaren Personen Gehorsam zu finden«[15]. Herrschaft ist also institutionalisierte Macht. Nach Weber besteht die Differenz zwischen Macht und Herrschaft dann darin, dass Macht letztlich ohne Zustimmung auskommen kann. Zwar braucht auch Macht, etwa im Unterschied zur physischen Gewalt, eine gewisse Form von Anerkennung, aber Herrschaft ist Macht mit im Diskurs konkret begründbarer Legitimation. So beruht zum Beispiel demokratische Herrschaft auf der reziproken wie gleichen Zustimmung derjenigen, die zugleich als die dem Gesetz Unterworfenen dessen Urhebende und eigentliche:r Souverän:in sind. Machtbeziehungen beruhen also auf im Diskurs konkret benennbaren und legitimierbaren Gründen.

Legitime Gründe institutionalisierter Macht, also Herrschaft, lassen sich nach Weber in drei Typen unterteilen. Entsprechend unterscheidet Weber zwischen Herrschaft:

1. »rationalen Charakters: auf dem Glauben an die Legalität gesatzter Ordnungen und des Anweisungsrechts der durch sie zur Ausübung der Herrschaft Berufenen ruhen (legale Herrschaft), – oder
2. traditionalen Charakters: auf dem Alltagsglauben an die Heiligkeit von jeher geltender Traditionen und die Legitimität der durch sie zur Ausübung Berufenen ruhen (traditionale Herrschaft), – oder endlich
3. charismatischen Charakters: auf der außeralltäglichen Hingabe an die Heiligkeit oder die Heldenkraft oder die Vorbildlichkeit einer Person oder der durch sie offenbarten oder geschaffenen Ordnungen ruhen (charismatische Herrschaft).«[16]

Diese Form von Macht und Herrschaft ist nicht an persönliche Beziehungen gebunden, sondern strukturell, im System oder in Systemen, verankert. Herrschaft ist also durch die Kopplung an die Dyade Befehl-Gehorsam über das Personale hinaus weiter, z. B. auch institutionell, zu verstehen. In vielen Situationen überschneiden sich allerdings so gesehen, im Weber'schen Sinn, Macht und Herrschaft.

Das an dritter Stelle genannte Konzept charismatischer Herrschaft, das Max Weber in dieser Typologie den Konzepten der rational-legalen sowie der traditionalen entgegensetzt, markiert eine Form der Machtausübung, in der deren Objekte zugleich deren Träger sind: Die der Herrschaft Unterworfenen sind zugleich die Grundlage der Macht, weil sie durch ihren Glauben an das Charisma, die Herrschaft des:der Herrschenden erst ermöglichen.

Sämtliche dieser drei Formen institutionalisierter Macht, rationalen, traditionellen und charismatischen Charakters, spielen im Berufsfeld von Menschen, die in der Institution Kirche tätig sind, eine Rolle:

- Wir kennen den *rationalen* Charakter etwa im Blick auf jene Kriterien, die festlegen, ab wann eine Person ab einem bestimmten Ausbildungsgrad als offiziell, institutionell anerkannte, predigende Person gilt. Solche Bedingungen sind, wie wir im Teil I gesehen haben, einer eigenen historischen Dynamik unterworfen und können aktiv von Menschen inner- und außerhalb des Systems Kirche mitgeprägt werden.
- Wir erkennen den *traditionalen* Charakter institutionalisierter Macht dadurch, dass gewisse Rituale, Regeln und Titel usw. in (je

nach Konfession unterschiedlicher) prägender Weise mitbestimmen, ob, wann und in welcher Weise ein homiletisches Geschehen als »anerkanntes« stattfindet.

- Wir kennen den *charismatischen* Charakter institutionalisierter Macht, insofern gerade der Begriff des Charismas spätestens seit Paulus in pastoraltheologischen, liturgischen, homiletischen und weiteren kirchlichen Kontexten zumindest am Horizont des Denkens steht und als Orientierung dient.

Macht ist insgesamt, so Weber, ein amorpher Begriff, also nicht klar definierbar, je nach Sprachspiel und Verwendungszusammenhang unterschiedlich schillernd: »Bei etwas genauerer Betrachtung offenbart sich nicht nur eine unendliche Vieldeutigkeit der mit Macht und Herrschaft bezeichneten Phänomene (etwa Autorität, Einfluss, Zwang, Gewalt etc.) und ein teils synonymer, wenig voneinander geschiedener Wortgebrauch, sondern auch unterschiedliche, teils sogar konträre Einschätzungen und Bewertungen ihrer inhaltlichen Ausprägungen. Zudem scheinen Alltagsverständnis und Wissenschaftsverständnis in Bezug auf Macht und Herrschaft in besonderem Maße auseinander zu fallen«[17].

Das Schillernde und Mehrdeutige des Machtbegriffs zeigt sich nicht zuletzt dadurch, dass insgesamt eine unübersichtliche Anzahl an weiteren einflussreichen Machttheorien existiert.

Im Zusammenhang gerade mit Kommunikationszusammenhängen ist auch auf Michel Foucault hinzuweisen. Foucault geht zentral vom Diskursbegriff aus. Der Begriff Diskurs umfasst bei ihm dabei unterschiedliche Bedeutungen: Zum einen versteht er unter Diskurs eine *Praxis*, in der Aussagen zu Mustern zusammengestellt werden, sodass eine Ordnung entsteht. Zum anderen ist unter Diskurs nicht nur die Praxis, sondern auch das Bedeutungsfeld zu verstehen, in dem sich bestimmte Aussagen sammeln und sich zu Organisationen oder Bedeutungsschemata formieren.[18] Beide Bedeutungsnuancen beinhalten, dass es nicht den einen Diskurs gibt, sondern verstehen Diskurse immer schon im Plural. Wobei mit Diskurs dann, wie gesagt, entweder das Feld der Wissensproduktion per se oder die Praxis innerhalb dieses Feldes gemeint sein kann.[19]

Mit dem Begriff der Praxis wird ein zentrales Moment der foucault'-schen Theorie deutlich, die *Produktivität* von Diskursen. Sie sind nicht »als Gesamtheiten von Zeichen […], sondern als Praktiken zu behandeln, die systematisch die Gegenstände bilden, von denen sie sprechen. Zwar bestehen diese Diskurse aus Zeichen, aber sie benutzen diese Zeichen für mehr als nur zur Bezeichnung […].«[20] Kulturelle oder sprachliche Ordnungen sind also nicht als Existenz zu verstehen, die der Diskurs repräsentiert oder abbildet. Diskurse beschreiben nicht einfach soziale Wirklichkeit, sondern bringen diese erst hervor.[21]

Die Produktion der Ordnungen, die in Diskursen abläuft, ist dabei immer schon mit einem Moment des Ausschlusses verbunden. Durch die Entstehung bestimmter Sinndeutungen verschwinden andere Sinnpotenziale, die ebenfalls möglich gewesen wären.[22]

Ebendiese Prozesse der Reglementierung und Ausschließung bezeichnet Foucault als Macht. Diese kann bei ihm also nicht als statische, geradezu personifizierte Größe oder als Besitz verstanden werden, den nur bestimmte Institutionen innehaben, sondern meint vielmehr ein dynamisches, relationales Geschehen, das alle Formen der sozialen Interaktion durchzieht. Macht im Sinne dieses sozialen Beziehungsgeflechts verliert somit auch den bloß repressiven Charakter, da sie eben nicht nur als Instrument einer Institution oder Person, sondern auch in ihrer produktiven Wirkungsweise zu verstehen ist:[23] »In Wirklichkeit ist die Macht produktiv; und sie produziert Wirkliches. Sie produziert Gegenstandsbereiche und Wahrheitsrituale: das Individuum und seine Erkenntnis sind Ergebnisse dieser Produktion.«[24]

Diese Verbindung von Macht und Diskurs hat eine breite Rezeption erfahren, so z. B. bei Judith Butler. Jenes Theoriegebäude steht im Hintergrund, wenn sie in ihren Frühwerken kritische Untersuchungen der Kategorie Geschlecht und damit zusammenhängend auch Körper vornimmt (vgl. Kap. II.2).[25]

Insgesamt finden sich im großen Feld der Machttheorien verschiedenste Systematisierungsvorschläge aus soziologischen, philosophischen, pädagogischen, politiktheoretischen und theologischen Perspektiven: je nach Sichtweise geordnet nach der historischen Entwicklung des Machtbegriffs[26] oder synchron oder im Hinblick auf Institutionalisierungsgrade dargestellt.[27]

Verwandt ist sämtlichen Ansätzen das Verständnis von *Macht als einem Beziehungsgeschehen*. Mit solchem Beziehungsgeschehen ist meist ein Gefälle zwischen Personen, Personengruppen, Kulturen oder weiteren Teilsystemen verbunden. Ein solches impliziert häufig, aber nicht immer, auch Mechanismen wie Verfügbarmachen, hierarchisches Dominieren und Gehorchen, Kontrollieren und Kontrolliertwerden. Solches Verständnis hängt nicht zuletzt mit dem Gesellschaftsverständnis als einer Dienstleistungsgesellschaft zusammen. Ein Verständnis, das sich in den vergangenen Jahren nun entscheidend transformiert, zumindest in westlichen Breitengraden (vgl. Kap. 12).

---

1 GERHARDT, Volker: *Vom Willen zur Macht: Anthropologie und Metaphysik der Macht am exemplarischen Fall Friedrich Nietzsches*, Berlin: W. de Gruyter 1996, S. 10–11.

2 Vgl. MARINA, José Antonio: *Die Passion der Macht: Theorie und Praxis der Herrschaft*, Basel: Schwabe Verlag 2011 (Schwabe reflexe 12), S. 23–24.

3 Vgl. INHETVEEN, Katharina: »*Macht*«, in: BAUR, Nina u. a. (Hrsg.): *Handbuch Soziologie*, Wiesbaden 2008, S. 253–272, hier S. 256ff.

4 MARINA: *Die Passion der Macht*, S. 33.

5 Ebd.

6 Vgl. zu »Deutungsmacht« den folgenden lesenswerten theologischen Beitrag: KUMLEHN: »*Deutungsmacht*«.

7 Vgl. LUHMANN, Niklas: *Legitimation durch Verfahren*, 10. Aufl., Frankfurt am Main: Suhrkamp 2017 (Suhrkamp Taschenbuch Wissenschaft 443).

8 Vgl. TURNER, Stephen: »*Charisma — neu bedacht*«, in: GOSTMANN, Peter und Peter-Ulrich MERZ-BENZ (Hrsg.): *Macht und Herrschaft: Zur Revision zweier soziologischer Grundbegriffe*, Wiesbaden: VS Verlag für Sozialwissenschaften 2007, S. 81–105, hier S. 56ff; BECKER, Ruth: »*Handbuch Frauen- und Geschlechterforschung: Theorie, Methoden, Empirie*«.

9 MARINA: *Die Passion der Macht*, S. 12.

10 NUTTIN, Joseph: *Future time perspective and motivation: theory and research method*, New York: Psychology Press 1985 (Louvain psychology series: studia psychologica).

11 FORST, Rainer: *Normativität und Macht: zur Analyse sozialer Rechtfertigungsordnungen*, Erste Auflage, Berlin: Suhrkamp 2015 (Suhrkamp-Taschenbuch Wissenschaft 2132), S. 61.

12 Vgl. MARX, Karl: *Grundrisse der Kritik der politischen Ökonomie*, Berlin 1953.

13 WEBER, Max: *Wirtschaft und Gesellschaft*, 5. Aufl., Tübingen 1972, S. 28.

14 ANTER, Andreas: *Theorien der Macht. Zur Einführung*, 3. Aufl., Società editrice il Mulino 2017, S. 58.

15 WEBER, Max: *Max Weber-Studienausgabe: Wirtschaft und Gesellschaft. Jubiläumspaket*, Tübingen: Mohr Siebeck 2014, S. 28.

16 Ebd., S. 124.

17 IMBUSCH, Peter (Hrsg.): *Macht und Herrschaft: sozialwissenschaftliche Theorien und Konzeptionen*, 2. Aufl., Wiesbaden: Springer 2012, S. 9.

18 Vgl. FOUCAULT, Michel: *Archäologie des Wissens*, Frankfurt am Main: Suhrkamp 1973 (stw 536), S. 89. Neben diesen zwei Bedeutungsebenen kann er Diskurs auch im Singular als »allgemeines Gebiet aller Aussagen« bezeichnen.

19 Vgl. KAMMLER, Clemens u. a.: *Foucault-Handbuch: Leben, Werk, Wirkung*, Stuttgart 2014, S. 234.

20 FOUCAULT: *Archäologie des Wissens*, S. 74.

21 Vgl. BUBLITZ, Hannelore: *Diskurs*, Bielefeld: transcript Verlag 2003, S. 56f.

22 Vgl. BUBLITZ: *Diskurs*, S. 56f.

23 Vgl. SCHROER, Markus: *Soziologische Theorien: Von den Klassikern bis zur Gegenwart*, Paderborn 2017 (UTB 8695), S. 351f.

24 FOUCAULT, Michel: *Überwachen und Strafen: Die Geburt des Gefängnisses*, Frankfurt a. M. 1977, S. 250.

25 Vgl. BUTLER, Judith: *Körper von Gewicht: Die diskursiven Grenzen des Geschlechts*, Frankfurt am Main: Suhrkamp 1997 (es 1737 Neue Folge 737 Gender studies); BUTLER, Judith: *Das Unbehagen der Geschlechter*, 22. Aufl., Frankfurt am Main: Suhrkamp Verlag 1991 (es 1722 Neue Folge 722 Gender studies).

26 Z. B. ENNO, Rudolph: *Wege der Macht. Philosophische Machttheorien von den Griechen bis heute*, Weilerswist 2017.

27 Vgl. IMBUSCH: *Macht und Herrschaft: sozialwissenschaftliche Theorien und Konzeptionen*, S. 9–36.

12 Neuere Machtdiskurse als Potenzial für eine transformative Homiletik

Es wird deutlich: Macht ist nicht per se abzuwerten. Macht ist eng verknüpft mit Fragen nach Werten, aber auch mit dem »Hüten« von Werten. Macht ist verknüpft mit Verantwortungsübernahme, mit Fragen um Kompetenzen und Entscheidungsfähigkeit und sie ist notwendiger Bestandteil eines jeden Systems.

Gleichzeitig ist sie aber ebenso notwendig zu hinterfragen, um zu verhindern,

- dass manche Personen(gruppen), Gemeinschaften, Ethnien usw. durch konstituierte Macht eingeschränkt werden (oder sich selbst einschränken);
- dass Macht – in welcher Form auch immer – missbraucht wird;
- dass durch manche Machtausübung möglicherweise gerade dem Kernauftrag, der eigenen Intention oder gar Vision nicht entsprochen werden kann.

So verstanden ist Macht notwendig für jegliche Prägung, Beeinflussung und für bewegendes Predigen, ebenso wie für Bildungsprozesse, für jede Absicht des Transformierens. Macht als »Verbündete« und somit als soziale Ressource ist notwendig, denn dadurch können Benachteiligte gefördert, Diskriminierung benannt, ungerechte Strukturen verändert und den Nicht-Gehörten eine Stimme gegeben werden. Macht, insbesondere als geteilte, als partizipative und vor allem als sich selbst und dem System gegenüber wachsame und achtsame ist eine Ressource für gesellschaftliche Transformationen, also auch für eine transformative Homiletik. Wir nennen diese Form der Macht im Folgenden (m)achtsam.

Wir werden auf drei machttheoretische Diskursstränge eingehen, welche ebendies im Blick haben, und zwar auf partizipative, feministische und postkoloniale Machtdiskurse. Diese drei Machtdiskurse bauen in vieler Hinsicht aufeinander auf und sind wechselseitig verknüpft. Im Sinne eines pragmatischen Entscheids beschreiben wir dabei nicht historische Gesamtüberblicke und machen auch keine systematische Gesamtauslegeordnung, sondern bleiben exemplarisch.

12.1 Partizipative Machtdiskurse

»Ein einzelner Mensch hat aber gar keine bestimmten Interessen; diese erwachsen ihm erst in dem gemeinsamen Raum, an dem er […] mit-trägt.«[1]

Es gibt verschiedenste Machtkonzepte, Machtanalysen und -theorien, die mit den oben genannten Intentionen von (M)achtsamkeit, deskriptiv oder normativ, arbeiten. Unter diesen ist die Machttheorie der Philosophin Hannah Arendt (1906–1975) im deutsch- wie im englischsprachigen Kontext bis heute prägend. Hannah Arendt hat die politische Theorie des 20. Jahrhunderts mit ihren machttheoretischen Ausführungen erheblich herausgefordert und hatte mit »On violence« große, bis heute anhaltende Resonanz.[2] Grundlegend für ihren Ansatz ist ein kommunikationstheoretisches Machtverständnis, nach dem *jegliches* Handeln auf Macht hinausläuft. Arendt sprach dabei zwar primär von politischem Handeln, ihre Gedanken sind aber ebenso für soziale und religiöse Kontexte und generell für zahlreiche transformative Ziele erhellend. Sie versteht Macht in einem weiten Sinn im Zusammenhang mit Partizipation und Ermächtigung – und wird auch gerade deshalb von zahlreichen feministischen Theoretiker:innen aufgenommen.[3]

12.1.1 Macht als relationales und gemeinschaftsbildendes Phänomen

Macht basiert nach Arendt auf mehreren grundlegenden Pfeilern: Auf Relationalität und auf dem gemeinsamen Anfangen. Diese Grundpfeiler sind eng verknüpft mit Begriffen der Partizipation, der Ermächtigung, der Gleichberechtigung und der Sprache. Wir skizzieren im Folgenden ihren Ansatz in aller Kürze; dabei betonen wir vor allem Aspekte ihres Machtverständnisses, die wiederum für feministische und postkoloniale Diskurse relevant werden.

Macht gründet für Arendt zunächst auf der Tatsache, dass sich Handelnde aufeinander *beziehen* können: »Macht ist immer ein Machtpotential, und nicht etwas Unveränderliches, Meßbares, Verläßliches wie Kraft oder Stärke. Stärke ist, was jeder Mensch von Natur aus in gewissem Ausmaße besitzt und wirklich sein eigen nennen kann; Macht aber besitzt eigentlich niemand, sie entsteht zwischen Menschen, wenn sie zusammen handeln, und sie verschwindet, sobald sie sich wieder zerstreuen.«[4] Macht ist nach Arendt also immer gemeinschaftsbildend, sogar wenn das Ergebnis kein lebensförderndes ist: »[Jede Macht ist] gemeinschaftsbildend, auch wenn sie verderblich ist. Noch in der Unterdrückung empfinden die Beherrschten, daß Macht eine Funktion in der Gemeinschaft hat.«[5] Der Effekt der Macht, Ordnung und gesellschaftlichen Zusammenhang stiften zu können, motiviere die Beherrschten, so Arendt, dazu, Befehlen zu gehorchen und das Machtverhältnis anzuerkennen.[6]

Arendt definiert Macht also aus der Perspektive von handelnden Individuen. Sie beschreibt dabei *kein individuelles* Handlungsvermögen, sondern eine *gemeinsame Praxis*. Ihr Machtverständnis ist strikt handlungstheoretisch. Es klammert strukturelle und systematische Machtverhältnisse und Machtlogiken aus – die in transformativen Perspektiven wieder bewusst mitgedacht werden müssen (dazu weiter unten mehr).

Dieses Prinzip der gemeinsamen Praxis ist bei Arendt in einem ersten Schritt nicht normativ, sondern deskriptiv gefasst und beschreibt die Funktionslogik politischer Machtverhältnisse.

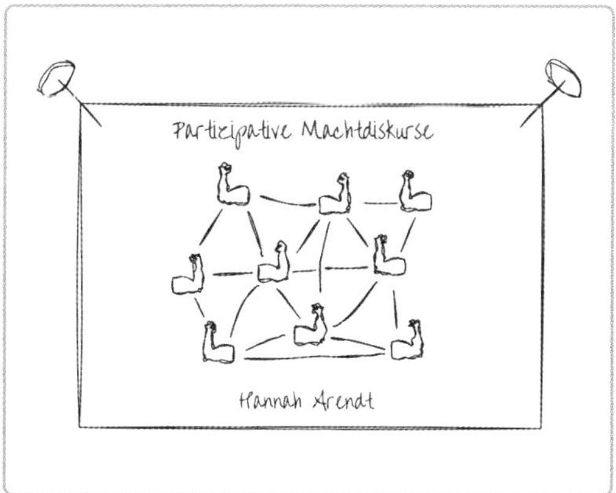

Macht basiert nach Arendt zusätzlich auf der Tatsache, dass Handelnde sich nicht nur aufeinander beziehen können, sondern dass *Handelnde*

Initiativen gemeinsam vollziehen. Was ist damit gemeint: Handeln folgt für Arendt immer einer Struktur, die durch tätiges Anfangen und die Realisierung des Anfänglichen bestimmt ist. Dabei ist dieser Vollzug nach Arendt nur als Interaktion zwischen Menschen und nicht zwischen Dingen denkbar. Handeln ist nicht dasselbe wie Herstellen oder Arbeiten; dies sind instrumentelle und zielorientierte Tätigkeiten, die mit Dingen hantieren oder sich an sozialen und biologischen Zwängen des Überlebens orientieren, also unfrei sind.[7] Handeln dagegen ist eine frei gestaltbare Interaktion zwischen Menschen ohne dingliche Vermittlung. In dieser Bezogenheit der Handelnden aufeinander liegt das, was Arendt die gemeinschaftsbildende Kraft der Macht nennt.

12.1.2 Von Macht zu Ermächtigung

Wenn sich der Vollzug einer Handlung daran bewährt, dass sie nicht nur anfängt, sondern auch vollendet wird, dann ist eine Praxis umso wirkmächtiger, je gewisser ihr Vollzug ist. Aber: In der Praxis sind es nicht die Befehlenden, sondern die Gehorchenden, die über diesen Vollzug entscheiden. Deshalb bemisst sich die Macht einer Handlung an der *Qualität der Mitwirkung aller* von der Handlung Betroffenen. Wirkliche Macht kommt nach Arendt also nur dann zustande, wenn sie auf die *aktive Unterstützung* der beteiligten Personen zählen kann. Konkret bedeutet dies häufig, dass die Beteiligten idealerweise einen gewissen Konsens im Blick auf die Handlung haben müssen.[8] Erst dies führt zu einer wirklich aktiven Unterstützung – die zum Beispiel dann besonders wichtig wird, wenn Gefahren für eine Handlung, für ein Projekt drohen, oder wenn eine beteiligte Person kurzfristig ausfällt. Diese aktive Unterstützung aller Beteiligten an einem Vorhaben kehrt dann gleichsam die Vorstellung um, dass eine einzelne Person souverän befehlen, bestimmen, ein größeres System zum Handeln befehligen könne. Jede scheinbar souveräne Handlungsmacht von Einzelnen beruht nach Arendt letztlich auf der Ermächtigung durch die Vielen. Individuelle Handlungsmacht ist so verstanden immer *interaktive Ermächtigung.*

Über Arendt hinaus vertreten wir – gemeinsam mit verschiedenen Arendt-Interpret:innen –, dass diese dialektische Ermächtigungsstruktur nicht nur für politische Praktiken und Institutionen im engeren Sinn, sondern auch für viele soziale Tätigkeiten und soziale Kontexte gilt.[9] Arendt selbst thematisierte das Soziale aufgrund ihrer Unterscheidung des Politischen vom Sozialen nicht. Für feministische Analysen von Machtverhältnissen ist aber nicht nur der politische, sondern auch der soziale und private Kontext relevant.

12.1.3 Ermächtigtes Handeln und Anfangen

Nach Arendt entsteht Macht, wann immer Menschen sich zusammentun und gemeinsam handeln. Die Legitimität von Macht beruht also nicht auf den Zielen und Zwecken, die eine Gruppe sich jeweils gibt; sie stammt aus dem Macht*ursprung*, der mit der Gründung der Gruppe zusammenfällt.[10] Demnach ist das Phänomen einer gemeinsamen Gründung nicht notwendig identisch mit einer Praxis, in der eine individuelle Initiative, das heißt ein Anfang, durch Gehorsam oder stillschweigenden Konsens nachträglich ermächtigt wird. Wir müssen bei Arendt vielmehr zwei Formen der Macht des Anfangs unterscheiden.

Arendt charakterisiert diese Unterscheidung als »Zweideutigkeit« der Macht. Sie begründet dies mit der Zweideutigkeit des griechischen Wortes *arché*, das sowohl Herrschaft wie Anfang bedeuten kann. *Archein*, so notiert Arendt, heißt »einen neuen Anfang stiften. Ein *Agieren* im Gegensatz zum *Re-agieren*. Über Andere, sofern die Anderen dazu gebracht werden müssen, Anfänge zu machen [...] oder [...] mit den Anderen etwas anfängt. Dies [ist] die Zweideutigkeit überall.«[11]

Ausgehend von diesem Zitat lassen sich bei Arendt zwei Formen des Anfangs rekonstruieren: der souverän gesetzte Anfang und der gemeinsam geteilte Anfang.

- Ein souverän gesetzter Anfang bedeutet, dass eine *einzelne Person eine Initiative startet*, die in einem zweiten Schritt von einer Gruppe von Menschen aktiv unterstützt wird. In diesem Fall fängt nicht mit den Anderen etwas an, sondern die Anderen werden dazu gebracht, den Anfang zu vollenden. Handlungstheoretisch, so wurde oben gezeigt, ist eine solche souverän gestartete Initiative umso mächtiger, je stärker sie freiwillig und aktiv von einem Kollektiv getragen wird.

- Ganz anders dagegen präsentiert sich die Ausgangslage, wenn der Anfang so verstanden wird, dass er *mit den Anderen* beginnen soll. In diesem Fall ist der Anfang nicht schon in einem Plan vorbestimmt, sondern zur Herausforderung wird nun, dass mit den Anderen zusammen etwas »ins Offene« anfangen kann. In dieser Situation wird die Logik der Souveränität und des strategischen Denkens von Anfang außer Kraft gesetzt. Wenn es darum gehen soll, dass mit anderen etwas beginnen kann, dann muss sich ein Individuum also in die Gemeinschaft begeben, um überhaupt Ideen zu entwickeln, Ziele zu formulieren und Handlungsintentionen zu gewinnen. Dies wird nach Arendt möglich im wechselseitigen Austausch, das heißt in der ergebnisoffenen Kommunikation, in der sich die Individuen nicht nur gegenseitig, sondern auch selbst in ihren Interessen überhaupt erst kennenlernen. Arendt bringt diese anfängliche Macht der Gemeinschaft auf den Punkt, wenn sie schreibt: »Ein einzelner Mensch hat aber gar keine bestimmten Interessen; diese erwachsen ihm erst in dem gemeinsamen Raum, an dem er [...] mit-trägt.«[12]

12.1.4 Offenheit für Andere als Bedingung für Ermächtigung und geteilte Macht

Entscheidend ist nun das *nicht-instrumentelle* Verhältnis, das die Beteiligten zum gemeinsamen Handeln entwickeln und das einen nicht-strategischen Sinn von Macht ermöglicht. Mit anderen Worten: Für Arendt geht es im gemeinsamen Handeln darum, dass das Gemeinschaftliche von Anfang an prägend ist. Damit ein gemeinsamer Anfang überhaupt möglich ist, müssen die Individuen für die anderen offen sein und ihre eigenen Präferenzen und Normen, die sie leiten, relativieren. Die Offenheit für eine gemeinsame Praxis, die sich nur gemeinsam entwickeln lässt und die mehr ist als das, was ein einzelnes Individuum selbst bereits plant und will, setzt voraus, dass souveränitätstheoretische und strategische Handlungsinteressen nicht an die oberste Stelle gesetzt werden. Eine solche Praxis der Anerkennung der eigenen Abhängigkeit, der Offenheit für andere und der Preisgabe strategischer Interessen erfordert zwingend dies: die radikale Anerkennung von Gleichheit.

Offen zu sein für das Handeln von anderen, um gemeinsam etwas beginnen zu können, setzt demnach egalitäre Verhältnisse voraus. Kein Mensch soll seine Interessen durchsetzen können, indem andere Menschen durch Gewalt, Erpressung oder Manipulation dazu gebracht werden, Ziele zu verfolgen, die sie nicht wollen. Wenn diese Egalität der Beteiligten und Betroffenen (auch der Stimmlosen, Nicht-Gehörten) nicht gewährt ist, dann kehrt sich die Forderung, Individuen als je einzelne wahrzunehmen, in ihr Gegenteil.

Gemeinsam etwas beginnen zu wollen, bedeutet alle (möglichen) Beteiligten zur gleichen Handlungsfähigkeit zu ermächtigen. Es heißt, nicht jeden Schritt des Tun und Handelns und Sich-Ereignens zu kennen. Es bedeutet, die Kontrolle über das Ergebnis eines Prozesses abzugeben und ebenso, sich selbst vom Podest des Überblicks, vom erhöhten Ort des Dirigierens, zu lösen. Es bedeutet auch, Stimmen am (vermeintlichen) Rande des Bühnengeschehens auch zur Mitte zu erklären. Es bedeutet im homiletischen Kontext die Kontrolle über das Kanzelgeschehen zu teilen oder ganz aufzugeben. Das heißt z. B., Menschen diesseits und jenseits des kirchlichen oder kirchgemeindlichen Kontexts nicht nur als Adressat:innen, sondern als Mit-Gestalter:innen der Predigt ernst zu nehmen (konkrete Beispiele folgen im Kap. 17).

12.1.5 Gemeinsame Anfänge zwischen Prozess und Ereignis

Wie aber sind gemeinsam geschaffenes Anfangen und Handeln in geteilter Macht denkbar, die *wirklich* mit konstituierten, (bewusst oder unbewusst) tradierten, aber eben zu transformierenden Machtverhältnissen bricht?

Auf diese Frage lässt sich mit Arendt und über sie hinaus zweifach antworten:[13] Man kann erstens den Prozess der anfänglichen, gemeinsamen Willensbildung so definieren, dass er bestimmten Kriterien folgen muss, die auf den Bruch mit Hierarchien, Manipulationen und strukturellen Zwängen abzielen. Ein Anfang – also für Arendt das, was wirklich Neues und Transformierendes beginnen lässt – ist dann das Ergebnis eines Diskurses, der aus Bestehendem fortwährend Neues entwickelt. Dies ist der Weg, den zum Beispiel der Philosoph Jürgen Habermas im Anschluss an Arendt geht.

Die zweite Möglichkeit, gemeinsam anzufangen und dabei der Gefahr asymmetrischer Beeinflussung und Manipulation zu entgehen, besteht darin, dass der Anfang als etwas definiert wird, das plötzlich einbrechen kann, das also gerade nicht erst allmählich passiert. Dieses Modell denkt den Anfang einer Transformation also nicht als etwas, das sich Schritt für Schritt entwickelt, sondern als deren *Ermöglichung*, also Strukturen, die Raum geben für das Potenzial von Neuem, Strukturen, die so verfasst sind, dass sie Reflexion und Kritik ermöglichen, die ihrerseits eine transformierende Kraft entwickeln können.

Arendt denkt diese beiden Verständnisse auch zusammen. Sie denkt also das gemeinsame Anfangen sowohl als Bedingung wie auch als Vollzug egalitär geteilten Handelns. Anders gesagt: Es ist weder möglich, das Ereignis des Anfangens von diskursiven Kommunikationsstrukturen abzulösen noch es auf diese zu reduzieren. Das bedeutet, dass es im Sinne Arendts kein Rezept und kein Gesetz geben kann, wie ein Anfang möglich wird, weil er immer ein für sich einzigartiges Ereignis ist.

12.1.6 Ein Hinweis zur Sprache als einem der Mittel homiletischen Redens

Dass es überhaupt solche (Neu-)Anfänge geben kann, hängt im Denken Arendts damit zusammen, dass es Sprache gibt. Sprache hat Kraft – dies leuchtet gerade Theolog:innen ohne weitere Erklärung ein. Die wirklich innovative und damit auch transformierende Kraft der Sprache zeigt sich für Arendt daran, dass man mit Sprache Besonderheit gestaltbar und erfahrbar machen kann. Im Sprechen kann ein Mensch die eigene Individualität realisieren. Zu einer individuellen Person wird man im Laufe seines Lebens dadurch, dass man spricht, die eigene (Lebens-)Geschichte erzählt und damit auch konstruiert. Die Sprache hat für Arendt also eine sowohl narrative wie performative Kraft. Sie konstituiert und gestaltet Individualität.[14]

Sprache benötigt aber Interaktion: Es braucht also eine andere Person, ein Du oder Ihr, mit denen ein Individuum spricht, damit Sprechen zu einer Form des Anfangens werden kann, durch die sich ein Individuum herausbildet. Arendt beschreibt diesen Effekt als Prozess des Sich-Einschaltens in soziale Zusammenhänge: »Sprechend und handelnd schalten wir uns in die Welt der Menschen ein, die existierte, bevor wir in sie geboren wurden, und diese Einschaltung ist wie eine zweite Geburt, in der wir die nackte Tatsache des Geborenseins bestätigen, gleichsam die Verantwortung dafür auf uns nehmen.«[15]

Sprechen bedeutet nicht nur, die eigene Lebensgeschichte zu gestalten und in soziale Zusammenhänge zu treten. Sie bedeutet auch: durch Sprache handelnd Verantwortung zu übernehmen – und zwar für eine Welt, die gemeinsam geteilt wird.

Wenn nun die gemeinsame Macht der Menschen auf Sprech- und auf Handlungsfähigkeit angewiesen ist, dann heißt dies: indem ich die Sprech- und die Handlungsfähigkeit der anderen zerstöre, vernichte ich auch die *eigene* Sprech- und Handlungsfähigkeit. D.h., dass »Gewalt, eben weil sie in der Tat Macht vernichten kann, stets die eigene Macht mitbedroht«[16]. Arendt entwickelt deshalb die These, dass Gewalt nichts anderes ist als die Erzeugung kollektiver *Ohnmacht*. Macht hingegen ist eine Form von Praxis, die für die Entwicklung einer egalitären und freiheitlichen Politik leitend sein kann, wenn sie nicht über andere Menschen instrumentell verfügt, wenn sie also andere Menschen nicht verzweckt. Weiterhin unterscheidet Arendt zwischen konstruktiver und destruktiver Macht: erstere führt zu mehr Freiheit, vermag bestehende Systeme in lebensdienlicher Weise zu transformieren; letztere schränkt die freie Entfaltung und die Ermächtigung vieler ein.

Insgesamt lässt sich, in der Geschichte der Machttheorien, Arendts Machtverständnis dem Strang eines *konsensuellen* Machtbegriffs zuordnen. D.h.: Macht entsteht nach ihr nicht durch die Unterdrückung von Gegner:innen, sondern durch die *Erlangung von Zustimmung (Konsens)*. Macht wird damit zum Effekt eines gemeinsamen Handelns – und als umso größere verstanden, je größer der Kreis derjenigen ist, die einvernehmlich zusammen agieren.

Dieses konsensuelle Verständnis von Macht hat sich auf die Entwicklung zeitgenössischer Politiktheorien und Sozialphilosophien produktiv ausgewirkt. Aus der Einsicht, dass Macht auf Zustimmung und Anerkennung beruht, lassen sich Kriterien für dialogisch ausgerichtete Systeme, Öffentlichkeiten, Institutionen, Gruppen usw. ableiten.

Gerade auch feministische Theoretiker:innen, etwa Seyla Benhabib oder Amy Allen, haben sich von Arendts Machtphilosophie und Machtverständnis inspirieren lassen und ihr Machtverständnis als Grundlage für feministische Anliegen wie Egalität, Solidarität und Demokratie gedeutet.

Wir richten nun an dieser Stelle noch einmal den Blick auf homiletische und allgemein religiöse kommunikative Prozesse:

Ein konsensuelles, ein partizipatives Verständnis von Macht entspricht einerseits in vielfacher Weise christlich-theologischen Vorstellungen: Denken wir an Apostelgeschichte 2, die von der Sprachfähigkeit und Verständnisfähigkeit vieler Menschen berichtet. Denken wir an die Vorstellung des Priestertums aller Gläubigen. Denken wir daran, dass Jesus gemäß biblischer Überlieferung in seiner Lehre betont, dass jegliches Ausgrenzen und Abwerten von bestimmten Menschen zutiefst widergöttlich sei.

Ein konsensuelles, ein partizipatives Verständnis von Macht stellt aber für homiletische Kontexte auch unbequeme Fragen nach Egalität, Solidarität, Demokratie und Partizipation.

- Welche Art von Anfang erleben Sie in Ihrem Wirken? Welche davon entspricht Arendts Forderungen?
- Wo können Sie in Ihrem homiletischen Wirken im Arendt'schen Sinne *agieren*?

12.2 Feministische Machtdiskurse

»I don't feel I have been taught to preach as myself. I've been taught to preach like a man.«[17]

Die durch Arendt angestoßene Frage nach den Funktionen und dem Verhältnis von Macht und Gewalt ist für feministische Machtanalysen in vielerlei Richtungen produktiv.[18] Ihre Machtphilosophie und -theorie fördert die Sensibilisierung für die vielfältigen Formen, in denen sich in einem System gewaltförmige oder destruktive Strukturen finden. Als kritisch-analytische und normative Perspektive liefert sie bis heute für feministische Theorien wichtige Anregungen.[19]

12.2.1 Die Bedeutung Hannah Arendts für feministische Politik und Theorie

Mit ihrem Fokus auf gemeinsames Anfangen, ermächtigendes Handeln, auf Sprache und mehr, schärfen Arendts Analysen die Wahrnehmung für *systembedingte* (Macht-)Dynamiken. Solche sind in den feministischen Theorien seit den 1990er-Jahren zugunsten von subjektzentrierten Perspektiven eher in den Hintergrund getreten.[20] Feministische Theorien des Subjekts analysieren primär jene Mächte, die (moderne) Individuen formieren und handlungsfähig machen. Leitend ist dabei die Annahme, dass sich Subjekte durch die Unterwerfung unter bestehende Geschlechternormen bilden. Diese Geschlechternormen wirken sowohl produktiv als auch repressiv und werden in dieser Ambivalenz im Alltag permanent wiederholt und dadurch re-aktualisiert. Solche Normierungseffekte entsprechen der oben beschriebenen Wirklogik »konstituierter Macht«. Konkret implizieren sie, dass sich die Herausbildung der (modernen) Geschlechtsidentität daran orientiert, die eigene Geschlechtsidentität als Einheit von biologischem Geschlechtskörper, sexuellem Begehren und sozialer Geschlechtszugehörigkeit zu verstehen und sich außerdem in einer heterosexuellen, zweigeschlechtlichen Ordnung eindeutig als Mann oder Frau zu identifizieren.[21] Diese Forderung schließt vielfältige Formen von Geschlechtskörpern, Begehrensformen und Geschlechtsidentitäten, die sich dieser Norm widersetzen, als Spezialfall oder queer aus – je nach rechtlicher Lage auch als verboten.
Der Großteil feministischer (Subjektivierungs-)Theorien versteht dann die Macht solcher Geschlechternormen als Ausdruck *allgemeiner* gesellschaftlicher Herrschaftsstrukturen. Dabei bleibt ein für nachhaltige Transformation wichtiges kollektives, partizipatives Handeln weniger beleuchtet.

12.2.2 Judith Butler – ohne die man wohl kein Kapitel zu feministischen Machtdiskursen schreiben darf

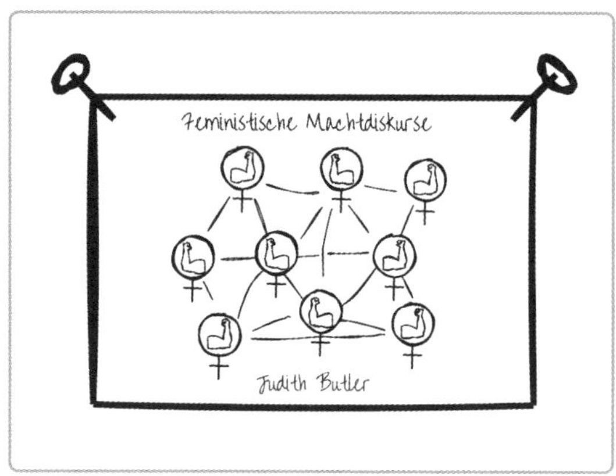

Zu jenen Personen, die auch im Anschluss an Hannah Arendt ihre feministischen Ansätze und Konzepte entwickelt haben, gehört die amerikanische Philosophin Judith Butler. Sie hat die heutige Gender-Diskussion geprägt und prägt sie nach wie vor. Dass Papst Benedikt XVI. ihren potenziellen Einfluss in einer offiziellen Schrift des Vatikans zurückwies, fördert das theologische Interesse an ihr nur umso mehr.

Judith Butler hat in zwei Büchern der frühen Neunzigerjahre unter den Titeln »Gender Trouble«[22] und »Bodies that Matter«[23] eine damals neue Konzeption von »Geschlecht«, *gender*, entwickelt. Durch ihr erstes Buch »Das Unbehagen der Geschlechter« wurde Judith Butler zur prägenden Person des feministischen Diskurses. In diesem Buch stellte sie die These auf, dass die Geschlechtsidentität nichts natürlich Gegebenes sei, sondern sozial, kulturell und sprachlich unablässig konstituiert werde. In ihrem Werk »Körper von Gewicht« vertritt sie darüber hinaus die Unterscheidung zwischen biologischem und sozialem Geschlecht, also zwischen »sex« und »gender«, als etwas, das kulturell konstruiert werde. In der Konsequenz gerieten auch bis dahin scheinbar feststehende Kategorien wie Natur, Kultur und Körper ins Wanken. Umfassend fragt Butler nach subtilen Machtmechanismen, die hinter jeglichen Kategorien stehen. Sie knüpft ihren Theorieentwurf dabei philosophiehistorisch differenziert an Georg Wilhelm Friedrich Hegel (»Verkörperung«),

John L. Austin (»Rollen«), Michel Foucault (»diskursiver Widerstand«) und Jacques Derrida (»Aufhebung binärer Unterscheidungen«) an. Die Radikalität von Butlers Anliegen liegt dabei besonders in ihren poststrukturalistischen theoretischen Bezügen begründet.[24]

Geschlechter werden spätestens seither nun vielerorts als Rollen verstanden, die im gesellschaftlichen Umgang entstehen und, sich permanent verändernd, an immer neue Generationen tradiert werden. Es gibt demnach einen nach oben offenen Plural von Geschlechtern, die nicht an die eine biologische Unterscheidung zwischen Frauen und Männern gebunden sind. Butler spricht von einer Vielfalt von Formen der *Performanz*. Mit anderen Worten: Geschlechter entstehen als Rollen erst durch ihre *Aufführung*.

Die Geschlechter-, Gender-, Körperfrage steht inzwischen in neuer Form im Zentrum des Arbeitens von Butler. Die Thematik des Sich-Versammelns, des gemeinsamen Handelns, eine »Versammlungstheorie«, steht für sie nun stärker im Fokus: Jede Versammlung habe, so Butler, eine Bedeutung – schon an sich, also bevor irgendwelche Pläne konstruiert oder Forderungen erhoben werden. Die Körper der Versammelten seien es, die bereits bedeutungsvoll ins Gewicht fallen, sie nehmen buchstäblich Raum ein, beanspruchen Platz in der Gesellschaft. Die »Verletzlichkeit« leiblicher und das »Prekäre« sozialer Existenz im Zeitalter der beschleunigten – ökonomisch bedingten – Entsolidarisierung stellen wesentliche Begriffe für ihre weiteren Gedankengänge dar. Auffällig ist dabei: In der Zeit des »Unbehagens der Geschlechter«, als es ihr um die Subversion vermeintlich natürlicher Identitäten ging, galt Judith Butler jedes »Wir« mehr oder minder als nicht wirklich verwendbar. Inzwischen betont sie indes ein (demokratisches) »Wir« – dessen Keimzellen eben in (vorübergehenden, permanent neu zu gestaltenden) Versammlungen liegen. Der Umstand, dass es dabei nie eine »Inklusion« ohne »Exklusion«, kein »Wir« ohne »die Anderen«, gibt, ist ihr bewusst.

Dieser Fokus auf kollektives Handeln, der in Butlers späteren Werken auftaucht und der bei Arendt prägend ist, ist gerade auch für partizipative, transformative (homiletische) Bestrebungen weiterführend. Dies nicht zuletzt angesichts der aktuellen, auch die feministische Theorie umtreibenden, Debatten um Identitätspolitik:

Im Feminismus wurde das Interesse von Frauen, *zusammen zu han-*

deln und eine *gemeinsame Praxis* zu entwickeln, lange Zeit und bis heute an die Bedingung einer feministischen Identität im Sinne eines ›Wir-Bewusstseins‹ geknüpft. Dieses feminine oder feministische Wir-Bewusstsein dient dann als Subjekt feministischer Politik. Nicht nur in aktuellen philosophischen, soziologischen und weiteren Entwürfen, sondern auch in der Geschichte des Feminismus hat ›Identitätspolitik‹ aber einen ambivalenten Ruf.[25] Sie wird oft gleichgesetzt mit einem falschen Universalismus westlicher, weißer Feministinnen aus der Mittelschicht. Diese haben in den 1970er- und 1980er-Jahren eine Identität der Frauen proklamiert, die zum Fundament emanzipatorischer Bestrebungen werden sollte. Dass diese Identität der Frauen eine sehr partikulare ist, war eine zentrale Kritik von Judith Butler und von Women of Color in den USA. Die daraus abgeleitete Forderung des poststrukturalistischen Feminismus und der Queer Theory, überhaupt auf geschlechtliche Identitätsbezeichnungen und die Kategorisierung von Identitäten zu verzichten, ist eine mögliche Antwort auf dieses Problem.[26] Allerdings übergeht diese Tendenz dann wiederum die Tatsache, dass Kategorisierungen nicht nur ausschließend und identitätsfixierend sind, sondern dass sie auch Ausdruck einer wichtigen Subjektivierung sein können, die überhaupt erst den »voices from the margins« den Schutz und die Handlungsmächtigkeit einer kollektiven Solidarität ermöglicht. Das Identitätsbewusstsein einer marginalisierten Gruppe kann, wie Kimberlé Crenshaw schreibt, der Selbstermächtigung dienen, indem sie den Beteiligten die Kraft gibt, *gemeinsam* zu handeln.[27] Selbstverständlich und in keiner Weise wirklich neu ist die Feststellung, dass die Identität einer jeden »Gruppe«, einer jeden Kategorie, Kultur etc. in sich nie homogen ist. Vielmehr bildet sie sich erst (und stets neu) aus ›intersektionalen‹, das heißt sich überkreuzenden sozialen Identitäten, die zwar nicht im ›Wesen‹ der Menschen liegen, aber gesellschaftlich wahrnehmbar sind. In diesem Sinn fordert etwa Cathy Cohen, kollektiv verdrängte Stimmen, also marginalisierte Gruppen, müssten sich zu Identitäten formieren, die nicht nach »objektiven« *Identitätsmerkmalen*, sondern nach (Unterdrückungs-)*Erfahrungen* ausgerichtet sind. Die Erfahrung sei das Verbindende – und der Fokus darauf verdränge aber nicht grundsätzlich die Unterschiede der Beteiligten.[28]

Diese besonders im Umfeld des US-amerikanischen *Black Feminism* bekannte Verteidigung einer nicht-essentialistischen, transformativen und pluralen politischen Identität ähnelt in vielem den Anforderungen, die auch Arendt an eine demokratisch und pluralistisch organisierte Gemeinschaft richtet. Allerdings ist bekannt, dass Arendt sich dem Feminismus und der Organisation von Fraueninteressen gegenüber sehr ablehnend verhalten hat und diese als unpolitisch beurteilte. Ein wesentlicher Grund dafür liegt darin, dass Arendt Themen wie Körperlichkeit, Fortpflanzung oder Hausarbeit mit unfreier Arbeit und nicht mit »freiem« Handeln verknüpfte.

12.2.3 Nicht Identität, sondern Erfahrung als Ausgangs- und Anfangspunkt

Wir müssen also – um mit anderen Menschen zusammen handeln und gemeinsame, bindende Entscheidungen suchen zu wollen – nicht vorgängig in einer gemeinsamen *Identität* verbunden sein, sondern in einer gemeinsamen *Erfahrung*.

In Blick auf feministische Theorie verweist Audre Lorde für diesen Zusammenhang auf die paradoxe Formel, dass sich das Trennende zwischen Frauen nur dann nicht bemerkbar macht, wenn sie die Trennungen thematisieren: »Natürlich bestehen sehr reale Unterschiede zwischen uns, was die Hautfarbe betrifft, das Alter, das Geschlecht. Aber diese Unterschiede sind nicht, was uns voneinander trennt. Was uns trennt, ist vielmehr die Weigerung, diese Unterschiede anzuerkennen und die Verzerrung durch falsche Benennung sowie deren Auswirkung auf Verhalten und Erwartungen zu überprüfen.«[29] Die ›Trennungen zu thematisieren‹ bedeutet also nicht, auf Identitäten zurückzugreifen und diese gegeneinander auszuspielen. Das Trennende bzw. – je nach Perspektive – Verbindende bezieht sich vielmehr auf unterschiedliche *Erfahrungen*. Solche Erfahrungen können eben solche im Blick auf Machtverhältnisse und Gewalt sein – die wiederum natürlich häufig durch soziale Identitätszuschreibungen begründet sind und als solche thematisiert werden müssen.

Insgesamt bietet Arendts Konzept der Machtteilung also einen – gerade auch für feministische Anliegen hilfreichen – Weg, die Politisierung von Identitäten nicht identitätspolitisch zu verstehen.

12.2.4 Ein kurzer Zwischenhalt: die Bereitschaft zur geteilten Macht

Machen wir einen kurzen Zwischenhalt. Und fragen wir, im Blick zurück auf die Kapitel 11.1 und 11.2, ganz konkret: Wie lässt sich denn die Macht, an der ich partizipiere oder partizipieren will, teilen? Diese Frage lässt sich für jegliche zu transformierenden machtgeprägten Systeme, Interaktionen und Erfahrungszusammenhänge stellen. Auch dann, wenn unklar ist, ob sich die Beteiligten selbst in einer Machtkonstellation als mächtig, ohnmächtig oder widerständig verstehen. Und was heißt oder hieße dies für Homiletik, für religiöse Kommunikation ganz konkret?

Nun: Die *Bereitschaft* zur Teilung und Vermehrung von ermöglichender Macht ist das zentrale Kriterium, um demokratische und egalitäre Machtverhältnisse von Gewaltpraktiken zu unterscheiden. Dies könnte man böswillig als naive Haltung verstehen. Wir nennen dies Vertrauen, vielleicht Vertrauen auf Vorschuss. Vertrauen übrigens, das, wie uns scheint, sowohl in der christlichen (homiletischen) Botschaft als auch in weiteren religiös kommunizierten Inhalten eigentlich einen zentralen Stellenwert hat. Es ist unverzichtbares Vertrauen. Denn um destruktive Machtverhältnisse in einer Gesellschaft zu vermeiden, ist es unverzichtbar, darauf zu vertrauen, dass sich durch Machtteilung ein Effekt wechselseitiger Ermächtigung, Förderung und Kontrolle von Macht entwickelt und sich neben der Macht zum Widerstand auch die Chance bietet, das Handeln mit anderen als sinnvoll zu erfahren. Gerade *weil* alle Beteiligten unterschiedliche Meinungen und Erfahrungen in die gemeinsame Praxis hineintragen.

Des Weiteren erfordert das Teilen von Macht die Bereitschaft zur *Verantwortungsübernahme* der Beteiligten. Solche Verantwortungsübernahme bedingt Ressourcen und intrinsische Motivation seitens der Beteiligten. Verantwortung beim Predigen abzugeben braucht die Gabe, andere zu ermutigen und den Mut, selbst loszulassen. Vorgelebte Beispiele dazu beschreiben wir im Kap. 17.

Beides – Verantwortung abgeben und andere ermutigen – wiederum fordert oft auch *Änderungen im System selbst*: denn wo Verantwortungsübernahme nur ein Wort bleibt oder lediglich Ressourcen von Beteiligten »umsonst« einfordert, führt der partizipative Anspruch eher zu einem schön verkleideten Ausnutzen denn zu echter Partizipation. Eine solche untergräbt intrinsische Motivation sehr schnell.

Notwendig schließlich – und diese Auflistung ist nicht als vollständige zu verstehen – ist Mut zur Vielfalt an Klängen, an Stimmen, an dadurch mögliche Disharmonie, oder um im Klangbild zu bleiben: Polyphonie kann auch zur Kakophonie werden. Sie gilt es nicht zu vermeiden, sondern als gemeinsames Arbeitssetting anzuerkennen, in und an dem gestaltet und gebaut wird. Dies mag visionär klingen. Und anstrengend. Wir meinen auch: unvermeidlich und notwendig. Nur ein gemeinsames Getragenfühlen, in einem gemeinsamen Geist, mag hier durch manche »bau«-intensive Zeit führen. (Zum »Bild« der Baustelle vgl. Teil III.)

Partizipative und feministische Machtdiskurse sind nach wie vor in jeglichen Transformationsbestreben notwendige Perspektiven. Zu diesen in sich vielfältigen Stimmen gesellen sich postkoloniale Diskurse. Sie bauen auf partizipativen, häufig auch feministischen Theorien und Diskursen auf und haben doch noch einmal ganz spezifische Blickrichtungen. In sie, in postkoloniale Diskurse und eine postkoloniale Homiletik, münden deshalb unsere bisherigen Ausführungen:

12.3 Postkoloniale und postkolonial-feministische Machtdiskurse

> *»How does one go about thinking, talking, living, theorizing, or resisting an original, prodigious, and ongoing first world cultural expansion, indeed, this imperial neocolonization of all citizen-subjects, when the nature of this very expansion functions to take in any thought about it?«*[30]

Wir haben festgestellt: Gerade *weil* Macht als ein in sozialen Strukturen immer vorhandenes Beziehungsgeschehen verstanden wird, müssen Macht- und insbesondere Herrschaftsstrukturen kritisch analysiert und hinterfragt werden. Die Denk- und Handlungsrichtung des »Postkolonialismus« untersucht eben jene Logik sozialer, wirtschaftlicher, politischer und religiöser macht- und dominanzgeprägter Beziehungsdynamiken, die durch Kolonialismus und Neokolonialismus entstanden

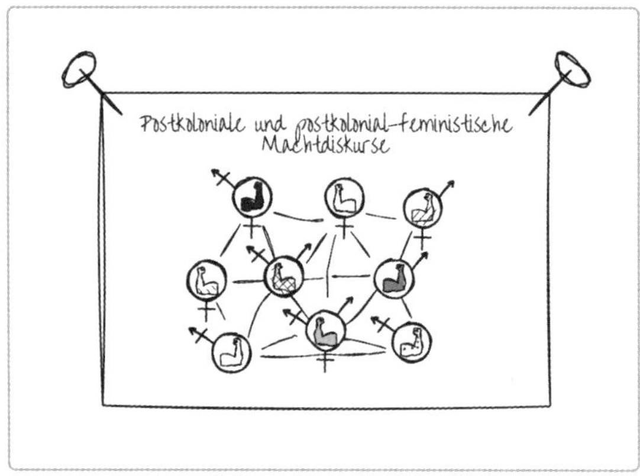

sind – und nach wie vor, bewusst oder unbewusst, aufrechterhalten werden.

Edward Saids Arbeit »Orientalism« von 1978 gilt vielerorts als Grundstein postkolonialer Theorie. Seine Pointe liegt in der These, dass im Rahmen des kolonialen Diskurses sowohl »der Westen« als auch ›der Orient‹ diskursiv produziert werden. Said beruft sich auf Foucaults Diskursbegriff, um aufzeigen, dass »Orient« keine objektive Größe ist, sondern durch die europäischen Kolonialmächte als das minderwertige Andere im Vergleich zu Europa konstituiert wird.[31] Diese Alterierungsmechanismen dienten dabei der »westlich«-europäischen Identitätsstabilisierung und wurden im Zuge der Kolonialisierung des 19. Jahrhunderts den kolonialisierten Ländern übergestülpt, sodass diese fortan genötigt seien, ihre eigene Identität im Rahmen dieses Diskurses auszubilden.[32] Macht ist hier also, anders als bei Foucault, nicht als bloßes Beziehungsgefüge, sondern konkreter als *Repressionsverhältnis* von Okzident zu Orient zu verstehen.[33]

Ein ähnliches Machtverständnis findet sich auch bei Stuart Halls Auseinandersetzungen mit Rassismus: »Rassistische Ideologien entstehen also immer dann, wenn die Produktion von Bedeutungen mit Machstrategien verknüpft sind und diese dazu dienen, bestimmte Gruppen vom Zugang zu kulturellen und symbolischen Ressourcen auszuschließen. Ich möchte dies als Ausschließungspraxen bezeichnen. [...] Ausschließungspraxen haben große Ähnlichkeit mit dem, was Foucault Diskurs nennt.«[34]

Die tiefgreifenden Auswirkungen dieser frühen Arbeiten sind nicht zu unterschätzen, falsifiziert sich doch damit das Selbstverständnis europäischer Wissenschaft als objektive Darstellung von Wirklichkeit.[35] Vielmehr erweist sich diese als produktiv und als im foucault'schen Sinne machtvoll.

Aus diesen Wahrnehmungen und Überlegungen entstand allmählich die Disziplin des Postkolonialismus, die nach einer Form des Umgangs der Kolonialisierten mit den beschriebenen Machtmechanismen sucht.[36] Beispielhaft sei hier die Arbeit von Homi K. Bhabha erwähnt, der sich dem foucault'schen Machtbegriff wieder annähert, ihn damit im Vergleich zu Said ausweitet und so Handlungsmacht für die Unterdrückten aufzeigen kann. Im Unterschied zu Said geht er davon aus, dass Kolonialisierte Diskurse mitprägen können.[37] Die Bedeutungsfixierungen, die in Diskursen entstehen, also z. B. ein bestimmtes Verständnis von Orient, basieren auf permanenten Wiederholungen, die niemals das Original darstellten. Somit wird deutlich, dass koloniale Diskurse nicht ohne Veränderung von kolonialisierten Gruppen übernommen werden müssen, sondern Raum für Bedeutungsverschiebungen und Neudeutungen bieten.[38]

Die Liste postkolonialer Konzeptionen und der jeweilige Umgang mit Macht ließe sich um viele Namen erweitern. Exemplarisch verweisen wir auf den viel zitierten Aufsatz von Gayatri Chakravorty Spivak: »Can the subaltern speak?«,[39] die der foucault'schen Theorie deutlich kritischer gegenübersteht.[40]

In der Theologie schließen postkoloniale Denker:innen häufig an die Befreiungstheologie an. Diese Personen streben in der Theologie und Homiletik an, auf die kulturellen und religiösen Narrative, die den Kolonisator und die Kolonisierten umgeben, hinzuweisen und darüber hinaus idealerweise auch zu transformieren. Untersucht und gefragt wird dabei: Welche Bilder und Metaphern »der Anderen« werden übernommen, wiederholt und reproduziert? Der Postkolonialismus weist also besonders auf die strukturellen, also die im System angelegten und häufig nicht bewusst wahrgenommenen Herrschaftsverhältnisse hin. So beruht etwa die Tatsache, dass zahlreiche Menschen aus den westlichen Gesellschaften einen hohen Lebensstandard und relativ gesicherten Wohlstand haben, nach wie vor auf kolonialistischen Systemen und Wirtschaftsordnungen. Nicht zuletzt ist die postkoloniale Denk- und Arbeitsweise aus theologischer Perspektive gerade auch deshalb unumgänglich, weil die Kirchen für die Aufrechterhaltung dieses Systems mitverantwortlich waren und sind. Sie selbst unterliegen, wie Cláudio Carvalhaes mehrfach betont, dem neoliberalen Wirtschaftssystem und haben selbst zur Stärkung und als Stütze kolonialer Systeme gedient. Dazu im kommenden Kapitel mehr.

12.4 (M)achtsame Homiletik: Ein Blick auf machtsensible homiletische Diskurse

Im Folgenden fokussieren wir uns nun, nach diesem ausführlichen Ausflug durch Machttheorien und Machtdiskurse, auf die Zusammenführung des partizipativen und feministischen Denkens in der postkolonialen Homiletik. Wir zeigen im Folgenden die Chancen postkolonialer Denkweisen für die Homiletik anhand von Cláudio Carvalhaes und Hyeran Kim-Cragg auf.

12.4.1 Cláudio Carvalhaes – Homiletik und Liturgik von unten

Cláudio Carvalhaes ist ein Praktischer Theologe, der sich aus lateinamerikanischer Perspektive mit Machtstrukturen im Rahmen von Gottesdienst und Liturgie beschäftigt. Carvalhaes hat eine Professur für Homiletik und Liturgik am Union Theological Seminary inne. Er betont das disruptive und transformierende Potenzial einer macht- und systemkritischen Homiletik und Liturgik *von unten*.[41] Er weist in seinen Arbeiten darauf hin, dass religiöse Rituale und Praktiken Ausdruck von Machteinflüssen sind[42] und in kolonialen Kontexten zur Herrschaftsausübung missbraucht wurden: »[…] empires and colonization processes tried to fix rituals as a way of controlling senses, understandings, and bodies […].«[43] Koloniale Praktiken, so Carvalhaes, führen dazu, dass vielfältige Ansichten in Homiletik und Liturgik eingeebnet werden, sodass »the multiplicity of the sacred [turns] into cultural uniformity and monotony.«[44]

Ein zentrales Anliegen seiner Arbeit ist es, eine postkoloniale Praktische Theologie zu entwerfen, die diese Machstrukturen transparent macht, sich von einem eurozentrischen Blickwinkel löst und sich verstärkt auf unterworfenes Wissen – *subjugated knowledge* – bezieht.[45] Unter diesem Begriff versteht er in Rekurs auf Foucault »knowledges [that] have always existed and have, in many ways, been perceived as a threat to the establishment of the proper forms of religion«[46]. Diese »often hidden, forbidden, made negative and shameful treasures«[47] versucht er mit seiner Arbeit in den Fokus zu stellen.

Carvalhaes plädiert also für eine Theologie, die reflektiert, von welchem spezifischen Kontext, welchen biografischen Konstellationen und welchen Formen der Wissensgenerierung sie geprägt ist, um so ein Bewusstsein dafür zu schaffen, dass die jeweiligen religiösen Rituale und Praktiken nicht neutral oder unabdingbar sind, sondern vielmehr von Traditionen und Denkmustern aus anderen Kontexten lernen können.

Postkoloniale Praktische Theologie zu betreiben bedeutet für ihn, »to search and use *subjugated knowledges,* practices, vocabularies, and sources of the people at a certain place, which might lead us all to unforeseen […] theological possibilities.«[48]

Inwiefern Liturgie und Homiletik nach wie vor hegemonial gestaltet sind, zeigt Carvalhaes eindrücklich anhand zweier Gedanken:

1. Zum einen kritisiert er, dass kirchliche Praxis und Gottesdienste nur von bestimmten philosophischen Strömungen geprägt sind, die sich durch Rationalität mit einer starken Skepsis gegenüber Körperlichkeit und Emotionen auszeichnen: »[…] the whole of liturgical thinking is grounded in Descarte's maxim, ›I think therefore I exist,‹ and does not allow, for instance, Spinoza's work on the emotions to be trusted.«[49] Mit dem lateinamerikanischen Theologen Jaci C. Maraschin plädiert er dafür, dass diese epistemologischen Voraussetzungen kirchlichen Handelns erweitert werden sollten, »enabling us to perceive the lightness and the beauty of God that heavy, ordered thinking would never allow us to think, much less to experience. Maraschin was proposing a shift to the body without losing reason, opening liturgies to engage and love God […] in a more deeply incarnated way. Queer theologies are a result of this movement […].«[50]

2. Des Weiteren zeigt er auf, dass ›westliches‹ Denken, und damit auch die US-amerikanische Homiletik, vom Paradigma der Individualisierung geprägt sind. Dies fördert eine Pfarrerzentrierung: »It seems that every Protestant denomination needs a pastor superstar who will give a sense of coolness to his/her denomination.«[51] Diese Zentrierung auf die Pfarrperson macht sich insbesondere in einer homiletischen Engführung bemerkbar: »a ›sermon‹ [is] seen as this self-sustained performative event done by a preacher alone.«[52] Die Implikationen, die damit einhergehen, hält er für problematisch: Sie spiegeln vor, dass der Einfluss und damit auch die Möglichkeit für Transformation in der Hand von Einzelnen liege. Dadurch wird die potenzielle Macht sozialer Bewegungen und Gruppierungen verschleiert. Eine derartige auf ein Individuum zentrierte Homiletik, so kritisiert Carvalhaes, fördert eine Gesellschaft ohne Verbindlichkeit und Zusammenhalt. Dies führt ihn zu folgender Feststellung: »the sense of loneliness and fear of being disconnected are two of the major diseases of our times.«[53]

Aus diesem Grund regt Carvalhaes zu einem neuen Verständnis von Homiletik an, das sich von weit(er)en systemischen Kontexten anregen und inspirieren lässt und dadurch beispielsweise neue Formen der Vergemeinschaftung integriert: »[...] the preaching of a sermon [is] to be understood on expanded ways, going from the image of a lone pastor/preacher and understanding preaching in expanded ways, as a part of entire communities and social movements that preach with their actions, gestures, and wrestling with and within public spaces.«[54]

Dabei, so führt Carvalhaes aus, ist die theologische Imagination zentral. Sie führt dazu, dass in der Homiletik und in den gemeinschaftlichen Liturgien eine andere, gerechtere Welt imaginiert wird. In ebensolcher

Imagination liegt Kraft, liegt der Samen für gesellschaftliche Transformation: »Our ceremonies, liturgies, and rituals must carry the seeds for this possible world.«[55] Konkret zeigt sich dieses immer wieder betonte »*wrestling*« von Carvalhaes in seiner Zuspitzung der Aufgabe der Predigt als öffentliches und politisches Geschehen.

Die hier nun folgenden Ausführungen von Carvalhaes stammen von einem Blogbeitrag im »The Presbyterian Outlook«. Die Abschnitte wurden absichtlich nicht übersetzt, da in Carvalhaes Ausführungen ersichtlich wird, wie er homiletische Reflexionen, Praxiswissen und gleichzeitig tatsächliches Predigtgeschehen miteinander kombiniert. Eine postkoloniale Homiletik muss also auf folgende Aspekte ausgerichtet sein:[56]

- **Kollektivität**: »Preaching for the 21st century must be a collective event and not an individual one anymore. Preaching is a combination of collective and critically reading our reality, seeing the gap between what we live and what we imagine we are living, getting deeply involved with the poor and dismantling the ideological political economic apparatus of control and destruction that structures our lives under signs of justice while it continues to undermines our lives. We face these systems by using metaphors that put the gospel on the side of the poor. Language and action, faith and worship, Bible reading and many other sources, prayers of mercy and shouts of justice, a powerful ideology of the gospel in metaphors that place us all on the side of the poor and the side of life. All of these things bursting both from our pulpits and our streets, feeding each other until we lose the capacity to know where God's love comes from.«[57]
- **Perspektivität**: »Preaching in the 21st century will start by reading the gospel from the places of hurt and injustice. From there, we start to make sense of the Bible and our own contexts.«[58]
- **Soziales Empowerment:** »Preaching in the 21st century will empower our spiritual lives and spiritual practices and take us to the streets protesting the social life that affronts this very spirituality grounded in the gospel of Jesus Christ.«[59]
- **Rassismussensibel**: »Preaching in the 21st century will make us all know of the slavery and history of racism against black people of this country; we will not allow ourselves to stop talking about it until blacks have the same rights as white people.«[60]

- **Ein Netz komplexer Ungerechtigkeiten**: »Preaching in the 21st century will work from a complex net of issues that are all intercorrelated and make sense of it all: the destruction of our ecology, racism, patriarchy, heterosexuality, militarism, colonialism, sexual violence, social class struggles and so on.«[61]
- **Ungemütlich**: »Preaching in the 21st century will comfort the uncomfortable and make uncomfortable the comforted. This preaching will annoy us to the point of us asking: ›Can we really be Christians?‹«[62]
- **Glaube UND Gerechtigkeit**: »Preaching in the 21st century will help create autochthon movements of faith and justice; it will engage the liturgical sources of our faith along with the thousands of other symbols of liberation around the world; it will honor other people's faith and will teach us to fight for their well-being. This preaching will restitute others' dignity and give us language for new prayers, worship and daily protests.«[63]
- **Präferenz für die Armen**: »Preaching in the 21st century will find metaphors to continue the demand Jesus asked of Peter: Feed my sheep and from this strength we will go forward on behalf of the God who has a clear preference for the poor!«
- **Gegründet in der Trinität**: »Preaching in the 21st century will make it clear that at the center of this gospel is the love of God, the redemptive gospel of Jesus Christ and the radical presence of the Holy Spirit! Otherwise it will be preaching about ourselves.«[64]

Nach all diesen Ausführungen stellt Carvalhaes bloß noch eine Frage: »Are you ready to preach in this 21st century?«[65]

12.4.2 Kim-Cragg – Postcolonial Preaching. Creating a ripple effect

Ein zweites Beispiel postkolonialer Homiletik ist bei Hyeran Kim-Cragg zu finden. Sie ist Professorin für Homiletik in Toronto, stammt aus Süd-Korea und ist eine der führenden Stimmen in der postkolonialen-feministischen Homiletik. Im Folgenden beziehen wir uns vorwiegend auf ihr 2021 erschienenes Buch *Postcolonial Preaching. Creating a Ripple Effect*[66] und ihren 2019 erschienenen Artikel *Probing the Pulpit: Post-*

colonial Feminist Perspectives[67]. Kim-Cragg integriert in ihrem feministisch-postkolonialen Homiletikansatz Themen wie Intersektionalität und Partizipation und macht dabei die kontextuelle und lokale Dimension von Wissen stark.

Kim-Craggs Homiletik gehört zu den ersten *expliziten* postkolonial-feministischen Entwürfen, implizite Ansätze dagegen gibt es viele.[68] Ihre Ausführungen geben zahlreiche Hinweise darauf, wie man postkoloniale-feministische Homiletik wahrnehmen und verstehen könnte. Sie benutzt dazu die Metapher eines Tropfens, der ins Wasser fällt und sich in konzentrischen Kreisen ausbreitet. Es ist ein »circular multidimensional movement, with the purpose of creating a ripple effect in people's hearts and minds for the sake of the King-dom.«[69] Deshalb ist ihre Homiletik um diesen *ripple-Effekt* aufgebaut.

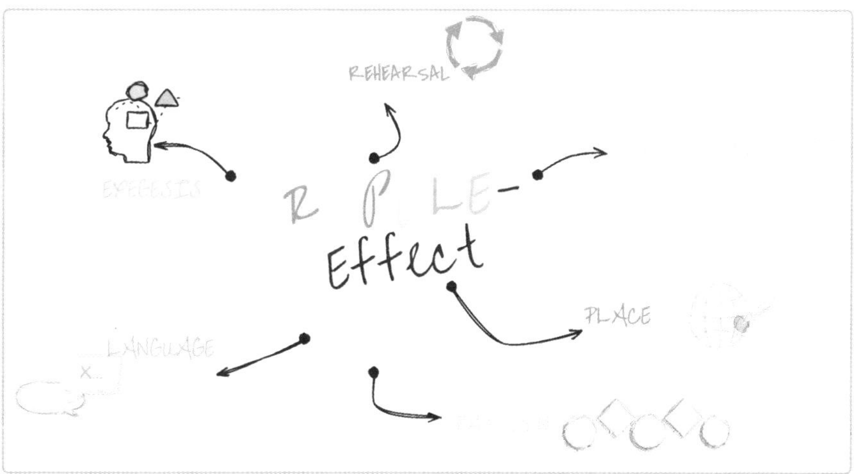

RIPPLE: **Rehearsal**
Predigen wird als Probe von Gottes Heilshandeln, von einer neuen sozialen Realität verstanden. Dabei rückt die eschatologische Dimension der Predigt ins Zentrum: Eschatologisch zu predigen bedeutet zum einen, dass die versklavenden und unterdrückenden Realitäten der Gesellschaft heute und in der Vergangenheit aufgedeckt werden. Zum anderen aber wird in der Predigt versucht, über die Benennung der zerbrochenen Realität hinauszugehen und einen Blick auf eine imaginierte gerechtere Welt zu werfen.[70]

RIPPLE: **Imagination**
In der Predigt geht es darum, die Welt mit anderen Augen sehen zu lernen, und zwar jenseits oder über kolonialisierende und unterdrückende Systeme hinaus: »Preaching provides a capacity to see beyond the status quo and is attuned to voices that are muted, metaphorically speaking. Preaching imagination is about dreaming the impossibility.«[71]

RIPPLE: **Place**
Kim-Cragg bringt das Predigen in eine enge Verbindung zum einen mit dem eigenen sozialen Standort und zum anderen mit dem Symbol der Kanzel. Sie appelliert daran, dass Predigende sich ihrer sozialen Herkunft, ihrer Hautfarbe, sexuellen Orientierung usw. bewusst sein müssen. Denn das Predigtgeschehen ist nie neutral, sondern geprägt von der persönlichen sozialen Herkunft der Person. Die Verantwortung für die Predigt, wie auch für die Gemeinde, liegt gleichermaßen in den Händen der Predigenden und der Gemeinde. Die Kanzel ist gemäß Kim-Cragg immer noch ein Platz des weißen Mannes. Diese Tatsache muss man wahrnehmen, um sie zu verändern: »Given that the pulpit is still a white man's place, it is important to claim it as a woman's as well as a racialized place by preaching from that very location as a postcolonial feminist practice of agency.«[72] Gleichzeitig versteht Kim-Cragg den Ort der Predigt als liminal und fluid, es geht dabei also nicht bloß um einen analog lokalisierbaren Ort in einer Kirche, sondern es geht auch um den sozialen Ort und die soziale Herkunft. Dabei ist es nicht bloß Aufgabe der Predigenden, die social location der Gemeindeglieder zu kennen, sondern auch umgekehrt. Anders als bei Ernst Lange spricht hier nicht nur der:die Prediger:in mit den Hörenden über ihr Leben, sondern die Gemeinde – die mehr ist als bloß Hörende – ist ebenso aufgerufen, mit den Predigenden über ihr Leben zu sprechen.

RIPPLE: **Pattern**
Schon in ihrer Einleitung betont Kim, dass postkoloniales Predigen verschiedene Muster aufweisen muss. Das »Wie« und das »Was«, die Form und der Inhalt einer Predigt müssen zusammenspielen. Kim weist darauf hin, dass gerade bei feministisch-postkolonialer Homiletik die Verwendung alter, häufig deduktiver Muster den Inhalt der Predigt selbst unterlaufen können. Deshalb beschreibt und bietet sie andere, neu ent-

deckte und weit(er)e Muster und Formen für das Predigtgeschehen an und bezieht sich dabei auf induktive und narrative, feministische und asiatische, african american und hispanic and latinx und postkoloniale Ansätze. Postkoloniale Predigten sind solche, welche geschickt verschiedene Ansätze zusammenweben können: »[It] invloves both deconstruction of a problematic tradition with scrutiny, and the reconstruction of a new tradition with imagination.«[73]

RIPPLE: **Language**

Kim-Cragg betont, dass durch die Sprache Realität geschaffen und Macht ausgeübt wird. Postkoloniales Predigen ist vielsprachiges und sprachsensibles Predigen. Gemeint ist damit nicht nur, dass gender-, kultur- und rassensensibel und inklusive gesprochen wird, sondern dass auch verschiedene Kommunikationsformen miteinbezogen werden. Dabei wird ein besonderes Augenmerk auf das Embodiment und die Körpersprache gelegt. Im Horizont postkolonialen Predigens ist das Zusammenspiel von Körper- und Verbalsprache wichtig (vgl. Kap. 11).[74]

RIPPLE: **Exegesis**

Für eine explizit postkoloniale Exegese muss auch die koloniale Realität in der Bibel wahrgenommen werden.[75] Kim-Cragg kritisiert, dass die koloniale Realität in der exegetischen Literatur bisher meist verschwiegen wird. Ihre Kritik bezieht sie vorwiegend auf die historisch-kritische Bibelexegese: Kim-Craggs Kritik beläuft sich dabei nicht auf die Methode selbst, sondern was daraus gemacht wurde. Sie versteht die historisch-kritische Methode als Kritik am Selbstanspruch von Predigenden, die objektive Wahrheit zu predigen. Dies habe allerdings dazu geführt, dass auch die biblische Kritik an sexistischen, rassistischen und kolonialisierenden Machtstrukturen und das Eintreten für soziale und strukturelle Ungerechtigkeit zum Verstummen gebracht worden sei: »Scripture [...] is tamed into a book of religious observances, moral platitudes, and psychological banalities« demgegenüber kontrastiert sie, dass »[s]ince the days of the prophets, scriptural exegesis has been higly political. It's approaches to interpretations helped unearth the hidden power in the Bible to confront the status quo and transform the social reality.«[76]

Als exegetische Alternative schlägt sie *The contrapuntal reading strategy* vor, die auf Edward Said zurückgeht. In der kontrapunktischen Lesestrategie wird darauf bestanden, dass bei der Interpretation kolonialer Texte, seien sie literarisch, wissenschaftlich oder religiös, die Perspektive des Kolonisators und der Kolonisierten berücksichtigt werden muss. Das Ziel einer kontrapunktischen Lektüre besteht darin, sich nicht mit der dominanten und offensichtlichen Sichtweise zu begnügen, sondern die verborgenen Probleme der Kolonisierten, die verdrängten Stimmen, die ebenfalls in den Text eingebettet und auffindbar sind, aufzudecken. Mit einer postkolonialen Vorstellungskraft, die sich einer kontrapunktischen Lesestrategie bedient, können die Lesenden die zum Schweigen gebrachten Stimmen derjenigen entdecken, die unter den kolonialen Strukturen zu leiden haben. Was nicht gesagt wird, kann genauso wichtig sein wie das, was gesagt wird.

Auffällig ist: Kim-Cragg versteht die Predigt als Kerygma, das nicht getrennt von Koinonia, Didache, Leiturgia und Diakonia betrachtet werden kann. Pointiert bemerkt sie: »Preaching in the congregation ends so that service in the world can start.«[77] Sie versteht Predigen vielmehr als Symbiose von Theorie und Praxis mit dem Ziel »[...] to empower the whole people of God.«[78]

Eine, wie dies im deutschsprachigen Kontext üblich ist, starke Kriteriologie findet man in Kim-Craggs Homiletik nicht. Auch die Machtfragen sind bei ihr nicht einfach beantwortet. Kim-Craggs Homiletik ist in der pragmatisch-narrativen Tradition zu verorten, die anhand von Erfahrungen und Geschichten vielfältige Anknüpfungspunkte ermöglicht und dazu anregen will, den homiletischen Diskurs in postkolonial-feministischer Perspektive selbst weiterzudenken und zu schreiben. Sie ermutigt dabei, auf implizite Machtstrukturen zu achten und diese auch zu benennen. Dadurch erst besteht die Möglichkeit, transformativ in einzelne Leben und in die Gesellschaft hineinzuwirken.

12.5 EXKURS: Der Einfluss der digitalen Kultur auf eine (m)achtsame Homiletik

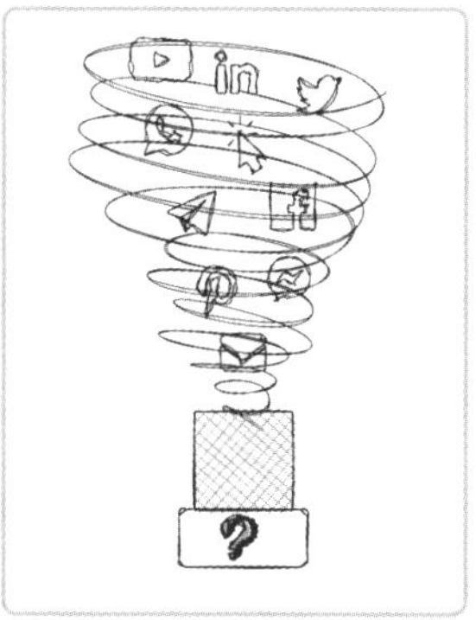

Die geschilderten Tendenzen zu erneuertem Machtbewusstsein und Machtsensibilität, die Verschiebungen von Autoritätswahrnehmungen und Verantwortungsübernahme werden zusätzlich verstärkt durch den Einfluss der digitalen Kultur. Spätestens seit Themen wie »Digital Theology«, »Digital Religions«, Online Religion und Religion Online und mehr weltweit und interdisziplinär erforscht werden,[79] liegen zahl- und umfangreiche Erkenntnisse vor. Die digitale Kultur prägt Fragen um (institutionelle, kulturelle und individuelle) Macht, Autorität und Verantwortung erheblich. Insgesamt ist festzustellen: Der Einfluss der Digitalisierung auf homiletische Transformationsprozesse und auf das Potenzial und die Art einer transformativen Homiletik ist groß.

Die Dynamik der Digitalisierung ist in vielfacher Art mit dem Thema von Macht verknüpft. Dies verdeutlicht bereits der Blick auf Anfänge der digitalen Kultur. Bis in die 1970er-Jahre hinein spielten Computer für die meisten Bürger:innen eigentlich keine große Rolle. Erst ab den 1980er-Jahren war die Computer-Technologie so weit, Computer für Haushalte, für mehr als primär militärische und forschungsorientierte Zwecke, zu produzieren. Dies gab den Startschuss für weitreichende, vielfältige und gesellschaftsutopische Gedanken: Netzwerk-Utopist:innen erträumten sich in den 1980er-Jahren das Internet als einen utopischen Raum, in dem jegliche Identitäten, Asymmetrien und eben auch tradierte Machtstrukturen an Einfluss verlören. Diese Hoffnungen beschränkten sich dabei nicht nur auf den digitalen Raum: Zahlreiche gesellschaftliche Diskurse fanden sich, die das »Netzwerk« als neue Strukturmetapher dankbar aufnahmen. Gilles Deleuze und Félix Guattari zeigten, dass Kultur anhand des netzwerkartigen Wurzelwerks Rhizom auch dezentral und nicht-hierarchisch gedacht werden kann.[80] In Paris arbeiteten Bruno Latour und andere an einer wissenschaftstheoretischen Beschreibungsmethode, um Interaktionszusammenhänge darstellbar zu machen, in denen der Mensch nur noch eine agierende Instanz unter vielen war. Die sogenannte Akteur-Netzwerk-Theorie erlaubte, Makro- und Mikroperspektive im Netzwerkschema zu transzendieren und auf diese Weise komplexe Zusammenhänge abzubilden und zu untersuchen.[81] Nicht zuletzt attestierte der Soziologe Manuel Castells der sich verändernden Gesellschaft, dass sie Hierarchien verflachen, dass Unternehmens- sowie Institutionsgrenzen operativ überschreitbar werden.[82] Traditionelle Formen der Macht können erodieren und neue, verteilte Formen der Macht entstehen, meinte er.

Der weitere Verlauf der Digitalisierung sollte dies bewahrheiten. Spätestens ab den 1990er-Jahren begannen die großen Netzwerk-Utopien zu bröckeln, und die Thematik der Macht gewann in anderer, neuer Weise an Relevanz im Digitalisierungsdiskurs. Über die Jahre hinweg wurden die Big Five (Google, Apple, Facebook bzw. Meta, Amazon, Microsoft) die dominierenden Player unserer Zeit. Mit Airbnb, Uber, Foodora, Deliveroo und weiteren Anbieter:innen bzw. Angeboten »befreiten« sich zahlreiche einst rein im Online-Bereich tätige Unternehmen aus den Grenzen der Onlinewelt und gestalten seither die Welt online *und* offline. Machtdynamiken im Digitalen verbleiben also nicht allein dort, sondern prägen den Alltag jedes Menschen, jedes Systems, jedes Handelns mit: Sie ermächtigen die Nutzer:innen in vielen Bereichen, vervielfachen deren Vergemeinschaftungs-Optionen, fördern deren individuellen Interessen. Damit geht auch eine gewisse Ohnmacht der Nutzer:innen einher, die paradoxerweise durch die Zunahme der je individuellen Vernetzung bedingt ist. Den Begriff »Kontrollverlust« hat der Kulturwissenschaftler Michael Seemann hierfür in die Debatte um die Digitalisierung eingebracht. Was meint er damit: Einer der Katalysatoren des »Kontrollverlusts« ist nach Seemann Social Media, wie das Web 2.0 alsbald genannt wurde. Social Media fordern die Menschen auf, alle möglichen persönlichen Daten in das Internet zu laden, selbst die privatesten. Seit 2007 bindet nun das Smartphone als eine Art Hosentaschen-Computer den Großteil der Menschen nonstop an das Internet. Seit das Internet of Things unsere Wohnräume und Städte vernetzt und all diese Daten in der Cloud – also auf irgendwelchen Rechnern im Internet – landen, seither steht dem allgegenwärtigen Kontrollverlust nichts mehr im Weg. Es wurde klar, dass niemand verschont bleibt, dass alle – Menschen, Unternehmen, Regierungen und Institutionen – die Kontrolle über ihre Daten und deren Verwendung grundsätzlich verloren haben. Offline zeigen sich in der Folge durch die Digitalisierung wesentlich mitgeprägte Phänomene wie die Occupy-Wallstreet-Proteste, der arabische Frühling, Proteste in Spanien und Tel Aviv – die sich hauptsächlich über das Internet organisierten.

Aus den kleinen sogenannten Web-2.0-Diensten sind also mächtige Plattformen geworden, auch unheimliche Machtapparate. Zuboff spricht von der instrumentären Macht, die keine Flucht, keinen Ausweg offenlässt.[83]

Das Internet, die Digitalisierung und die digitale Kultur: sie verstärken religiöse Transformationsprozesse und führen dazu, dass bisher unhinterfragte religiöse Autoritäten kritisiert, relativiert und angefragt werden. Jede:r mit Internetzugang ist nun frei, sich mit nur wenig Zeitaufwand direkten Zugang zu religiösen Inhalten, Predigten, Urtexten, theologischen und religionswissenschaftlichen Diskursen, religionspsychologischen Ratgebern usw. zu verschaffen. Dies geschieht nun häufig vorbei an bisherigen »Autoritäten« in diesen Bereichen, an von Institutionen eingesetzten Priestern, Pfarrer:innen und Seelsorger:innen, an bisher konkret vorgegebenen Begriffen und kaum hinterfragten Grenzziehungen. Das semantische Netz im Web führt quer durch bisherige Kategorisierungen und vom einen zum nächsten Begriff. Es führt von akademisch qualifizierten Autor:innen zu humorvoller Bildsprache und von filmischen Angeboten und persönlichen Erfahrungsberichten bis hin zu gänzlich neuen Verschmelzungen von Begriffen, Vorstellungen und Konzepten. Es entstehen Verknüpfungen, aber auch Grenzziehungen, die quer zu allen bisherigen Spektren verlaufen. Quer zu den etablierten Gruppierungen, Konfessionen, Nationen und Parteien haben sich gewissermaßen Stämme gebildet. »Digitale Stämmebildung, digitaler Tribalismus« herrscht.[84]

Spätmoderne Gesellschaften sind sowieso schon durch Megatrends der Globalisierung, Migration, Traditionskritik und mehr von einer zunehmenden Heterogenisierung getragen. Wolfgang Welsch verweist etwa mit dem Konzept der Transkulturalität darauf, dass sich Kulturen wechselseitig durchdringen und die Idee in sich abgeschlossener und nach außer abgegrenzter »kultureller Kugeln« nicht mehr aufrechterhalten werden kann.[85] Oder Homi Bhabha spricht von Vermischungen in einem dritten Raum.[86] Auch der Soziologe Andreas Reckwitz beschreibt eine bereits im Analogen bestehende Hybridisierung der Gesellschaft.[87] Hier hinein spielt die digitale Transformation, verstärkt die Hybridisierung im analogen Raum und umgekehrt. Fluidität zwischen Kulturen, Religionen und Konfessionen formt Gemeinschaften neu, formt Autoritäten um.

Religiöse Autoritäten, die bisher wenig Konkurrenz erlebt hatten, und wenn, dann lokale oder solche, die mit wenig Kraftaufwand früh in bestimmte Grenzen verwiesen werden konnten, verlieren an Autorität. Neue, andere Personen oder Personengruppen im Feld religiöser Kommunikation gewinnen an Aufmerksamkeit und Autorität und damit an Einfluss-, Deutungs- und Handlungsmacht. Die Follower:innen, die Anhänger:innen, die Teilnehmer:innen, Zuhörer:innen, Mitgestalter:innen sind es, die diese Autorität und Macht mitbegründen.[88]

Auf der anderen Seite ist die digitale Kultur wiederum ein Mittel und Weg auch für bisherige »klassische« religiöse Autoritäten und Machtinhaber:innen. So verdeutlicht etwa Guzek differenziert, wie Twitter vom Vatikan verwendet wird, um die Präsenz des Papstes im digitalen Raum zu gestalten und von dort aus zu wirken.[89] Oder, um ein nicht-christliches Beispiel zu nennen: Cheong, Huang und Poon zeigten auf, dass und inwiefern buddhistische Autoritäten Social Media dazu nutzen, ihre eigene Autorität zu stärken.[90]

Auch das »Kanzelgeschehen« verändert sich in der Folge:

- Gepredigt wird nach wie vor auf analogen Kanzeln, aber auch auf der digitalen Kanzel.
- Gepredigt wird institutionell-autorisiert, aber ebenso und verstärkt auch individuell-(erfahrungs-)autorisiert.
- Manche der individuell-autorisierten sind kirchlich-institutionell verbunden und damit ist inhaltlich und formal eine Nähe zum

Gemeindekontext gegeben. Manche anderen sind von jeglicher (Mono-)Konfessionalität gelöst.

- Religiös kommuniziert und gepredigt wird außerdem in Apps, auf Plattformen, Blogs und in Social-Media-Gruppen. Diese Formen sind mehrheitlich kirchlich ungebunden. Sie stehen nicht mehr unter der »Macht der Kirche als Institution«.

Sämtliche dieser Dynamiken führen zu einer Vervielfältigung religiöser Kommunikation und des Predigens in bisher nie gekanntem Ausmaß. Dies zeigt sich etwa an sprachlichen Formen, die sich gänzlich neu entwickeln und an Sprache, die sich weder konfessionell noch interreligiös, sondern eher transreligiös verorten lässt. Dies zeigt sich auch an der Vervielfältigung der zeitlichen Dauer und Häufigkeit solcher religiöser Kommunikationsgeschehen: sie können je nach Format und abhängig von Lust und Laune der institutionell-frei Agierenden einmalig, mehrmalig, häufig oder selten angeboten werden, in stets ähnlichem Format oder jedes Mal auf das Neue sich erfindend.

Wir stellen nun exemplarisch drei Formen digital religiöser Kommunikation vor. In je unterschiedlicher Weise sind es Formate »jenseits der Kanzel«.

12.5.1 Predigen auf der digitalen Kanzel – die institutionelle Perspektive

Durch die weltweite Pandemie Covid-19 gab es einen massiven Zuwachs an digitalen Formaten innerhalb der Kirche(n). In kurzer Zeit etablierten zahlreiche Ortsgemeinden Online-Gottesdienste. Aktuelle Studien zu Kirche und Digitalisierung wie die Contoc-Studie (Churches Online in Times of Corona),[91] die IBH-Studie (Digitale formale und non-formale Bildung),[92] die Midi-Studie[93] oder die ReTeOG-Studie[94] haben dies näher untersucht. Ziel dieser Studien war es zu erfassen, wie die institutionalisierte Kirche in Zeiten der Pandemie digital agierte, sodass das Segment von institutionalisierter gemeindlicher und individueller religiöser Praxis in den Blick kam. In diesen Studien wurde die Anbieter:innen- oder Rezipient:innen-Perspektive digitaler Aktivitäten von Ortsgemeinden untersucht, also die Digitalisierungsdynamiken institutionalisierter Religion, meist aus der Perspektive von Hauptamtlichen oder kirchlich Engagierten.

Die Digitalisierung der Kirche äußerte sich insbesondere in den Anfängen der Pandemie in der Weiterführung der gängigen Gottesdienste im digitalen Format. Um die Metapher der Kanzel zu bemühen: Es kam zu einem enormen Zuwachs eines *Predigens auf der digitalen Kanzel.* Einen vertiefteren Einblick in dieses Phänomen werden wir anhand der Contoc-Studie[95] geben, da Sabrina Müller diese selbst im Kernteam mitverantwortete.

In der ersten Zeit der Lockdowns wurde in der institutionalisierten kirchlichen Praxis in Deutschland und der Schweiz viel Energie darauf verwendet, die Sonntagsgottesdienste digital aufrechtzuerhalten. Zuvor hatten in der Schweiz nur etwas mehr als 10% der Gemeinden Online-Gottesdienste durchgeführt, wie Abbildung 2 zeigt.

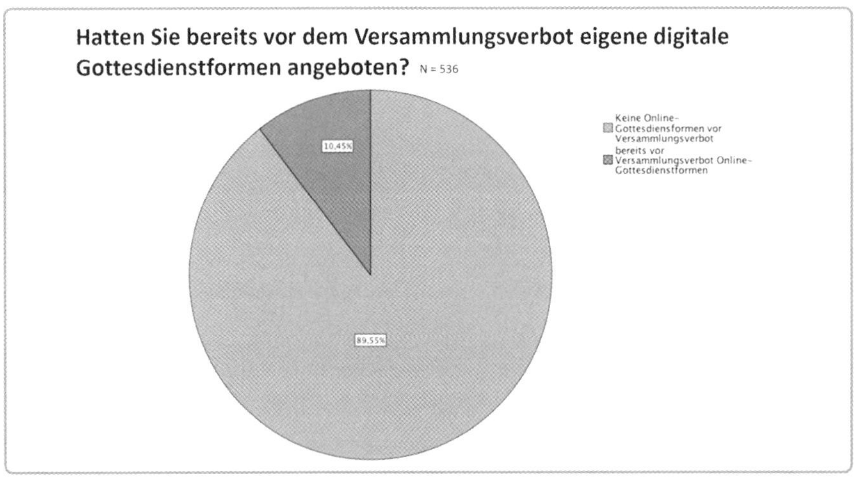

Abbildung 2, Digitale Gottesdienste vor Covid-19

Dabei wurden am häufigsten Wortgottesdienste und Andachten gefeiert. Auch Telefonandachten waren wichtig, während partizipative Formate kaum praktiziert wurden (vgl. Abbildung 3).

Während der Lockdowns verschoben sich die Gewichtungen der Handlungsfelder im Berufsalltag. Das Handlungsfeld Gottesdienst wurde

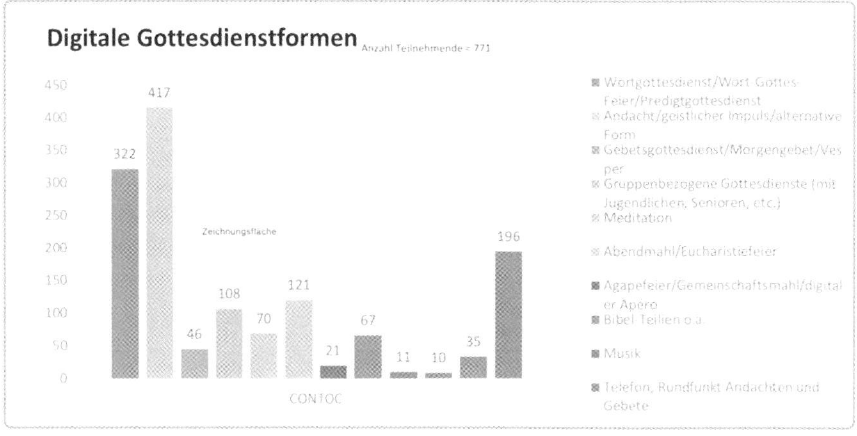

Abbildung 3, Gottesdienstformen

unwichtiger. Auf die Frage: »Was wurde unwichtiger?«[96] wurde mehrheitlich der Gottesdienst genannt, während nur 21% der Aussagen eine Bedeutungszunahme von Gottesdiensten festhalten (vgl. Abbildung 4).

Mehrheitlich ist also eine Bedeutungsabnahme beim Handlungsfeld Gottesdienst feststellbar, traditionelle Gottesdienstformen werden kritisiert und neue, alternative Gottesdienstformen bevorzugt.[97]

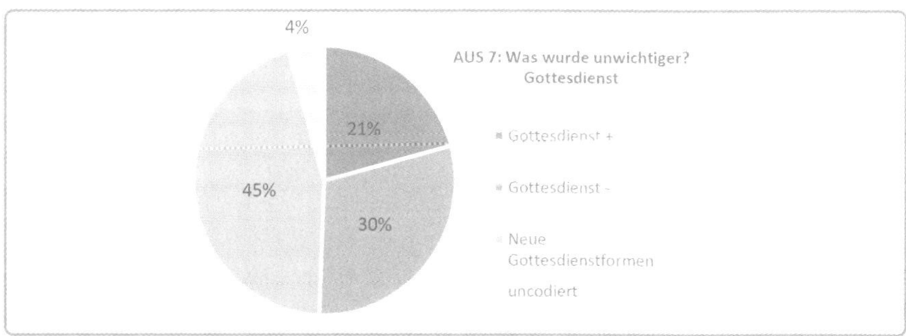

Abbildung 4, Was wurde unwichtiger?

Die Befunde sind also ambivalent: Obwohl das *Predigen auf der digitalen Kanzel* an Bedeutung zu verlieren scheint, zeigt sich, dass rund um die Frage von digitalen Gottesdiensten und digitaler Verkündigung Kreativität und Motivation vorhanden sind (vgl. Abbildung 5).

Ein persönliches Sendungsbewusstsein, das davon motiviert ist, neue Anknüpfungspunkte und Kontaktmöglichkeiten mit Menschen, die kirchlich nicht involviert sind, zu schaffen, gilt dabei als ein wesentlicher Innovationsfaktor.

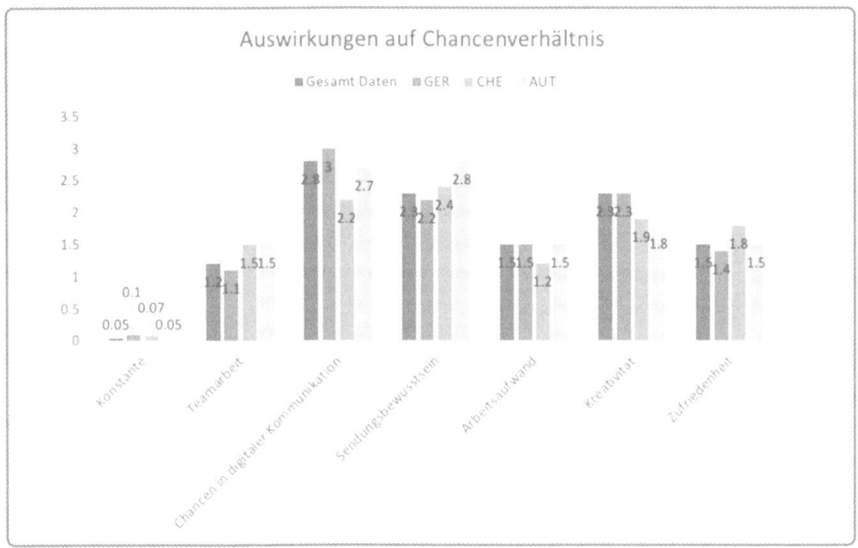

Abbildung 5, Faktoren, welche alternative digitale Verkündigungsformate fördern

12.5.2 Die Kanzel im Alltag. Individuell-institutionelle Perspektive

Die andere Art digitaler Verkündigung, der unbedingt Beachtung geschenkt werden muss, sind die religiösen Influencer:innen, häufig auch Sinnfluencer:innen genannt. Der Begriff der Sinnfluencer:innen ist eine neue Wortschöpfung aus Influencer:innen und Sinn. Glaubt man verschiedenen Onlineportalen, werden diese in den Sozialen Medien immer beliebter.[98] Hinter dem Begriff Sinnfluencer:innen stehen kirchliche Vertreter:innen mit einer erheblichen Reichweite in den Sozialen Medien. Es sind mehrheitlich Pfarrpersonen oder Vikar:innen, die auf eigene Initiative in den Sozialen Medien aktiv werden, sich mit dem Yeet-Netzwerk[99] vernetzen und so in den Blick einer Netzwerköffentlichkeit gelangen. Im Sinne digitaler Logiken[100] – erinnert sei hier stichwortartig an die

Veränderung der Weltwahrnehmung,[101] den Bedeutungsverlust traditioneller Institutionen,[102] den Zugang zu Informationen, die Hybridisierung des Lebens[103] – vermischt sich dabei Privates und Öffentliches:[104] Die christlichen Sinnfluencer:innen geben Einblick in persönliche Alltagserfahrungen und treten gleichzeitig in ihrer offiziellen Funktion als Pfarrperson auf, indem sie z. B. Bilder im Talar oder mit Collarhemd posten.[105] Sie beten und feiern Andachten auf Instagram oder YouTube, posten kurze liturgische Elemente und private Augenblicke.

Die Social-Media-Community kann so an ihrem Pfarr- und Familienalltag, an ihren Zweifeln, dem Misslungenen und Gelungenen teilhaben. Sie verbinden ihren Alltag und ihr Dasein als Pfarrperson mit Elementen von Verkündigung. Das gelebte (religiöse) Leben selbst, die Bilder – u. a. Bilder im Talar, in der Kirche, bei einer Beerdigung – stellen eine ganz eigene Form visueller Verkündigung dar. Die physische Kanzel, die beim traditionellen Gottesdienststreaming meist noch sichtbar ist, wird hier durch den Talar und durch religiös-kirchliche Symbolwelten ersetzt. Der Alltag wird zum Ort der Kanzel, von wo aus religiös kommuniziert und öffentlich sowie oftmals sehr persönlich gepredigt wird.

Manche Sinnfluencer:innen sind ordinierte Personen oder Studierende der Theologie, die auf den Sozialen Medien individuell kommunizieren, durch ihre institutionelle Verortung und die visuelle Kommunikation (Talar, Pfarrhaus, Kirche etc.) aber auch als Institutionsvertreter:innen wahrgenommen werden. Umgekehrt sind viele Sinnfluencer:innen überzeugt, dass ihre digitale religiöse Kommunikation dem Auftrag kirchlicher Verkündigung nachkommt. Die institutionelle religiöse Kommunikation wird hier also nicht einfach aufgelöst, sondern durch eine individuell-institutionelle Form der Verkündigung erweitert.

12.5.3 Digitale religiöse Predigtkultur jenseits der Kanzel – individuell-liquide Perspektive

Was bis jetzt wenig in den Blick kam, ist die digitale (multi-)religiöse Kommunikation jenseits der Kanzel. Diese Form der Predigt bzw. religiösen Kommunikation ist kaum mehr institutionell angebunden. Die Normativitäten werden nicht von Kirchen oder universitär ausgebildeten Religionsexpert:innen wie Pastor:innen gesetzt. Es gibt hier unzählige interessante und auch inspirierende Beispiele, wir werden uns im Folgenden aber auf religiöse und spirituelle Apps fokussieren.[106]

Die Nutzung ebensolcher Apps hat in den letzten Jahren zugenommen, insbesondere während der Pandemie. Das App-Store-Intelligence-Unternehmen Sensor Tower fand heraus, dass im April 2020 2 Millionen mehr Achtsamkeits-Apps heruntergeladen wurden als im Januar. Spitzenreiter war »Calm« mit 3,9 Millionen Downloads, »Headspace« mit 1,5 Millionen und »Meditopia« mit 1,4 Millionen Downloads im April. Auch »Reflectly«, »Daylio«, »Relax« und »Insight Timer« wurden häufig genutzt. Im April 2020 wurde insgesamt 10 Millionen mal eine Wellness-App heruntergeladen, das bedeutet einen Anstieg von 24,2%.[107]

Menschen laden diese Apps in der Hoffnung auf spirituelles Wohlbefinden, religiöse Impulse und Unterstützung für die psychische Gesundheit herunter.

Religion per App ist plan- und kontrollierbar: Je nach zeitlicher Verfügbarkeit kann man sich auf eine fünf oder 15-minütige oder noch längere Meditation einlassen, allein oder in einer Gruppe. Je nach Lust kann diese Mediation in Form eines hinduistischen Mantras, einer Atemmeditation von Thích Nhất Hạnh oder als christliches Herzensgebet praktiziert werden. Über das Smartphone wird der Zugang zu religionsbezogenen Praktiken und religiöser Verkündigung in den eigenen Händen gehalten und die je freie Wahl religiöser Anleitung, Inspiration und Gemeinschaft wird buchstäblich in die eigenen Hände gegeben. In und durch religiöse Apps wird gepredigt und eine religiöse Praxis angestoßen, die den persönlichen Referenzrahmen im Alltag prägen und verändern kann.[108] Die Verwendung religiöser Apps »[...] constitutes part of an increasingly diverse range of religious practices that often fall outside traditional thinking.«[109] Dies spiegelt sich beispielsweise im nachfolgenden Feedback zur religiösen App Evermore wider: »Vielen Dank für diese wertvolle App. Sie hilft im Alltag, mir Gottes Gegenwart öfter bewusst zu machen und sie hilft mir, den Schritt in die digitale Welt zu gehen, den ich bisher als so sinnlos abgelehnt habe.«[110]

Evermore ist eine religiöse App der Evangelisch-lutherischen Kirche Hannover, deren Alltagswirkung von 2022–2024 mit App-Nutzenden und den App-Entwickelnden in einem unserer Forschungsprojekte untersucht wird.[111]

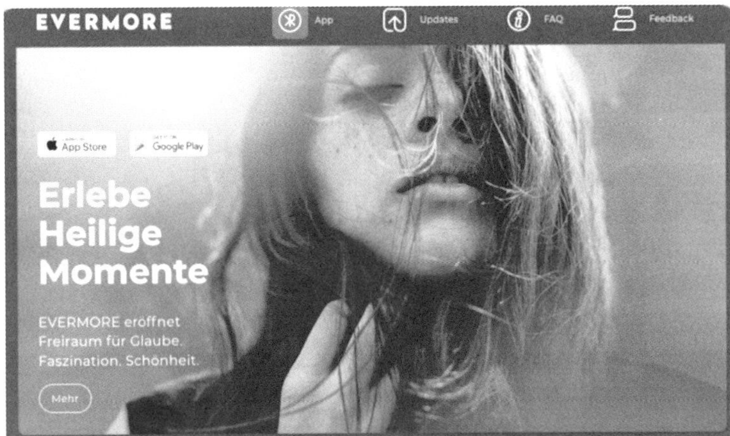

Abbildung 6, Evermore-App

In diesem Forschungsprozess haben Nutzende von Evermore die App mit Glaubenskursen, religiösen Impulsen und Gottesdiensten verglichen. In bestimmten Fällen kann sie christliche Gemeinschaft ersetzen und zum Ort religiöser Verkündigung werden. Eine ähnliche Zielsetzung hat auch die multireligiöse App Insight Timer, die sowohl individuelle spirituelle Praxis, gemeinschaftliche Meditationen, Chats als auch die Möglichkeit, sogenannten spirituellen Lehrer:innen zu folgen, bietet. Diese Verbindung von Gemeinschaft und Zugehörigkeit in Apps wurde bis dato kaum erforscht, ist aber zentral für den Gebrauch, wie nachfolgendes Statement einer 50-jährigen Frau auf Insight Timer verdeutlicht: »We've been on IT since 2014 or 2015 I think. We used it for meditations which were really helpful. I have to say, though, that since we joined the XY Circle in March, my time meditating has skyrocketed. I think it is in part because of the dynamics of group meditation and the heart connection we have with people all over the globe […] I guess what I am saying is the personal connection has taken our use of this app to a whole other level.«[112]

Die Beispiele machen deutlich, wie sich »Predigen« jenseits der Kanzel in einer Kultur der Digitalität vervielfältigt und wie sich religiöse

Verkündigung individualisiert und verflüssigt. Religiöse Kommunikation wird nicht nur alltäglicher und partizipativer, sondern durchlässiger für die klassischen Grenzen zwischen profan und sakral, zwischen monoreligiös und transreligiös.[113]

12.5.4 Die Vielfalt digitaler Predigtformate jenseits der Kanzel

Wie wir aufgezeigt haben, gibt es bei der »Predigt auf der digitalen Kanzel« zwar durchaus Veränderungen in der Kommunikationsform z. B. durch gestreamte Gottesdienste, aber die bisherige Deutungsmacht bleibt bestehen. Auch bei der individuell-institutionellen Kommunikation religiöser Sinnfluencer:innen bleibt die institutionelle Deutungsmacht zumindest teilweise erhalten. Kommuniziert wird immer noch, wenn auch pointiert, von den dafür ausgebildeten, meist ordinierten Personen.[114] Das Verkündigungsgeschehen verändert sich dennoch, da das gesamte auf den Sozialen Medien gezeigte und inszenierte Leben zur Predigt im Alltag wird.

Bei Formen der liquiden Verkündigung jenseits der Kanzel verteilt sich die Deutungsmacht auf viele Personen wie App-Entwickelnde, App-User:innen und religiöse und spirituelle Lehrer:innen. Es ist eine neue Form geteilter religiös-spiritueller (und manchmal gemeinschaftlicher) Verkündigung, die hier zu beobachten ist. Je stärker sich also die herkömmliche Form der Predigt vervielfältigt und »verflüssigt«, da sie nicht mehr von der Kanzel oder von dafür ausgebildeten Personen kommuniziert wird, desto größer wird der Verlust der Deutungsmacht einer religiösen Institution. So groß die Herausforderungen für Kirchen dadurch sind, es gibt auch Chancen, z. B. kann das Allgemeine Priestertum dadurch gestärkt und das Paradigma einer gelebten Theologie neue Bedeutung erlangen.[115] Die Homiletikerin HyeRan Kim-Cragg betont: »preaching [is] never a solitary act«[116]. Vielleicht können in diesem Sinne die diversen Formen religiöser Verkündigung, wie sie hier ausgeführt wurden, in ihrer Vielzahl zu einer existenziellen und kontextuell-religiösen Kommunikation beitragen.

1 Arendt, Hannah: *Denktagebuch*, 1950-1973, 2 Bd., hrsg. v. Ursula Ludz und Ingeborg Nordmann, München/Zürich 2003, S. 335.

2 Vgl. Arendt, Hannah: *Macht und Gewalt*, 6. Aufl., München 1987.

3 Vgl. Wischke, Mirko und Georg Zenkert (Hrsg.): *Macht und Gewalt. Hannah Arendts »On Violence« neu gelesen*, Wiesbaden 2019.

4 Arendt, Hannah: *Vita activa oder Vom tätigen Leben (1958/1967)*, München 2002, S. 194.

5 Arendt, Hannah: *Elemente und Ursprünge totaler Herrschaft*, 4. Aufl., München 1986, S. 27.

6 Ebd. S. 28.

7 Vgl. Arendt: *Vita activa oder Vom tätigen Leben (1958/1967)*, S. 16ff.

8 Vgl. Arendt, Hannah: *On violence*, New York/London 1970. Zitiert nach der deutschen Ausgabe: Arendt: *Macht und Gewalt*, S. 42.

9 Vgl. etwa Meyer, Katrin: *Macht und Gewalt im Widerstreit*, Basel 2016 (Schwabe reflexe), S. 37f.

10 Arendt: *Macht und Gewalt*, S. 53.

11 Arendt: *Denktagebuch*, 1950–1973, 2 Bd., S. 28.

12 Arendt, Hannah: *Denktagebuch*, Bd. 2, hrsg. v. Ursula Ludz und Ingeborg Nordmann, München/Zürich: Piper 2003, S. 335.

13 Vgl. hierzu etwa die Analysen von Meyer: Meyer: *Macht und Gewalt im Widerstreit.*

14 Vgl. Arendt: *Vita activa oder Vom tätigen Leben (1958/1967)*, S. 226.

15 Ebd., S. 215.

16 Arendt: *Macht und Gewalt*, S. 256.

17 Shercliff, Liz: *Preaching Women: Gender, Power and the Pulpit*, SCM Press 2019, S. xv.

18 Vgl. Meyer: *Macht und Gewalt im Widerstreit*, S. 169ff.

19 Vgl. zu einer ausführlichen Darstellung der feministischen Arendt-Rezeption der 1980er- und frühen 1990er-Jahre im angelsächsischen Raum Dietz, Mary G.: *»Feminist Receptions of Hannah Arendt«*, in: Honig, Bonnie (Hrsg.): *Feminist Interpretations of Hannah Arendt*, Pennsylvania 1995, S. 17–50.

20 Allerdings macht die Politikwissenschaftlerin Holland-Cunz gerade dies, Arendts »friedliches Machtideal«, dafür mitverantwortlich, dass in feministischen Machtanalysen der Herrschafts- und Gewaltbegriff unterkomplex sei, vgl. Holland-Cunz, Barbara: *Die Wiederentdeckung der Herrschaft: Begriffe des Politischen in Zeiten der Transformation* 1998.

21 Vgl. die deutsche Ausgabe: Butler, Judith: *Das Unbehagen der Geschlechter*, 22. Aufl., Frankfurt am Main: Suhrkamp Verlag 1991 (es 1722 Neue Folge 722 Gender Studies).

22 Butler, Judith: *Das Unbehagen der Geschlechter.*

23 Butler, Judith: *Körper von Gewicht. Die diskursiven Grenzen des Geschlechts*, Frankfurt a. M. 1997.

24 Vgl. Butler: *Das Unbehagen der Geschlechter.* Zu Geschlechterforschung und Poststrukturalismus verweisen wir auf Sabisch, Katja: *»Poststrukturalismus: Geschlechterforschung und das Denken der Differenz«*, in: Kortendiek, Beate, Birgit Riegraf und Katja Sabisch (Hrsg.): *Handbuch Interdisziplinäre Geschlechterforschung. Geschlecht und Gesellschaft*, Bd. 65, Wiesbaden 2017.

25 Mary Dietz unterscheidet drei Phasen feministischer Identitätspolitik: den Differenzansatz, den Diversity-Ansatz und den Ansatz der Dekonstruktion von Identität. Alle drei Positionen verharren nach ihr aber im Denken der Identitätslogik, vgl. dazu DIETZ: *»Feminist Receptions of Hannah Arendt«*, S. 33.

26 Vgl. dazu z. B. LOREY, Isabell: *»Konstituierende Kritik. Die Kunst, den Kategorien zu entgehen«*, in: MENNEL, Birgit, Stefan NOWOLNY und Gerald RAUNIG (Hrsg.): *Kunst der Kritik*, Wien 2010, S. 47–64.

27 Vgl. dazu die »Conclusion« in CRENSHAW, Kimberlé Williams: *»Mapping the Margins: Intersectionality, Identity Politics, and Violence against Women of Color«*, in: *Stanford Law Review 43* (1991), S. 1241–1299.

28 Vgl. COHEN, Cathy J.: *»Bulldaggers, and Welfare Queens: The Radical Potential of Queer Politics?«*, in: JOHNSON, E. Patrick und Mae G. HENDERSON (Hrsg.): *Black Queer Studies: A Critical Anthology*, Durham/London 2005, S. 21–51.

29 LOURD, Audre: *»Du kannst nicht das Haus des Herren mit dem Handwerkszeug des Herren abreissen«*, in: SCHULTZ, Dagmar (Hrsg.): *Macht und Sinnlichkeit. Ausgewählte Texte von Audre Lorde und Adrienne Rich*, Berlin 1993, S. 199–212, hier S. 202.

30 SANDOVAL, Chela: *Methodology of the Oppressed: Volume 18*, Illustrated Edition Aufl., Minneapolis, MN: University of Minnesota Press 2000, S. 17.

31 Vgl. FRANK, Michael C.: *»Kolonialismus und Diskurs: Michel Foucaults ›Archäologie‹ in der postkolonialen Theorie«*, in: KOLLMANN, Susanne und Kathrin SCHÖDEL (Hrsg.): *PostModerne De/Konstruktionen: Ethik, Politik und Kultur am Ende einer Epoche*, Münster: LIT 2004, S. 139–155, hier S. 140f.

32 Vgl. BERGUNDER, Michael: *»Was ist Religion? Kulturwissenschaftliche Überlegungen zum Gegenstand der Religionswissenschaft«*, in: *Zeitschrift für Religionswissenschaft 19/1* (2011), S. 3–55, hier S. 52f.

33 Vgl. FRANK: *»Kolonialismus und Diskurs: Michel Foucaults ›Archäologie‹ in der postkolonialen Theorie«*, S. 149.

34 HALL, Stuart: *»Rassismus als ideologischer Diskurs«*, in: *Das Argument 178* (1989), S. 913f.

35 Vgl. CASTRO VARELA, Maria do Mar und Nikita DHAWAN: *Postkoloniale Theorie: Eine kritische Einführung*, 3. Aufl., Stuttgart: utb GmbH 2020 (Castro, Postkoloniale Theorie), S. 221f.

36 Vgl. BERGUNDER: *»Was ist Religion?«*, S. 53.

37 Vgl. CASTRO VARELA/DHAWAN: *Postkoloniale Theorie: Eine kritische Einführung*, S. 221f.

38 Vgl. BERGUNDER: *»Was ist Religion?«*, S. 53.

39 SPIVAK, Gayatri Chakravorty: *»Can the subaltern speak?«*, in: WILLIAMS, Patrick und Laura CHRISMAN (Hrsg.): *Colonial discourse and post-colonial theory. A reader*, New York: Columbia University Press 1994, S. 66–111.

40 Vgl. CASTRO VARELA/DHAWAN: *Postkoloniale Theorie: Eine kritische Einführung*, S. 193f.

41 Vgl. CARVALHAES, Cláudio: *Liturgies from Below: Praying with People at the End of the World*, Nashville: Abingdon Press 2020; CARVALHAES, Cláudio: *Praying with Every Heart: Orienting Our Lives to the Wholeness of the World*, Eugene, Oregon: Cascade Books 2021.

42 »Whoever holds religious power defines, allows, authorizes, and demands the proper practices/ behaviors of the faith.« CARVALHAES, Cláudio: *»Liturgy and Postcolonialism: An Introduction«, Liturgy in postcolonial perspectives. Only one is holy*, New York: Palgrave Macmillan 2015 (Postcolonialism and Religions), S. 1–20, hier S. 4.

43 Ebd.

44 Ebd., S. 9.

45 Vgl. ebd., S. 5.

46 Ebd.

47 Ebd.

48 Ebd., S. 8.

49 Ebd., S. 7.

50 Ebd.

51 CARVALHAES, Cláudio: *»Forms of speech, religion, and social resistance«*, in: *Cross Currents 66/2* (2016), S. 136–153, hier S. 137.

52 Ebd., S. 136.

53 Ebd., S. 137.

54 Ebd., S. 138.

55 CARVALHAES, Cláudio (Hrsg.): *Liturgy in postcolonial perspectives: only one is holy*, New York: Palgrave Macmillan 2015 (Postcolonialism and religions), S. 2.

56 CARVALHAES, Cláudio: *»Preaching in the 21st century: Metaphors and ideologies«* (abgerufen am 12.08.2022).

57 Ebd.

58 Ebd.

59 Ebd.

60 Ebd.

61 Ebd.

62 Ebd.

63 Ebd.

64 Ebd.

65 Ebd.

66 KIM-CRAGG: *Postcolonial Preaching*.

67 KIM-CRAGG: *»Probing the Pulpit: Postcolonial Feminist Perspectives«*.

68 Vgl. KIM-CRAGG: *Postcolonial Preaching*, S. 2–5.

69 Ebd., S. 6.

70 Ebd., S. 7.13–28.

71 Ebd., S. 29.

72 Ebd., S. 8.

73 Ebd., S. 79.67–86.

74 Ebd., S. 87–104.

75 Ebd., S. 108.

76 Ebd.

77 Ebd., S. 14.

78 Ebd., S. 15.

79 Insbesondere unsere Ausführungen zu Digitalität, Digital Religion(s) und Digital Theology gründen in unserer beiden Forschungsarbeit im Universitären Forschungsschwerpunkt (UFSP) »Digital Religion(s)« der Universität Zürich. Vgl. *»UZH – UFSP*

Digital Religion(s)«, http://www.digitalreligions.uzh.ch/de.html (abgerufen am 01.10.2022).

80 Deleuze, Gilles und Félix Guattari: *A Thousand Plateaus: Capitalism and Schizophrenia*, London/New York 2004.

81 Latour, Bruno: *Reassembling the Social: An Introduction to Actor-Network-Theory*, Oxford 2007.

82 Vgl. Castells, Manuel: *The Information Age: Economy, Society and Culture*, Oxford 2010.

83 Vgl. Zuboff, Shoshana: *Das Zeitalter des Überwachungskapitalismus*, übers. von Bernhard Schmid, Frankfurt/New York: Campus Verlag 2018.

84 Seemann, Michael: *Die Macht der Plattformen: Politik in Zeiten der Internetgiganten*, 1. Aufl., Berlin: Aufbau Verlag 2021.

85 Vgl. Welsch, Wolfgang: *»Transkulturalität: Realität und Aufgabe«*, in: Giessen, Hans W. und Christian Rink (Hrsg.): *Migration, Diversität und kulturelle Identitäten: Sozial- und kulturwissenschaftliche Perspektiven*, Stuttgart: Springer 2020, S. 3–18.

86 Vgl. Bhabha, Homi: *»In the Cave of Making. Thoughts on Third Space«*, in: Ikas, Karin und Gerhard Wagner (Hrsg.): *Communicating in the Third Space*, New York 2009, S. ix–xiv.

87 Vgl. Reckwitz, Andreas: *Das hybride Subjekt: eine Theorie der Subjektkulturen von der bürgerlichen Moderne zur Postmoderne*. Überarbeitete Neuauflage, Berlin 2020 (Suhrkamp-Taschenbuch Wissenschaft 2294).

88 Vgl. z. B. Cloete, Anita L.: *»Living in a digital culture: The need for theological reflection«*, in: *HTS Teologiese Studies / Theological Studies 71/2* (2015), S. 7 Evolvi, Giulia: *»Materiality, Authority, and Digital Religion: The Case of a Neo-Pagan Forum«*, in: Entangled Religions 11/3 (2020), https://er.ceres.rub.de/index.php/ER/article/view/8574 (abgerufen am 28.09.2022); Campbell, Heidi A.: *Digital Creatives and the Rethinking of Religious Authority*, London: Routledge 2020; Staehle, Hanna: *»Russian Orthodox Clergy and Laity Challenging Institutional Religious Authority Online: The Case of Ahilla.ru«*, in: Entangled Religions 11/3 (2020), https://er.ceres.rub.de/index.php/ER/article/view/8445 (abgerufen am 28.09.2022).

89 Vgl. Guzek, Damian: *»Discovering the Digital Authority: Twitter as Reporting Tool for Papal Activities«*, in: Online – Heidelberg Journal of Religions on the Internet 9 (2015), https://heiup.uni-heidelberg.de/journals/index.php/religions/article/view/23533 (abgerufen am 28.09.2022).

90 Vgl. Cheong, Pauline Hope, Shirlena Huang und Jessie P. H. Poon: *»Cultivation online and offline Pathways to Enlightenment. Religious authority and strategic arbitration in wired Buddhist organization«*, in: Information, Communication & Society 14/8 (2011), S. 1160–1180.

91 Vgl. *»contoc. Churches Online in Times of Corona«*, https://contoc.org/de/contoc/ (abgerufen am 22.01.2022).

92 Vgl. *»Digitale Bildung und Freiwilligenarbeit«*, http://www.theologie.uzh.ch/de/faecher/praktisch/kirchenentwicklung/Forschung/Digitale-Bildung.html (abgerufen am 10.03.2022).

93 Vgl. Hörsch, Daniel: *»Midi-Studie: DIGITALE VERKÜNDIGUNGS-FORMATE WÄHREND DER CORONA-KRISE«*, S. 64.

94 Vgl. Sievert, Holger und Ralf Peter Reimann: *Interaktion unerwünscht? Online-Gottesdienste während der Corona-Pandemie. Weitere ausgewählte Ergebnisse der*

*Befragungsstudie »Rezipiententypologie Evangelischer Online-Gottesdienstbesucher*Innen während und nach der Corona-Krise«*, Rochester, NY: Social Science Research Network 2021.

95 *»contoc. Churches Online in Times of Corona«.*

96 AUS 7. Der für diese Grafik codierte Datensatz stammt aus den Contoc-Daten der Schweiz.

97 Ähnliche Resultate werden auch im Datensatz der deutschen Katholik:innen festgehalten.

98 Vgl. *»Content mit Mehrwert: Der Aufstieg der Sinnfluencer | Mintel.com«*, https://de.mintel.com/blog/medien-und-werbung/content-mit-mehrwert-der-aufstieg-der-sinnfluencer (abgerufen am 23.10.2021).

99 »Hinter yeet steht eine Redaktion im Gemeinschaftswerk der Evangelischen Publizistik gGmbH (GEP). Das yeet-Team im GEP unterstützt seine Mitglieder in den Sozialen Medien nach Bedarf und Möglichkeit durch Vernetzung, Formatentwicklung, redaktionelle Begleitung und Beratung, Technik, Analyse, Marketing und Werbung.« *»Yeet I Das evangelische Contentnetzwerk«*, https://yeet.evangelisch.de/ (abgerufen am 16.10.2021).

100 Vgl. Dijck, José van und Thomas Poell: *»Understanding Social Media Logic«*, in: *Media and Communication 1/1* (2013), S. 2–14; Klinger, Ulrike und Jakob Svensson: *»The emergence of network media logic in political communication: A theoretical approach«*, in: *New Media & Society 17/8* (2015), S. 1241–1257.

101 Vgl. Rosa: *Resonanz*, S. 716.

102 Vgl. Serres, Michel: *Erfindet euch neu!: Eine Liebeserklärung an die vernetzte Generation*, Deutsche Erstausgabe, Berlin: Suhrkamp Verlag 2013, S. 23.

103 Vgl. Consalvo, Mia und Charles Ess: *»Introduction«*, in: Consalvo, Mia und Charles Ess (Hrsg.): *The Handbook of Internet Studies*, Malden, MA: Wiley-Blackwell 2012, S. 1–8.

104 Vgl. Schmidt, Eric und Jared Cohen: *The New Digital Age: Transforming Nations, Businesses*, and Our Lives, New York: Vintage 2013, S. 56.

105 Weiterführend wäre hierbei noch die Unterscheidung von Heidi Campbell, die von »Religious Digital Creatives« spricht, diese jedoch nochmals unterteilt in »digital entrepreneurs«, »spokespersons« und »strategists«. Die hier beschriebenen Sinnfluencer:innen sind den strategists zuzuordnen. Entrepreneurs sind Personen mit einem technischen Hintergrund, die sich meist unbezahlt in einer Kirche engagieren. Spokespersons meint gezielt angestellte Social-Media-Expert:innen einer Organisation. »Digital Strategists« sind Personen mit einer religiösen ›Berufung‹ / Ordination wie z. B. eine Nonne, ein Mönch oder eine Pfarrperson. »Religious Digital Creatives and Artificial Intelligence – An Interview with Professor Heidi Campbell«, in: AI and Faith (blog), 10. Februar 2021, https://aiandfaith.org/religious-digital-creatives-ai-interview-professor-heidi-campbell/ (abgerufen am 08.11.2022).

106 Im Feld der App-Forschung bewegt sich gerade Sabrina Müller gemeinsam mit ihrem Forschungsteam bestehend aus Mag. Theol. Aline Knapp, Dr. Katharina Merian und Dr. Patrick Todjeras. *»Hermeneutische Dynamiken individueller und gemeinschaftlicher christlich-religiöser Sinnstiftung in einer Kultur der Digitalität«*, http://www.digitalreligions.uzh.ch/de/research/internaldynamics/p6_hermeneutical_dynamics_virtual_embodied_communities.html (abgerufen am 10.03.2022).

107 Vgl. *»Downloads of Top English-Language Mental Wellness Apps Surged by 2 Million in April Amid COVID-19 Pandemic«*, https://sensortower.com/blog/top-mental-wellness-apps-april-2020-downloads (abgerufen am 22.01.2022).

108 Vgl. Bellar, Wendi: *»Private practice: using digital diaries and interviews to understand evangelical Christians' choice and use of religious mobile applications«*, in: Research methods and theories in digital religion studies (2018), S. 111–125, hier S. 114.

109 Scott, Sasha A. Q.: *»Algorithmic absolution: the case of catholic confessional Apps«*, in: *Online – Heidelberg journal of religions on the internet 11* (2016), S. 254–275, hier S. 255.

110 XRCS Feedback-Mails 2020–2021: 10|195 – 10|195.

111 Vgl. auch dazu Projekt 6 des Universitären Forschungsschwerpunkts »Digital Religion(s)«: *»Hermeneutische Dynamiken individueller und gemeinschaftlicher christlich-religiöser Sinnstiftung in einer Kultur der Digitalität«*.

112 Das Zitat stammt aus einem Gespräch auf Insight Timer und wurde im persönlichen Feldtagebuch festgehalten.

113 Vgl. Knoblauch, Hubert: *Populäre Religion: Auf dem Weg in eine spirituelle Gesellschaft*, Frankfurt am Main: Campus Verlag 2009, S. 38–80, 265–284.

114 Anders zeigt sich das Phänomen bei religiösen Influencer:innen, die nicht landeskirchlich-institutionell verbunden sind, wie z. B. @liebezurbibel. @liebezurbibel ist eine Person und gleichzeitig eine Marke mit Onlineshop. Wobei auch da hinter der Influencerin selbst und ihrer Kommunikation kirchliche Autoritäten stehen, und zwar freikirchliche.

115 Vgl. Müller, Sabrina: *Gelebte Theologie – Impulse für eine Pastoraltheologie des Empowerments*, Zürich: Theologischer Verlag Zürich 2019 (Theologische Studien).

116 Kim-Cragg: *Postcolonial Preaching*, S. 55.

13 Die Crux: Wir sind Teil des (Macht-)Systems. Oder was nun?

> *»Wir alle haben Erwartungen und Reaktionen in uns eingebaut, alte Strukturen der Unterdrückung, und diese müssen zusammen mit den Lebensbedingungen, die die Folge dieser Strukturen sind, verändert werden. Denn das Haus des Herren lässt sich niemals mit dem Handwerkszeug des Herren niederreißen. […] Revolutionärer Wandel richtet sich nicht in erster Linie gegen die repressiven Situationen, sondern gegen den Anteil des Unterdrückers, der tief in jedem von uns eingepflanzt ist.«*[1]

Es klingt nicht ganz so unmöglich, nicht wahr? Neue Machtverständnisse, partizipative Ansätze, feministische oder partnerschaftliche Konzepte liegen inzwischen ja sogar in großen Mengen und großer Vielfalt bereit. Wer heutzutage etwas gegen postkoloniale oder feministische Anliegen sagt, muss sich hüten. Entsprechend wird Unterstützung und Sensibilität signalisiert: in Stellenausschreibungen, in Weiterbildungsangeboten, in theoretischen Diskursen und partizipativ organisierten Dialogen, in Kirchgemeinden und weiteren Öffentlichkeiten. Dass repetitives Aufsagen entsprechender Absichten wenig ändert: Dies ist uns allen klar. Aber wir unterstellen einmal sämtlichen über Transformationsbestrebungen Sprechende auch eine entsprechende Handlungsabsicht.

Ja, fast müsste man sagen: Es gehört an diese Stelle auch wiederum eine – berechtigte – Kritik der (zu) einseitigen Aufnahme all dieser Diskurse. Dies würde aber den Rahmen dieses Buchs sprengen. Es soll an dieser Stelle genügen, wenn wir festhalten: Wir verstehen es als *notwendigen* Bestandteil jeglicher Transformationsbestrebungen, dass diese selbst ihre Mittel, Wege, Konzepte, Sprache und Prozesse stets neu hinterfragen. D.h. konkret: Jede partizipative Herangehensweise ist sich im guten Falle ihrer Partizipationsgrenzen bewusst. Jede feministische Theorie muss sich selbst auf ihr eigenes gesamtes Wirken und Nichtwirken kritisch hinterfragen. Jede postkoloniale Theorie erweist sich gerade darin als postkolonial, indem es sich selbst nicht zu einem die anderen Theorien kolonialisierenden Konzept aufschwingt, sondern im (selbst-)kritischen Fluss bleibt.

Wenn wir nun hiervon ausgehen: Woran scheitern gut gemeinte Änderungswünsche und motivierte Transformationsbestrebungen? Wir nehmen es in aller Kürze vorweg: Unter anderem und wesentlich deshalb, weil wir selbst stets Teil von (Macht-)Systemen sind.

Knüpfen wir noch einmal kurz an Foucault an, um dies zu verdeutlichen: Foucault hatte nicht nur eine Machttheorie begründet, sondern auch ein umfassendes Verständnis der Gesellschaft. Denn das eine Verständnis geht nicht ohne das andere; Macht-Arten und Menschen-/Gesellschaftsbild hängen eng zusammen. Foucault verstand nun die Gesellschaft als *Disziplinargesellschaft*. In dieser Gesellschaft galten klare Regeln, klare Grenzen, und wer sich nicht darin bewegte, wer nicht gehorsam war, wurde diszipliniert. Gefängnisse, Kasernen und Fabriken spielten in dieser Gesellschaft in der Folge eine zentrale Rolle.

An die Stelle der Disziplinargesellschaft allerdings ist inzwischen eine andere Gesellschaft getreten, zumindest im westlichen Abendland. Diese andere Art von Gesellschaft gilt es unbedingt als solche wahr- und ernstzunehmen: Unsere derzeitige Gesellschaft ist geprägt von Bürotürmen, Flughäfen, von Fitnessstudios, Shopping Malls, touristischen Vergnügungsgeländen, riesigen Versuchslabors und digitalen Konzernen. Wir sind nicht mehr als Disziplinargesellschaft unterwegs, sondern: eine *Leistungsgesellschaft*.

?

Werfen Sie einen Blick in Ihre digitale oder analoge Agenda:
Wo finden Sie freie Räume, die Sie atmen lassen? Wo einen Sitzungstermin, bei dem die Tagesordnung nicht so überfüllt ist, dass Sie am Ende der Sitzung sofort wegspringen müssen?

Eine Machttheorie eines Foucaults oder Webers kann weder die heutigen macht-topologischen Dynamiken beschreiben noch entsprechende transformative Bestrebungen in der und aus der Leistungsgesellschaft hinaus wirklich inspirieren. Während noch vor wenigen Jahrzehnten, in einer stärker als Kontrollgesellschaft geltenden Zeit, das Verb »dürfen« und dessen Verneinung »nicht-dürfen« paradigmatisch prägten, ist es heute vielmehr das Verb »können« oder »nicht-können«. Auch in der Leistungsgesellschaft sind wir Machtdynamiken unterworfen. Aber es sind andere als jene zu Zeiten eines Foucaults oder Webers. Wir sind weniger »Gehorsams-Subjekte« denn »Leistungs-Subjekte«. Wir sind Selbst-Verbesserer:innen und Unternehmer:innen unserer selbst. Wir haben uns unserer selbst bemächtigt und sind damit häufig zugleich ohnmächtig. Byung-Chul Han spricht deshalb von einem Paradigmenwechsel: Die Gesellschaft der Negativität weicht einer Gesellschaft, die von einem Übermaß an Positivität beherrscht werde.[2] Die Gesellschaft schaltet vom Sollen auf das Können um. Dies birgt in sich manche perfide Gefahr: Macht und Machtmissbrauch kann der Mensch nun vermehrt sich selbst gegenüber anwenden und umso schwieriger ist es für ihn, sich dagegen zu wehren, da er sowohl Täter:in als auch Opfer zugleich ist. Überbeanspruchung seiner selbst, Überleistung, auch Überkommunikation sind Folgen davon.

Weder das eine noch das andere Paradigma ist harmlos, weshalb jedes gesellschaftliche Paradigma eines korrigierenden »Gegenübers« bedarf. In manchen Subsystemen indes ist der Paradigmenwechsel von Disziplinar- zu Leistungsgesellschaft nicht gänzlich vollzogen. So etwa zeigt sich dies gerade in kirchlichen Institutionen, die Heimat zahlreicher homiletischer Geschehen sind, in deutlicher und komplexer Weise:

Einerseits finden wir – erneut: wir sprechen vom westlichen Abendland – an der Basis tendenziell Menschen und Lebensstile entsprechend dem Leistungsparadigma. Überarbeitete Pfarrer:innen sind ein Symptom davon, aber auch höchst kreative Pfarrer:innen. Kirchlich Angestellte, die aus persönlicher Überzeugung heraus umfassendste Arbeitsportfolios bewältigen, zahlreiche Projekte mit Mut und Tatkraft in die Hand nehmen. Kompetenzorientierung und Weiterbildungs-Dschungel sprechen hier eine das Bild ergänzende Sprache.

Andererseits sind gerade kirchliche Systeme – nicht nur, aber in noch einmal besonderer Weise die katholische Kirche – nach wie vor Systeme eines älteren Paradigmas, in dem Kontrolle, Autorität, (männliche) Dominanz eine sämtliche kirchliche Arbeit bestimmende Funktion haben.

Die Komplexität der Thematik wird deutlich: Wir sind nicht nur stets selbst Teil des (Macht-)Systems, sondern mehr noch: Die Machtdynamiken finden sich auf unterschiedlichen Ebenen, in je verschiedener Weise. Insgesamt bereits vielfältig in uns als Person. Außerdem begegnen wir als schon für uns allein derart vielfältig machtgeprägte Person wiederum zahlreichen weiteren derart vielfältig machtgeprägten Personen. Nicht zuletzt findet sich in Systemen inzwischen, personen-unabhängig (wenn auch nicht unabänderlich), konstituierte, verfestigte Macht.

Das Ergebnis dieses verflochtenen Zusammenspiels mündet mancherorts mit Schwung im full stop. Wir können dies vielerorts klar fassen, hören und sehen: Menschen, Prediger:innen, Religionspädagog:innen, Diakon:innen – und ähnlich auch Menschen in anderen, nicht-kirchlichen, älteren Systemen –, die mit umfassender Energie ihre Ärmel nach hinten krempeln, mit Herz und Kopf Projekte in Angriff nehmen und dann irgendwann feststellen: »Ach, es ändert sich ja doch nichts, ich laufe gegen eine Wand«, »Ich mag nicht mehr, wenn da dauernd Hindernisse in den Weg gestellt sind«, »Das liegt ja leider nicht in meinen Händen« usw. Kennen Sie solche und ähnliche Sätze oder Gedanken?

Dann reagiert, nach jahrelanger solcher Erfahrung, der eine oder die andere durchaus mit einer psychologisch nachvollziehbaren Haltung und Entscheidung: weniger zu machen. Sich nicht ausbrennen zu lassen. Ziele nach unten zu schrauben. Auch eine solche Entscheidung hat dann mit Macht zu tun – nicht nur als Eigenschutz im ohnmächtigen Sinn, sondern auch durch die Macht, nein zu sagen. Denn es gibt zwei Formen von Macht. Die Macht, etwas zu tun und die Macht, etwas nicht zu tun.[3]

Der Blick auf das gesamte System ist notwendig. Nur der system-umfassende Blick erhellt so manche ineinander verflochtene (Macht-)Dynamik(en). Eine transformativ-(m)achtsame Homiletik muss solche Dynamiken zunächst differenziert erfassen, muss also systemisches Wissen bereitstellen, um aktiv entsprechende Hebel für transformierendes Handeln zu finden und neu zu stellen. Transformationsbestrebungen eint gerade dies: Das Bewusstsein darum, dass jegliches Ziel eines bewusst initiierten Wandels des systemischen Blicks bedarf. Um von da aus einiges des Alten bewusst zu bewahren, Anderes abzubrechen und insgesamt das Neue zu bauen.

Kommen Sie also mit, liebe:r Leser:in, in einen systemischen Blick auf homiletische Geschehen und in konkrete Beispiele transformativer Homiletik: »Von der Kanzel zur Baustelle«.

1 LOURD: »*Du kannst nicht das Haus des Herren mit dem Handwerkszeug des Herren abreissen*«.

2 Vgl. HAN, Byung-Chul: *Müdigkeitsgesellschaft*, 12. Aufl., Berlin: Matthes & Seitz 2021.

3 Han in Anschluss an Nietzsche: Vgl. HAN: *Müdigkeitsgesellschaft*.

TEIL 3/

EINE TRANSFORMATIV-(M)ACHTSAME HOMILETIK ODER: VON DER KANZEL ZUR BAUSTELLE

14 Ein Blick zurück

> *»In meinen Augen ist der Pfarrberuf [...] ein Beruf mit gesellschaftlicher Relevanz und zuständig für religiöse Fragen in der Gesellschaft generell über den Kreis der Kirchenmitglieder hinaus.*
> *Das gilt sowohl individuell für die vielen Menschen, die religiös auf der Suche sind, diffus religiös glauben und immer wieder Andockpunkte suchen, als auch für gesellschaftliche Fragen über den eigenen Kontext hinaus. [...] Heute stellen sich [...] andere Herausforderungen als damals.« Es ist »Zeit, neue Wege zu gehen«.*[1]

Unsere bisherige Reise hat uns durch verschiedene Stationen geführt: Wir haben im Teil I bei der Erkenntnis begonnen, dass das gegenwärtige Homiletik-Paradigma geprägt ist von einem Kanzelbewusstsein, das vielerorts bereits im Zuge einer Transformation ist. Dieses transformierte Bewusstsein muss aber in den Köpfen und Händen von sowohl Institutionen als auch Individuen noch stärker, bewusster, (m)achtsamer und systemorientierter aktiv(iert) werden. Von der Darstellung des klassischen Kanzelbewusstseins und gegenwärtig prägender Homiletik-Konzepte sind wir weiter geschritten zur Frage: Brauchen wir ein neues Kanzelbewusstsein? In der Transformationsforschung kann man dies bezeichnen als: Feststellen eines Transformationsbedarfs.

Im Teil II sind wir auf diese Frage eingegangen. Nicht, indem wir direkt in ein neues Kanzelbewusstsein hinein geschritten sind, sondern vielmehr, indem wir erst einmal innegehalten und zentrale Ausgangs- und Grundlagen einer machtsensiblen Homiletik mit Ihnen, unseren Leser:innen, betrachtet haben. Partizipative, feministische, postkoloniale Diskurse und ein Blick in die diese Diskurse noch verstärkende Dynamiken der digitalen Kultur wurden skizziert. In der Transformationsforschung kann man dies als konzeptuelles Wissen bezeichnen.

Im Teil III werden wir nun zunächst fragen: Was *ist* denn eine Transformative Homiletik? Konkret heißt dies: Wir fragen mit Ihnen nun: Was heißt und meint »transformativ«? Dadurch erklärt sich das Vorgehen in den anschließenden Kapiteln von Teil III. Doch das Vorgehen ist eher strukturell, eben: system-orientiert methodisch, was an sich noch abstrakt sein kann. Was ist mit dem Inhalt? Was trägt uns im transformativen Bestreben theologisch? Wir setzen diese Frage in das Kapitel 15: Hier legen wir unsere feministisch-pneumatologische Grundlegung einer transformativen Homiletik dar, denn sie ist das inhaltliche Fundament und damit auch die Blickrichtung der daran anschließenden Kapitel.

In Kapitel 16 können wir also das strukturell Transformative mit dem inhaltlich Pneumatologischen verknüpfen, um das pneumatologisch-transformativ-homiletische System zu betrachten.

Von hier aus gehen wir dann an (Kap. 17), was in der Transformationsforschung als Zielwissen und Transformationswissen bezeichnet wird. Und zwar zur Frage: Was nun: Wie sehen gelingende religiöse Kommunikationsgeschehen jenseits der Kanzel aus (Kap. 18 und Kap. 19)?

1 Uta Pohl-Patalong in: POHL-PATALONG, Uta, Philipp GESSLER und Stephan KOSCH: »*Noch keine Kirche der Armen*«, in: *Zeitzeichen* (2019), https://zeitzeichen.net/node/7900 (abgerufen am 08.11.2022).

15 Was *ist* eine »Transformative Homiletik«?

Die vorliegende »Transformative Homiletik« versteht sich als Teil der interdisziplinären Transformationsforschung. Gleichzeitig ist sie in machtsensiblem und machtkritischem theologischem und pneumatologischem Denken verwurzelt. Doch: Was *ist* eine »Transformative Homiletik«? Wir gehen dieser Frage nach, indem wir zuerst benennen, was eine »Transformative Homiletik« – in unseren Augen – *ist*, und anschließend, was eine »Transformative Homiletik« – in unseren Augen – *will*.

Gehen wir einen Schritt zurück und fragen:
Was besagt denn dieses Schlagwort der »Transformation«?
Und was meint »Transformationsforschung«?

15.1 Was meint »Transformation« und »transformativ«?

Transformation ist ein Wort, das im Alltag und in vielen Natur-, Sozial- und Geisteswissenschaften derart verbreitet ist, dass eine terminologische und historisch-semantische Bestimmung in diesem Rahmen weder möglich noch sinnvoll ist.[1] »Transformation ist ein wissenschaftliches Allerweltswort, denn wo wird nicht etwas umgeformt? Mathematik, Biologie und Elektrotechnik gebrauchen den Begriff ebenso wie Wirtschaftswissenschaft, Soziologie, Kulturwissenschaft oder Linguistik.«[2] Unter Transformation wird aber inzwischen generell der *umfassende Wandel von Systemen* verstanden. Ein solcher Wandel kann entweder in einem Evolutionsprozess erfolgen oder aber durch bewusst und geplant handelnde Akteur:innen gestaltet werden. Transformation wurde zum Schlagwort, als der 1989/90 plötzlich erfolgte Zusammenbruch der staatssozialistischen Herrschaftsregime in Ost- und Mitteleuropa zu einem fundamentalen Wandel führte und man im Anschluss daran versuchte, diesen Wandel begrifflich einzuordnen. Der durch den Mauerfall ausgelöste umfassende Wandel im politischen und gesellschaftlichen Gesamtsystem wurde schließlich als »Transformation« bezeichnet:

Denn nicht nur ein einzelnes Regime fiel, sondern praktisch das gesamte Gesellschaftssystem. Der Transformationsbegriff wurde aber natürlich bereits zuvor verwendet.[3] Inzwischen bezeichnet er umfassenden Wandel, der sich durch die Änderung institutioneller Rahmenbedingungen nahelegt: »Gesellschafts- oder Systemtransformationen werden zusammenfassend als ein spezifischer Typ sozialen Wandels charakterisiert. Sie zielen auf die Veränderung des gesamtgesellschaftlichen Ordnungs- und Institutionengefüges. Es handelt sich um plötzliche, intentionale und zeitlich dramatisierte Umwälzungsprozesse mit angebbaren Akteur:innen. Wobei sich die Relation zwischen Steuerung und Eigendynamik innerhalb des Prozesses zugunsten letzterer verschiebt und der Gesamtprozess damit Jahre, wenn nicht Jahrzehnte dauert. Schlüsselproblem jeder Transformation ist – so die gängigen Begriffsfassungen der 1990er-Jahre – die (relativ) schlagartige Änderung der institutionellen Rahmenbedingungen«.[4]

15.2 Was ist Transformationsforschung?

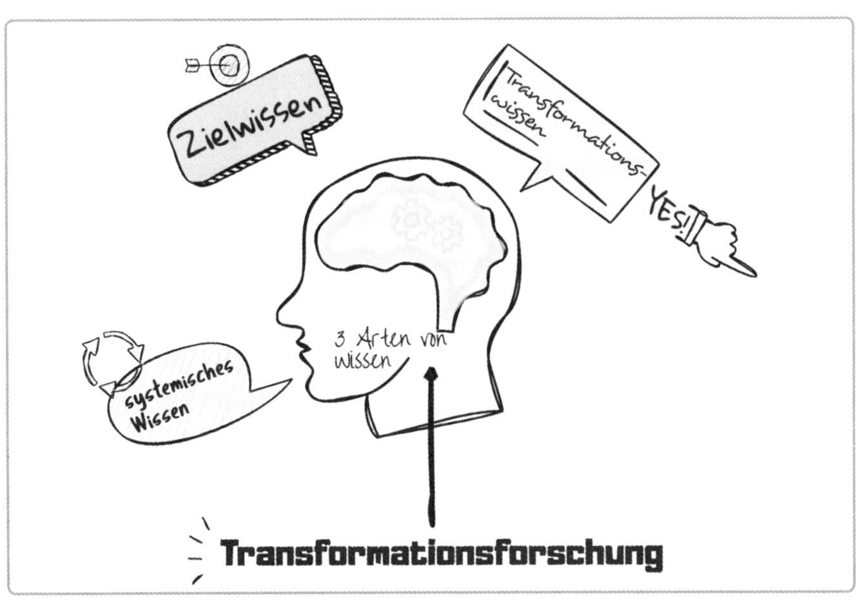

Transformative Forschung bzw. Projekte benötigen, verwenden und schaffen häufig mindestens drei Arten von Wissen: Zielwissen, systemisches Wissen, Transformationswissen.

15.2.1 Drei Arten von Wissen in transformativer Denk- und Handlungspraxis

Zielwissen meint Wissen über Notwendigkeiten des Wandels, erwünschte Ziele und bessere Handlungsweisen. Ohne Zielwissen können wissenschaftlich abgeleitete und/oder auch aus gelebter Praxis heraus entstandene Handlungsempfehlungen in Zielkonflikten zerrieben werden. Mit Zielwissen gemeint sind sinnvollerweise konkrete Vorstellungen, deren Erreichen zumindest teilweise auch messbar ist – nicht abstrakt formulierte Leitbilder aus zermürbenden Leitbildprozessen. Hier können partizipative Prozesse von großem Nutzen sein.

Systemisches oder konzeptionelles Wissen meint Wissen über den Ursprung, die Entwicklung und Interpretation einer Situation. Dieses systemische Wissen ist besonders dann nötig, wenn ein Transformationswunsch oder -bedarf einhergeht mit *komplexen* Interdependenzen und zahlreichen Akteur:innen, m.a.W.: wenn eine Situation unübersichtlich ist. Häufig ist eine zu transformierende Sache selbst tief in gesellschaftlichen, politischen, historischen, ökologischen und weiteren Strukturen verwurzelt oder sogar die Art der Herausforderung bzw. des Problems selbst wird von verschiedenen Menschen je unterschiedlich definiert. In komplexen Situationen gibt es dann allerdings auch keine einfachen Lösungsansätze.

Wir gehen davon aus, dass wir es bei religiöser Kommunikation in gesellschaftlichen, institutionellen und existenziellen Zusammenhängen mit komplexen und umstrittenen Herausforderungen zu tun haben.[5] Ohne Wissen über Systemzusammenhänge und -dynamiken können Interventionen womöglich gegenteilige Effekte produzieren und in der Folge weitere Nachhaltigkeitsprobleme aufwerfen. Systemisches Wissen erlaubt es, Systeme sowie Transformationsdynamiken und -prozesse aus verschiedenen Perspektiven zu beschreiben, zu erklären und zu verstehen. Solch systemisches und konzeptionelles Wissen kann idealerweise auch von »transformativen« Forschungsansätzen oder Erkenntniswegen hervorgebracht werden. Hierzu zählen ganz zentral partizipative Prozesse, etwa zur Generierung von Daten, zum Beispiel Citizen Science als Forschungsansatz.

Zu systemischem und konzeptionellem Wissen im Blick auf eine transformative Homiletik gehört z. B. das Wissen um historische Entwicklungsstränge, um Zusammenhänge zwischen Kultur, Politik und Homiletik und ein differenziertes Wissen darum, welche Ebenen und welche Akteur:innen in einem homiletischen Geschehen eigentlich wirken (vgl. Kap. 15.2.2).

Transformationswissen meint Wissen über technische, soziale, rechtliche, kulturelle und weitere Mittel und Wege zur Veränderung von bestehenden Denk- und Handlungsweisen in die erwünschte Richtung. Zu Transformationswissen kann wissenschaftliches und nicht-wissenschaftliches Wissen (Erfahrungswissen) gehören. Ohne Transformationswissen ist keine Implementation des Zielwissens in die Praxis möglich. Zugleich hängt Transformationswissen oft mit dem systemischen Wissen zusammen. Konkrete Ergebnisse sind Handlungsempfehlungen, die von verschiedenen Akteur:innen genutzt beziehungsweise während der gemeinsamen Bearbeitung einer Frage in einem Forschungsprozess entstanden oder dann weiter reflektiert werden. Die direkten Auswirkungen dieses Wissens sind z. B. die Inspiration von Dritten, der Aufbau von Handlungskompetenzen oder der Anstoß von konkreten Aktionen. Dafür ist erforderlich, dass Wissenschaftler:innen eine betont praxisorientierte Wissenschaft und partizipative Forschung[6] betreiben sowie transdisziplinäre Räume zu gesellschaftlichen Fragen schaffen und sie darin mit einer Vielfalt von Akteur:innen bearbeiten.[7]

Ab wann ein Projekt, eine Forschung, ein Thema dem Feld des »Transformativen« zuzurechnen ist, ist nicht eindeutig. Manche Transformationsverständnisse machen das »Transformative« am *Thema* selbst fest, wenn dieses also material im Wandel befindliche Systeme deskriptiv beforscht, analysiert und gestaltet. Manche andere machen es wiederum daran fest, ob *gesellschaftliche Transformationsaufgaben* im Fokus stehen (z. B. Co_2-Reduktion oder Gendergerechtigkeit). Nochmals andere fordern zusätzliche Qualitätskriterien wie etwa die nachweisbare Nachhaltigkeit des entsprechenden Impacts oder auch Qualitätskriterien im Blick auf den Forschungsprozess selbst.[8]

15.2.2 Die Systemidee

Wir haben gesagt: Unumgänglich gehört zu transformativen Ansätzen der systemische Blick. Darauf gehen wir im Folgenden noch näher ein.

Teilsysteme können nicht je für sich, isoliert, betrachtet werden. Sie unterliegen zwar einer je eigenen Gesetzmäßigkeit, der die Forschung mit eigenen Fragestellungen, Theorieansätzen und methodischen Vorgehensweisen entspricht. Aber sie müssen in ihrer Gesamtdynamik betrachtet werden, um ein adäquates Bild der Prozesse, Herausforderungen und Handlungsoptionen zu ermöglichen und um wirklich nachhaltig erforscht und gestaltet zu werden. Aus diesem Grund macht Transformationsforschung die Zusammenarbeit zwischen zahlreichen weiteren Disziplinen notwendig. Transformationsforschung denkt, arbeitet, agiert und vernetzt und sie arbeitet darum mit der Idee von »Systemen«.

Ein systemischer Blick zeigt nie nur Gegenstände, Objekte oder Teilsysteme an sich. Sondern er nimmt sie in ihrem Zusammenspiel mit weiteren Gegenständen, Objekten und Teilsystemen wahr und ernst. Das Zusammenspiel besteht aus Relationen, aus Grenzen und fließenden Übergängen, aus Aspekten von Gleichgewicht und Macht. Dies alles wahrzunehmen ist für ein nachhaltiges, transformatives Gestalten fundamental.

Was ist aber nun ein »System«?

Die moderne Systemtheorie wurde von dem Biologen und Philosophen Ludwig von Bertalanffy[9] schon in den Vierzigerjahren des 20. Jahrhunderts entwickelt. Ein System ist ein von den Betrachtenden wahrgenommenes und dadurch konstruiertes Netz mit dem Zweck, Aspekte der Realität – in der Regel dynamische Prozesse – zu isolieren, zu charakterisieren und häufig auch zu gestalten. Es besteht aus mehreren Objekten, die unterschiedliche Zustände aufweisen können, und einer

Vielfalt von Interaktionen zwischen diesen Objekten, die konkretisieren, wie sich die Zustände der Objekte entwickeln können.

Eine Gesellschaft kann als System beschrieben werden, oder ein Wald, eine Ameisenstraße, eine Familie, eine religiöse Institution oder ein einzelner religiöser Mensch. Ein Objekt eines Systems kann also wiederum als eigenes System verstanden werden. Um dies am kirchlichen Kontext zu illustrieren: Eine Kirchgemeinde, in der vielleicht Sie arbeiten, die Sie mitgestalten, ist ein System. Sie ist zum einen damit ein »Objekt«, also ein Teil des größeren Systems der Weltkirche. Die Kirchgemeinde besteht aber zugleich auch aus verschiedenen Objekten. Sie setzt sich z. B. aus einzelnen Gebäuden, aus verschiedenen Leitungsorganen und diese wiederum aus verschiedenen Menschen zusammen. Diese einzelnen Menschen wiederum sind Systeme für sich – mit verschiedenen Ebenen in sich (etwa ganz offensichtliche Seiten und verdrängte Seiten). Auf *sämtlichen* Ebenen sämtlicher Systeme finden sich Machtthemen, Ohnmachtthemen, finden sich laute und leise Stimmen, innere und äußere Kräfteverhältnisse, Grenzziehungen, Wünsche und mehr.

Emergente Eigenschaften eines Systems sind jene, die nicht mit seinen Objekten gegeben sind, sondern sich aus ihren Interaktionen ergeben, die also Eigenschaften des *Systems als Ganzes* sind. Sie sind also das, was ein System über die Summe seiner Teile hinaus hervorbringt.

Die Differenz zur Umwelt grenzt ein System ab. Die Grenze zwischen System und Umwelt ist aber eine begriffliche Konstruktion und empirisch in der Regel nur schwer zu bestimmen. Die räumlichen Grenzen von Systemen, gerade auch von Sozialsystemen, sind nie ganz klar zu bestimmen.

Um Transformation in Kirche und insbesondere in der Homiletik anzuregen und zu bewirken, ist also eine Perspektive, die das System oder die Systeme in den Blick nimmt, hilfreich. Nun ist dies selbstverständlich nicht neu. Systemisches Denken war bereits der Urkirche bestens vertraut und im vergangenen Jahrhundert hat das systemorientierte Denken und Handeln auch die Theologien, die Philosophie und ebenso das Reden und weitere Handeln im Rahmen persönlicher und institutionalisierter Religion geprägt. Weshalb betonen wir es hier wiederum? Weil es scheint, als ob angesichts der starken Betonung von Individualität und Individualisierung das systemorientierte Denken manchmal zwar thematisiert wird, aber lediglich als Mittel zur Selbstentfaltung Einzelner. Der Urgrund des systemischen Denkens – die Erkenntnis der unentrinnbaren Verworrenheit, Verflochtenheit, Verbindung, Vernetzung allen Lebens – DIES muss eine transformative Homiletik noch um ein Vielfaches stärker in den Blick rücken.

15.2.3 Transformationsprozesse – ein eigentlich altes und vielfältiges Phänomen?

Der Begriff der Transformation wird inflationär verwendet. Dieses Buch kann durchaus auch als Zeugnis dieser Inflation verstanden werden. Das Transformative in theologischen Kontexten möchten wir dabei aber spezifisch weiter deuten – und dazu auch auf die Verschiedenheit von »Transformations-Verständnissen« hinweisen.

Die Logik so mancher aktuell auf Social Media, in online Portalen und Printwerbung angepriesener persönlicher und kollektiver »Transformationsprozesse« ist, dass der Ist-Zustand aktiv vom Individuum oder eben von einer Gesellschaft zu einem angestrebten Zielzustand hin verändert wird. In dieser Lesart folgt dem Feststellen des Transformationsbedarfs, dass die Transformation fast greifbar sei: nämlich schnell verfügbar, kontrollierbar, machbar. Dem veränderungsbereiten Individuum sind dabei, so wird dann gesellschaftlich und medial suggeriert, kaum mehr Grenzen gesetzt. Ihm wird zugetraut, durch Eigenleistung von der Couch-Potato zur Fitnessqueen und vom Tellerwäscher zum Instagram-Star zu werden. Gerade in den Sozialen Medien scheint alles machbar und »positiv-thinking« kombiniert mit harter Arbeit bringt einen (manchmal tatsächlich, manchmal angeblich) ans Ziel. So gibt es unzählige YouTube- und Instagramcelebrities, die von ihren »Transformationserfahrungen« erzählen und dadurch auch andere motivieren wollen, dass nicht nur Veränderung, sondern Transformation möglich ist.[10] Die Logik des so verwendeten Transformationsbegriffs beruht dabei darauf: Transformation beschreibt nicht *irgendeine* Veränderung, sondern benennt – wie oben dargelegt – einen *fundamentalen und dauerhaften Wandel*. Einen Wandel, der so grundlegend ist, dass nicht mehr zum vorhergehenden Zustand zurückgekehrt werden kann. Einen Wandel, in dem sich, zugespitzt auf ein Individuum, der ganze Referenzrahmen, die Selbst-, Fremd- und Weltsicht grundlegend verändert. Dies ist ein notwendiges Charakteristikum, wenn man gegenwärtig alltagssprachlich zwischen irgendeiner Veränderung einerseits und Transformation andererseits unterscheidet.

Transformationsprozesse differenzieren wir an dieser Stelle aber noch einmal stärker aus. Wir spielen damit nicht die einen Transformationserfahrungen gegen andere aus, sondern wir weisen damit darauf hin, dass es unterschiedliche Formen der Transformation gibt, die für eine transformative Homiletik notwendig zu beachten sind: kleine und große, das Leben fördernde und das Leben schädliche, aktive und passive und zahlreiche Mischformen.

Ein Blick zurück in die Theologie- und Bibeltradition verdeutlicht: Transformationsprozesse lassen sich auch hier zahlreiche finden: Veränderungsprozesse, die ganze Systeme betreffen, seien diese Individuen oder Gemeinden oder Teilkulturen. Im Unterschied zur *Aktivitätslogik* zahlreicher gegenwärtiger Transformationsverständnisse wird dabei in biblisch-theologischen Transformationsprozessen auch die menschliche *Passivität* betont. Gemeint ist damit, dass Menschen immer auch an die Grenzen von Transformationswünschen und -bestrebungen stoßen können. Es gibt Dinge, da »stecken wir fest«, unsere Wirkmacht ist eingeschränkt. Hierauf zielt dann eine theologisch-relationale Perspektive, indem sie auf eine göttliche Kraft verweist, die solcherlei Prozesse auch anzustoßen oder weiterzuentwickeln vermag. Theologische Transformationsprozesse verweisen häufig auf ein solches Geschehen: eine Erfahrung mit einem (unter Umständen göttlichen) Gegenüber, die wiederum etwas in Gang setzt, das eben nicht aus reiner individuell-menschlicher Willenskraft umgesetzt werden könnte.[11] Manchmal wird in biblischer und kirchengeschichtlicher Tradition das Verhältnis von Aktivität und Passivität auch ganz umgedreht: Dann ist es nicht der einzelne Mensch, der aktiv eine Transformation einleitet, sondern Transformation ist zuerst einmal ein Widerfahrnis.[12] Hier lassen sich exemplarisch die großen Transformationen wie z. B. das Damaskuserlebnis nennen: Saulus erlebt auf dem Weg nach Damaskus Gott, als auferstandener Christus (Apg 9). Der Christenverfolger Saulus wird durch dieses Widerfahrnis zum wohl einflussreichsten Theologen des Christentums. Eine andere solche Transformationsgeschichte könnte man erkennen in der Begegnung zwischen Jesus von Nazareth und der samaritanischen Frau am Brunnen (Joh 4). In dieser Erzählung gibt es keine beeindruckenden Ereignisse oder Handlungen, keine Stimme vom Himmel, keine Blitze und kein grelles Licht; lediglich ein kurzes Gespräch zwischen zwei Menschen. Dennoch zog die Samaritanerin grundlegend verändert, also transformiert, von dannen. Ihr Referenzrahmen wurde transformiert und dies führt dazu, dass sie in »Antwort« auf diese Transformation ihr ganzes Leben anders führt.

Solche und weitere Erzählungen mögen schon zwei Jahrtausende existieren. Sie sind Glaubenszeugnisse, sind als diese notiert worden und haben deswegen Eingang in den biblischen Kanon gefunden. Es sind Transformationserzählungen, die durch ihren Inhalt, aber auch durch ihr Potenzial wiederum in ihren Hörer:innen Transformationskräfte zu wecken vermögen. Über all die Jahrhunderte hinweg und bis heute gibt es zahlreiche solcher Geschichten: kleine und große, schriftliche und mündliche, kollektive und individuelle, theologische, religiöse, quasireligiöse und areligiöse Erzählungen. Sie berichten davon, wie etwas von »ännet dra«, von »jenseits des Fassbaren« einbricht und nachhaltig prägt. Dieses »jenseits des Fassbaren« ist jenseits der eigenen Kontrolle und Verfügbarkeit, es ist meist auch gar nicht rational erklärbar, aber dennoch prägend.

Dieses Prägende, nicht rational fassbare, auch nicht in ein Dogma pressbare, aber dennoch erfahrene, vielgestaltige, wirkende Etwas: Wir erkennen es in besonderer Weise in einer theologischen Vorstellung, die nicht nur im Christentum, sondern auch in weiteren Religionen als transformierende Kraft bezeichnet wird: Ruach. Dieser »Ruach« gilt unsere theologische Grundlegung einer transformativen Homiletik.

1 Für eine ausführliche Diskussion des Transformationsbegriffs in Kirche und Gesellschaft vgl. den ersten Band dieser Reihe. FAIX, Tobias und Tobias KÜNKLER (Hrsg.): *Handbuch Transformation: ein Schlüssel zum Wandel von Kirche und Gesellschaft*, Neukirchen-Vluyn: Neukirchener Verlag 2021.

2 KOLLMORGEN, Raj, Wolfgang MERKEL und Hans-Jürgen WAGENER (Hrsg.): *Handbuch Transformationsforschung*, Wiesbaden: Springer Fachmedien 2015, S. 11.

3 So formulierte der Politikwissenschaftler Merritt: »[…] transformation can be viewed as a decisive change in one or more of that system's defining characteristics«, MERRITT, Richard L.: »*On the Transformation of Systems*«, in: *International Political Science Review 1* (1980), S. 13–22, hier S. 14. Erst nach dem Mauerfall allerdings kam der Begriff vermehrt auf.

4 KOLLMORGEN/MERKEL/WAGENER (Hrsg.): *Handbuch Transformationsforschung*, S. 17.

5 GRIN, John, Jan ROTMANS und Johan SCHOT: *Transitions to Sustainable Development: New Directions in the Study of Long Term Transformative Change*, New York: Routledge 2010.

6 Vgl. z. B. COOPER, Caren: *Citizen Science: How Ordinary People Are Changing the Face of Discovery*, New York, N.Y: OVERLOOK PR 2016; Für die Theologie vgl. z. B. MÜLLER, Sabrina und Patrick TODJERAS: »*Theological Empowerment of Lay Leaders: A Citizen Science Project in Switzerland and Austria*«, in: *Ecclesial Practices 8/2* (2021), S. 185–198.

7 Vgl. WIEK, Arnim u. a.: »*From complex systems analysis to transformational change: a comparative appraisal of sustainability science projects*«, in: *Sustain Sci 7/1* (2012), S. 5–24.

8 Vgl. WITTMAYER, Julia und Katharina HÖLSCHER: »*Transformationsforschung – Definitionen, Ansätze, Methoden*« (2017).

9 BERTALANFFY, Ludwig von: *General system theory: foundations, development, applications*, Revised ed., 15 Aufl., New York: Braziller 2006.

10 Vgl. MÜLLER, Sabrina: »*Die transformierende Wirkung religiöser Erfahrung und die Genese gelebter Theologie*«, in: FAIX, Tobias und Tobias KÜNKLER (Hrsg.): *Handbuch Transformation: ein Schlüssel zum Wandel von Kirche und Gesellschaft*, Neukirchen-Vluyn: Neukirchener Verlag 2021, S. 256–268, hier S. 256.

11 Vgl. MÜLLER, Sabrina: »*How Ordinary Moments Become Religious Experiences. A Process-Related Practical Theological Perspective*«, in: RIEGEL, Ulrich, Eva-Maria LEVEN und Daniel FLEMING (Hrsg.): *Religious Experience and Experiencing Religion in Religious Education*, Münster / New York: Waxmann 2018, S. 79–96; MÜLLER: »*Die transformierende Wirkung religiöser Erfahrung und die Genese gelebter Theologie*«.

12 Vgl. RABENS, Volker: »*Transformation im Neuen Testament. Ein Ein- und Überblick über zentrale Ziele und Strukturen neutestamentlicher Transformationsprozesse*«, in: FAIX, Tobias und Tobias KÜNKLER (Hrsg.): *Handbuch Transformation: ein Schlüssel zum Wandel von Kirche und Gesellschaft*, Neukirchen-Vluyn: Neukirchener Verlag 2021, S. 165–183, hier S. 177–178.

16 Ruach – Pneumatologische Grundlegung einer transformativ-(m)achtsamen Homiletik

René Descartes hat, im siebzehnten Jahrhundert, noch daran geglaubt, dass der Heilige Geist über die Zirbeldrüse ins Gehirn kommt. Immanuel Kant wiederum hat in heute lustig wirkender Weise zwischen heiligen und unheiligen Geistern unterschieden: »... wenn ein hypochondrischer Wind in den Eingeweiden tobt, so kommt es darauf an, welche Richtung er nimmt, geht er abwärts, so wird daraus ein F—, steigt er aber aufwärts, so ist es eine Erscheinung oder heilige Eingebung.«[1] Kaum eine (christlich-)theologische Vorstellung ist derart vielseitig beschrieben und schwierig in Worten fassbar wie diejenige des Heiligen Geistes. Was meinen wir, wenn wir vom Heiligen Geist sprechen? Und was betonen wir Autorinnen, wenn wir hier von Ruach sprechen, wenn wir also das hebräische Wort dafür verwenden? Wenn wir im Folgenden das Wort »Ruach« klein und kursiv schreiben (ruach), so verweisen wir damit auf den biblisch-theologischen Hintergrund. Wenn wir den Begriff groß schreiben, beziehen wir uns auf Überlegungen und Chancen dieses theologischen Ansatzes für heute.

Wir sind der Ansicht, dass *ruach* – das feminine hebräische Wort für Geist – gewissermaßen theologisch auf den Punkt bringt – bzw. fundiert –, wofür wir im Teil II mit partizipativen, feministischen und postkolonialen Machttheorien plädieren und warum wir das Transformative in den Vordergrund stellen:

- ein dynamisches Wahrnehmen von Kräften,
- ein Bewusstsein um das Unverfügbare,
- ein Bewusstsein für den gemeinsamen, partizipativ zu gestaltenden Auftrag, für stets als Beziehungsgeschehen zu verstehendes Denken, Handeln und Leben,
- ein Bewusstsein um die notwendige Vielstimmigkeit von Stimmen,
- ein Bewusstsein für die körperliche und verkörperte Dimension,

- ein Bewusstsein für die tendenziell weibliche, weniger die männlich-väterliche, Seite Gottes (*ruach* ist grammatikalisch mehrheitlich feminin im Hebräischen)
- und auch die Leidenschaft religionsbezogenen Kommunizierens.

Dieses Kapitel ist für uns die theologische Grundlegung, das »Weshalb«, »Wohin« und »Womit« einer transformativen Homiletik. Ruach, das ist: Tanzende Dynamik, Beziehungsgeschehen zwischen Aktivität und Passivität, nicht in einem Konzept fassbare Polyphonie der Stimmen – inklusive der Stimme der Unterdrückten oder Verdrängten, um uns und in uns selbst.

Springen Sie mit uns in ein theologisch-nachdenkliches Kapitel!

16.1 Ruach – raumschaffendes und bewegendes Nicht-Konzept

Wir schauen zunächst in das Alte Testament. Hier hat die *ruach* eine lange Geschichte und bedeutende Rolle. Der hebräische Begriff *ruach* steht in Verwandtschaft mit verschiedenen weiteren Begriffen. In der Frage der etymologischen Ableitung scheiden sich die (exegetischen) Geister dabei daran, ob das hebräische Zeichen »waw« in der Mitte des Worts *ruach* als Konsonant (ähnlich unserem w) oder Vokal (als u) gelesen werden muss. Beides wäre sprachlich möglich. Verschiedenste Exeget:innen halten jedenfalls fest, dass *ruach* begrifflich verwandt ist mit dem hebräischen Wort *ræwah*, bei dem das »waw« also als Konsonant gelesen wird.[2] *Ræwah* bedeutet: Weite, Raum. Dieses Wort wird zum Beispiel verwendet, wenn jemand »weit wird«, erleichtert ist, aufatmet.[3] Gemeint ist damit nicht ein »alltägliches« Atmen, sondern ein Atmen, das auf die dynamische und intensive Lebendigkeit hinweist. Dieser Vorgang ist etwa beim erleichterten Aufatmen zu beobachten. Exeget:innen verweisen in diesem Zusammenhang aber auch auf atem-intensive Prozesse wie etwa sexuelle Erregung oder den Geburtsvorgang.

Ruach als dem Begriff *ræwah* verwandtes Wort schafft also Raum, sie setzt in Bewegung, sie führt aus der Enge in die Weite, sie macht lebendig. *Ruach* ist nicht einfach hörbarer Atem oder Wind selbst, sondern vielmehr die Vitalität, Energie, Kraft, die dabei wirksam wird und ist. *Bewegte* Luft, *bewegte* und *bewegende* Energie, »[…] aber nicht als wesenhaft Vorhandenes, sondern als die im Atem- und Windstoß begegnende Kraft, deren Woher und Wohin rätselhaft bleibt«.[4] Von hier aus lässt sich dann auch der Bezug zu Lebensatem oder Lebenskraft machen.[5]

Der Titel dieses Kapitel lautet »raumschaffendes und bewegendes Nicht-Konzept«. Eben dies macht Ruach aus: sie ist Dynamik. Sie lässt sich nicht in ein adynamisches Konzept, in eine starre, unbewegliche Vorstellung fassen. Ruach ist sowohl als hebräisches Wort als auch als theologische Vorstellung dogmatisch nicht festlegbar. Diese schillernde Qualität muss man einordnen in die Tatsache, dass die christlich-theologische Rede von der Ruach über einen weiten religions- und philosophiegeschichtlichen Kontext verfügt. Es finden sich etwa auch in polytheistischen Weltdeutungen Konzepte, die der Vorstellung einer »Heilig-Geist-Qualität« ähnlich sind. Auch innerhalb monotheistischer Deutungen ist Ruach immer ein vielfarbiges und vielgestaltiges Konzept.

Sie, liebe:r Leser:in, mögen nun einwenden: Nun, so verhält es sich mit so manchen theologischen Konzepten. Denn fragt man einmal zwei Menschen danach, wer Jesus Christus sei, oder was Würde des Menschen in christlicher Vorstellung bedeute, so bekommt man mit ziemlicher Sicherheit jeweils zwei unterschiedliche Antworten. Doch die Vorstellung der Ruach birgt für die Fülle an Aspekten und Deutungen eine inhaltlich stärkere Grundlage. Die besonderen Eigenschaften von *ruach* betonen eben, dass sich Ruach als »Konzept« dem eindeutigen Fassen verweigert. *Ruach* wird alttestamentlich beschrieben als unsichtbar und doch hochwirksam, als unfassbar und doch präsent, als frei und doch zielgerichtet, als ein Nichts und doch lebensnotwendig. Sie ist der bewegte Wind. Dieser ist, neben dem Licht, eine der grundlegenden Naturmetaphern für das Wesen und Wirken Gottes (JHWHs) im Alten Testament. Im Alten Testament kommt *ruach* fast vierhundertmal vor. Die Erwähnungen sind dabei breit gestreut und lassen sich nicht auf eine bestimmte Quelle oder eine Zeit eingrenzen.

Exemplarisch nennen wir einige der zahlreichen alttestamentlichen Erwähnungen dieses – durchaus meteorologisch zu verstehenden – Phänomens *ruach*:

- ein nur leicht spürbarer Hauch (Jes 57,13)
- leicht bewegte, flirrende Luft (Gen 3,8)
- ein orkanartiger Sturm (Jon 1,4; Hi 1,19; 1Kön 19,11)

so vielfältig kann sich *ruach* als Windkraft, als Energie zeigen. Alle diese Wind-Dimensionen haben eine ausgeprägte Symbolik. Sie sind:

- Zeichen der stets dynamischen Präsenz Gottes,
- Gottes Boten (Ps 104,4),
- Symbole seiner Ubiquität (Sach 6,5),
- Zeichen der schöpferischen Macht Gottes (Gen 1,2).

Häufig ist der Wind also Symbol und/oder Werkzeug Gottes. Im Unterschied zum Menschen kann Gott dem Wind gebieten. Im Weiteren hat der Wind eine deutliche Verbindung zum Lebendigen. Er:

- ist der Atem, den Gott allem Lebendigen einhaucht (Gen 2,7),
- kann alttestamentlich auch zum Gegenbegriff zu »Fleisch« werden (Jes 31,3),
- steht in großer Nähe zum Herz, dem Personzentrum, dem innersten Kern von Vitalität, Dynamik und Zielgerichtetheit des Menschen.

Ruach bezeichnet also auch die fundamentalen Strukturen, die das Denken und Handeln einer Person prägen.

Erst in den Spätschriften des Alten Testaments entwickelt sich der Wind, der Geist, vom »Status« eines Werkzeugs Gottes oder eines Symbols seiner Präsenz zu einem Namen, einem Teil, für Gott selbst. An manchen alttestamentlichen Stellen meint nun Geist Gott selbst, so etwa bei Jes 34,16; Jes 63,14; Ps 139,7; Ps 143,10.

Auch im griechisch geprägten frühchristlichen Denken bleibt diese Vielfalt, Unverfügbarkeit und Kraft im Verständnis des griechisch *pneuma* genannten Geistes.[6] Das griechische Wort *pneuma*, das übliche Übersetzungswort für *ruach* in der Septuaginta, ist Neutrum. Es lässt sich zurückverfolgen zum griechischen Verb *pneo*, das wehen, atmen und hauchen bedeutet.[7]

Die Übergänge zwischen der alttestamentlich vieldeutigen *ruach*, die auch die Propheten erfüllt, zu der Geistkraft *pneuma* sind dabei fließend. *Pneuma* ist diejenige Kraft, von der Menschen die Erfahrung machen, dass sie sie mit dem Bereich des Göttlichen in Verbindung bringt.

Jesus wurde als einer angekündigt, der »mit pneuma (Geist) und Feuer tauft« (Mt 3,11 par Lk 3,16; wahrscheinlich eine reinigende/zerstörende Handlung; vgl. Jes 30,27 f.).

Für das kirchliche Selbstverständnis schließlich ist der Bezug zur Apostelgeschichte prägend. Hier wird die Erzählung der Ausgießung des Heiligen Geistes geschildert (Apg 2,33), dieser Geist gibt u. a. Kraft zur Mission (1,8). Das göttliche *pneuma*, so die Deutung, gibt der jungen Kirche die Richtung vor (Apg 8,29.39; 10,19), leitet Entscheidungen an (Apg 15,28) und ernennt Leitende der Gemeinde (Apg 20,28). Ein an dieser kirchengeschichtlich prägenden neutestamentlichen Erzählung auffälliges Element ist die Vielstimmigkeit, die Vielsprachigkeit, die dieses *pneuma* auslöst – und zugleich das Verstehen dieser Polyphonie ermöglicht. Die Vielfalt von Stimmen impliziert das partizipative Element des Geistgeschehens – nicht eine einzelne Person wird zum:zur Prophet:in erwählt und durch den Geist zu prophetischer Rede befähigt; vielmehr erhält eine große Anzahl von Menschen mit je eigener Sprache Anteil an diesem Geist, der sich eben nur in diesem Beziehungsgeschehen der Vielen äußert und hierin seine Kraft und Wirksamkeit gewinnt.

Stets eröffnet *ruach* oder *pneuma* neue Wahrnehmungs-, Hör- oder Sprechfähigkeit, eröffnet neue Möglichkeiten und Lebenskraft. Eine unbewegliche *ruach* gibt es biblisch betrachtet nicht. »Gegen ein natürliches Trägheitsprinzip im Menschen und in den Dingen ist die *rûah* das, was alles Träge, Faule, Schlaffe überwindet [...] Dabei lässt sich die *rûah* selbst nicht definieren und nicht in den Griff bekommen; es wird auch nie über sie gesprochen, lediglich ihr Wirken kann beschrieben werden.«[8]

Wenn wir in diesem Buch an Ruach anknüpfen, betonen wir diese Dynamik der Bedeutung des »Heiligen Geistes«, und dass wir uns gerade *nicht* an ein einzelnes oder mehrere dogmatische Konzepte in einem starren Sinn knüpfen.

16.2 Ruach – das Feminine der ruach

Ein weiterer Gesichtspunkt, den wir bei der Ruach betonen, ist deren feminine Qualität. Grammatisch betrachtet ist *ruach* feminin. Nun an vereinzelten Stellen im Alten Testament erscheint *ruach* im Maskulinum (dies wird im Hebräischen dann jeweils am Verb ersichtlich). Entscheidend nun ist, dass es in der exegetischen Tradition einen Zusammenhang gab und gibt zwischen dem grammatischen Geschlecht und der Vorstellung, die dahintersteht. Solange Gott also als Person vorgestellt wird, kommt man nicht umhin, angesichts der grammatisch femininen *ruach* die Gender-Frage zu stellen.

Im Umkehrschluss finden sich in verschiedensten Ansätzen feministischer Theologie pneumatologische Orientierungen. Früh forderte die Verknüpfung pneumatologischen und feministischen Gedankenguts etwa Elisabeth Moltmann-Wendel oder auch Catharina Halkes.[9] Besonderes Aufsehen erregte zu Beginn der 90er-Jahre in diesem Zusammenhang auch die Rede der südkoreanischen Theologin Chung Hyun Kyung an der Vollversammlung des Ökumenischen Rats der Kirchen in Canberra, in der sie sich vehement für das Reden vom Heiligen Geist einsetzte.[10]

Mit der Besinnung auf Ruach verbindet sich häufig die Hoffnung, weibliche Elemente Gottes zu entdecken oder diese in das herrschende Gottesbild zu integrieren. Dabei wird zumeist auf das weibliche Geschlecht der Ruach hingewiesen (und auch auf die frühen weisheitschristologischen Konzepte des Neuen Testaments).

Manche der theologischen Entwürfe, die den Heiligen Geist als weiblich verstehen, verknüpfen die *ruach*-Vorstellung zusätzlich mit der ebenfalls im Alten Testament erwähnten weiblichen Personifizierung der Weisheit, *sophia*, oder mit dem Symbol der Taube. Und nicht zuletzt betonen verschiedene feministisch-pneumatologische Ansätze auch die Leiblichkeit, den körperlichen, sinnlichen Aspekt des Weiblichen. Exemplarisch für diese Verknüpfung nennen wir hier den feministisch-pneumatologischen Ansatz der Exegetin Silvia Schroer: Sie setzt bei der Frage um die Weiblichkeit des Heiligen Geistes beim Symbol der Taube an, die bei der Taufe Jesu im Jordan erscheint. Schroer benennt die Verwandtschaft des Symbols mit dem Botenvogel der altorientalischen Liebesgöttinnen. Die Taube ist die Überträgerin guter Nachrichten oder Liebesbotschaften – letztere auch im Sinne erotisch-sinnlicher Liebe.

Von hier aus betont Schroer, dass im Alten und Neuen Testament aber primär die (männliche, eifersüchtige) Leidenschaft, weniger aber die (weibliche, leibliche und weisheitliche) Sinnlichkeit in der Gottesvorstellung betont worden sei. Gleichsam bildlich sei also das ursprünglich weisheitlich-weibliche Element in der Taufperikope auf Jesus als Träger übergegangen und ermöglichte so, die weibliche Dimension in die monotheistische Religion zu integrieren – »in der Gott ein Mann ist«[11].

In zahlreichen weiteren, auch aktuellen systematisch-theologischen Entwürfen zur Pneumatologie spielt die Weiblichkeit des Heiligen Geistes eine Rolle. Mit der theologischen Rede von der Weiblichkeit des Heiligen Geistes verbindet sich die Hoffnung auf eine Transformation des Gottesbildes und eine damit verknüpfte Transformation von Kirche, Christentum und Gesellschaft insgesamt. Dies, könnte man meinen, entspricht auch unserer Absicht.

Allerdings: Diesen Ansätzen eignet unserer Meinung nach auch eine Ambivalenz, die übrigens auch in feministisch-theologischen Kreisen selbst kritisiert wird. Weshalb? Solche Ansätze arbeiten häufig mit einer Stereotypisierung des Weiblichen: Liebe, Selbstlosigkeit, Mütterlichkeit, Raum geben, Urvertrauen, Erotik und Sinnlichkeit. Diese ideologische Konstruktionen gilt es aufzubrechen und als kulturelle Bedingtheit zu entlarven.[12] Angesichts dieser Herausforderungen – die wir an dieser Stelle nicht in derer ganzen Komplexität nachzeichnen können –, gelangen nicht-personale Vorstellungen und Bezeichnungen für Ruach in den Fokus, auch in feministischen Diskursen. Der evangelische Theologe Michael Welker spricht so vom Heiligen Geist als einem Kraftfeld, das mit der Ausgießung des Geistes geschaffen wird. Die Charismen bilden dabei Teilelemente dieses Kraftfeldes, die wiederum selbst neue Kraftfelder erschaffen.[13] Welker vergleicht diese Kraftfelder im Kraftfeld auch mit der Differenzierung von Systemen in Subsysteme oder mit einem Netzwerk, das aus einer Vielfalt von Netzen besteht. Dies behalten und ziehen Sie als unsere Leser:innen bitte als Gedanken weiter, zumindest bis Sie mit Lesen beim Kapitel 17 ankommen!

Als wichtig erachten wir Autorinnen an Welkers Ausführungen, gerade auch aus feministisch-theologischer Perspektive, Folgendes: Welker setzt den Geist mit dem Gesetz ins Verhältnis, allerdings nicht dual und binär, also nicht als Gegensätze. Er betont vielmehr, dass Geist – konkretisiert in Liebe als sozial und politisch wirkende Kraft – dazu dränge, die Intension des Gesetzes zu verwirklichen. So verstanden kann, ja muss solcher Geist, solche Liebeskraft, dann auch Formen annehmen, die nicht als stereotypisch-weiblich – etwa barmherzig, sanft – betrachtet werden, sondern energiereich, kraftvoll, schöpferisch-stark oder sich durchsetzend sind.

16.3 Ruach – eine transformativ-(m)achtsame Kraft

Inwieweit eröffnet nun das Reden von der Ruach eine transformativ-(m)achtsame Homiletik? Wir formulieren hier keinen nach allen Seiten zu Ende reflektierten feministisch-pneumatologisch-transformativ-theologischen Begriff einer Ruach. Dies würde gerade dem Nicht-Konzept der Ruach zuwiderlaufen. Dieses Kapitel ist also eher ein Schreiten in eine Richtung, wobei dieses Schreiten jede:r Leser:in mitmachen und weiterführen kann und soll.

Unsere Ausführungen haben zunächst das Dynamische, das nicht dogmatisch Fassbare der Ruach betont. Wir haben dabei erwähnt: die Streuung des Begriffs *ruach* ist im Alten Testament groß. Allerdings tritt auffallend häufig der Begriff *ruach* in Texten aus der Zeit des Babylonischen Exils (6. Jh. v. Chr.) auf. Es ist wohl kein Zufall, dass in dieser Zeit des Zusammenbruchs der bis dahin vermeintlich stabilen politischen und religiösen Ordnungen, also der Verlust von Staat, Tempel und Sicherheit, die Tragfähigkeit statischer, auch männlicher, Gottesvorstellungen als zweifelhaft und nicht tragend erfahren wurde.

Unsere Ausführungen haben außerdem das Weibliche der Ruach betont – wobei damit nicht auf Stereotypen des Weiblichen verwiesen und das Weibliche und Männliche nicht binär gedacht werden will. Wie kann und soll es aber gedacht werden?

Wir verstehen die beiden vorhergehenden Kapitel als sich ergänzende, gewissermaßen nur miteinander ganz verständliche: die weibliche Dimension konkretisiert sich im Dynamischen. Das weibliche *und* männliche Element, das Nicht-Binäre, kann und muss eben gerade fluid, unverfügbar und flüchtig gedacht werden.

Es ist deshalb eine zentrale Aufgabe der feministischen Theologie und feministischer Diskurse, das weibliche Element der Ruach nicht als wiederum dominierend – geschweige denn stereotyp – zu denken. Es liegt – leider, mag man sagen – in der Natur des Dominierenden, sich selbst zum (statisch) Höchsten, zum Absolutum zu erheben und eben gerade nicht herunterzusteigen von diesem selbst gebauten Thron. Oder von der selbst gebauten Kanzel. Wirklich und immer wieder neu transformierend kann aber nur etwas wirken, dass das Fluide auch an sich selbst wahr- und ernstnimmt. Dann kann aus solcher Haltung heraus immer wieder neu gestaltet, gebaut und gepredigt werden.

16.4 Zwischenhalt

An dieser Stelle kommen nun verschiedene Aspekte, die wir bisher ausgeführt haben, zusammen. Es sind dabei in unseren Augen nicht »nur« Aspekte einer feministisch-pneumatologisch fundierten, transformativen Homiletik. Vielmehr sind es gelebte Konkretionen einer solchen. Davon gäbe es zahlreiche. Wir nennen hier zwei:

Die erste Konkretion mag für die Notwendigkeit vieler Sprachen, auch neuer Sprachen, für gelebte und erfahrene Theologie oder zumindest Theologiesehnsucht – so wagen wir dies zu bezeichnen – stehen. Ein Begriff, der, wenn es auch kein theologischer ist, der theologischen Vorstellung Ruach in mancher Hinsicht nahesteht, ist Resonanz.

Der Beginn dieses Buchs und die Idee für dieses Buch hatten mit dem Leuchtende-Augen-Index zu tun, und mit dem damit zusammenhängenden Begriff der Resonanz (vgl. Einleitung). Was wir dynamische Ruach nennen, was Michael Welker als bewegendes Kraftfeld bezeichnet, dies findet seinen soziologischen Begriff in der jüngeren Debatte im Konzept der »Resonanz« nach Hartmut Rosa. Sein Konzept der Resonanz mag hier ein Weiter-Denken theologischer Sprache, bis hin zum trans-theologischen – also das klassisch-theologische Reden überschreitende – sein. Am Begriff der Resonanz verdeutlichen wir hier nochmals einen Aspekt von Ruach, der aus theologischer Sicht höchst relevant ist: jener des Zusammenspiels von Aktivität und Passivität.

Die zweite Konkretion hat ebenfalls mit Sprache und Vielsprachigkeit zu tun bzw. mit deren Stummsein. Neue Sprachfähigkeit, wie sie der Pfingsterzählung zufolge Geschenk und Aufgabe zugleich ist, fordert auch eine neue Hörfähigkeit. Dafür plädiert etwa auch Uta Pohl-Patalong.[14] Wir betrachten es als Aufgabe einer pneumatologisch fundierten transformativen Homiletik, die verstummten, verdrängten (sei dies politisch, gesellschaftlich oder seelisch) Stimmen zu hören, wahr- und ernstzunehmen. Verdrängte Stimmen sind wesentlicher Bestandteil jedes Systems, sei es eines einzelnen Individuums, einer Kirchgemeinde oder der globalen Gesellschaft, und auch des »Systems Homiletik« (s. Kap. 10). Ohne deren Integration wird nachhaltiger Wandel nicht funktionieren. Sie, diese verdrängten Stimmen, die *voices from the margins*, müssen immer wieder vom Rand her mit in den Fokus und in das Netzwerk des Ruach-Kraftfelds gerückt werden.

16.5 Inspirationen von der Resonanz zur Ruach – oder umgekehrt

Den deutschen Soziologen Hartmut Rosa beschäftigt wesentlich: Was bewegt mich, und was bewegt die Gesellschaft? Wodurch und wie werde ich transformiert? Was gibt mir die Energie, wiederum transformierende Prozesse und lebensförderndes Denken und Handeln anzugehen? Sein Werk »Resonanz«[15], eine soziologische – aber der Theologie implizit durchaus nahestehende – Publikation, stieß in kurzer Zeit auf breites Echo innerhalb und außerhalb akademischer Kreise. Seine Ausgangsfrage, wie sich in einer beschleunigten Gesellschaft, in einer Leistungsgesellschaft, lebensförderliche Räume – Kraftfelder – eröffnen können, trifft einen Nerv der mehrheitlich gestressten Gesellschaft. Wir nehmen sein Konzept der Resonanz an dieser Stelle auf, um anhand dessen – also in einer nicht primär theologischen Begrifflichkeit – einen weiteren Aspekt zu verdeutlichen, der Ruach als transformierende Kraft wesentlich prägt. Wir entkräftigen mit diesem Vorgehen nicht die theologische Sprachkraft, sondern betonen, dass es gerade dem penumatologischen Fundament einer transformativen Homiletik entspricht, Vielstimmigkeit und weitere Sprachlichkeit zu fördern.

Nach Rosa verweist der Begriff der Resonanz, ähnlich wie wir dies für die Ruach festgehalten haben, auf ein dynamisches Beziehungsgeschehen, auf ein Geschehen, das vielförmig sein kann, das Verbundenheit fühlen und erkennen lässt. »Resonanz, das heißt, ein Verhältnis zu Menschen oder zu Dingen, zur Natur, zur Kunst vielleicht oder sogar zu unserem eigenen Körper und unseren eigenen Gefühlen, ist so was wie eine Antwortbeziehung, wo wir das Gefühl haben, wir sind wirklich verbunden mit der anderen Seite. Die geht uns was an, und wir können die auch erreichen.«[16] Dabei betont der Resonanzbegriff ein Moment der Unverfügbarkeit und außerdem das Relationale: Resonanz lässt sich also nicht nur aus eigenen Kräften herstellen: »[E]ine Besonderheit von Resonanzbeziehungen ist, dass sie immer ein Moment der Unverfügbarkeit haben, das heißt, man kann die nicht einfach instrumentell herstellen, also sagen, ich mache jetzt die und die drei Kniffe oder nehme die und die Pillen, und dann wird mein Leben resonant, sondern da ist immer auch etwas, was sich entzieht und was sich vor allen Dingen gegen Optimierung sperrt. Deshalb ist eine Voraussetzung dafür, dass wir wirklich in Resonanz zur Welt treten können, eben genügend Zeit zu haben. Uns selber Zeit zu lassen und auch der Weltseite Zeit zu lassen, eine Beziehung wirklich aufzubauen (…)«[17]

Eine resonante Weltbeziehung ist nicht einfach instrumentell herstellbar. Die Grundlage ist Zeit und die Bereitschaft erst aus dem Wahr- und Ernstnehmen des Kontextes zu handeln. Resonanz meint damit nicht die Idee des Verfügbarmachens, des Kontrollierens, sondern ein antwortendes, zugleich aktives und passives Geschehen. Der Resonanzbegriff steht insgesamt einem statischen Verständnis entgegen, und ebenso einem dominant gedeuteten Machtbegriff. Er ist aber dem Machtbegriff nicht gänzlich fern, insofern Resonanz auch politisch und sozial prägend, zum guten Leben hin transformierend, verstanden werden will: »Wenn zwei Instrumente, etwa Klavier und Geige, miteinander in Resonanz treten, dann bedeutet das, dass jedes in seiner Eigenfrequenz spricht und auf das andere reagiert. Ich meine mit Resonanz eine Beziehung zur Welt, in der man einerseits offen ist, um sich berühren zu lassen, vielleicht ergreifen zu lassen, aber andererseits auch selber seine eigene Stimme entfalten kann und damit etwas oder jemanden erreichen kann in der Welt.«[18]

16.6 Ruach – ein Bezugspunkt weiterer homiletischer Ansätze

Aus Resonanzmomenten hinaus bestärkt die Stimme zu erheben, ist ein wichtiger Aspekt der Ruach. Sprechen geht, als relationales Geschehen, idealerweise mit Hörenden zusammen: »Ich würde die Sprachfähigkeit auch um die Hörfähigkeit ergänzen wollen. Denn es geht nicht immer nur darum, zu sprechen, sondern es geht auch sehr viel darum, zu hören, ja überhaupt die Anliegen von Menschen wahrzunehmen, die nicht in den klassischen christlichen Mustern formuliert werden. Wir müssen die Fragen wahrnehmen, aber nicht nur als Fragen, auf die wir Antworten geben, sondern als Anregung, sich in einen gemeinsamen Suchprozess zu begeben.«[19] Dies sind die Worte der Theologin Uta Pohl-Patalong dazu, was die Aufgabe von heutigen Pfarrer:innen sei.

Transformatives Handeln kann nicht anders als sämtliche Stimmen miteinzubeziehen: auch die leisen, auch die stummen, auch die stotternden, stammelnden, kreischenden, lästigen, innerlich oder äußerlich verdrängten und weitere. Wenn eine feministisch-pneumatologisch fundierte Homiletik die Vielstimmigkeit, das Partizipative, die geteilte Macht und das Weibliche und Leibliche betont, so geht damit zwingend das aufmerksame Hören einher.

Es finden sich in den vergangenen Jahrzehnten verschiedene Entwürfe, in denen die Homiletik an die Pneumatologie zurückgebunden wird. Im deutschsprachigen Kontext hat dies prominent Rudolf Bohren getan. Kim-Cragg wiederum verweist in ihrer postkolonialen Homiletik ebenfalls darauf und weist darin programmatisch auf den pneumatologischen Ansatz des Hörens und Aufnehmens der *voices from the margins* hin.

Rudolf Bohren gründete 1970 seine Homiletik in der Pneumatologie und betonte dabei, dass predigen mehr ist als gute Rhetorik: »Die beste theologische Begründung der Predigt hilft [den Predigenden] nicht auf, wenn der Geist sich versagt. Ich brauche zum Predigen vor allem den Heiligen Geist. Diesen Geist kann eine Predigtlehre nicht vermitteln; aber sie kann immer wieder auf ihn hinweisen, an ihn erinnern, der Geistvergessenheit wehren und versuchen, die Erkenntnisse des Geistes zu mehren. Darum wird eine Predigtlehre guttun, von der Pneumatologie auszugehen […] Eine Predigtlehre hat eine sprachlos gewordene

Kirche darauf aufmerksam zu machen, dass es in der sprachlosen Welt ein heimliches Reden gibt, das Macht hat. Die Stummheit wird gebrochen von einer Macht die heimlich redet.«[20] Das Potenzial einer pneumatologisch grundierten Homiletik liegt für Bohren darin, dass dadurch Stummheit gebrochen wird.

Mehr aber noch als das, so meinen wir, dass dadurch die *voices from the margins*, die Stimmen vom Rand der Gesellschaft, vom Rand der Kirche oder auch die inneren zum Verstummen gebrachten Stimmen Gehör finden können und sollen.

Diesen Sachverhalt führt Kim-Cragg in inspirierender Weise weiter aus, indem sie den Kern einer postkolonialen Homiletik in Verbindung bringt mit der Hoffnung gebenden und Leben stiftenden Kraft der Ruach: »The lofty and humble task of postcolonial preaching will, it is hoped, contribute to the church's witness to God's love in the face the deadly winds of our time, as it is inbreathed by the life-giving breath of the Holy Spirit, the Ruach of God's creative possibility for all people and creation.«[21] Kim-Cragg betont dabei, dass eine in der Ruach verwurzelte Homiletik zu erkennen gibt, dass sie sich aus dieser dynamischen Relation zwischen Gott, Mensch und Schöpfung speist, dass sie also von dieser Inspiration lebt und gleichzeitig fluide, polyphon und machtsensibel bleiben muss. Die Ruach steht nach Kim-Cragg somit zugleich für Inspiration und Geworfen-Sein auf Gott, insbesondere vor vermeintlich unüberwindbaren Grenzen. Gerade auch dadurch werden die Grenzen des menschlich Machbaren ernst genommen: Der Mensch kann nur »aus der Kommunikation Gottes mit ihm recht verstanden werden kann. Es bleibt festzuhalten, dass *ruach* doppelt so oft für Wind und für die Lebenskraft Gottes steht als für des Menschen Atem, Gemüt und Willen. Die meisten Texte, die von Gottes oder der Menschen *ruach* handeln, zeigen Gott und Mensch in dynamischer Relation. Dass ein Mensch als *ruach* lebendig ist, das Gute will und in Vollmacht wirkt, kommt nicht aus ihm selbst.«[22]

Kehren wir nochmals zurück zu Bohren. Er betont in auch für weitere religiöse Systeme als nur das christliche verständlicher Sprache: Der Geist ist ein weltdurchtränkter und ein weltdurchdringender Geist, er ist »weniger ein Geist des Mitleids als das Mitleid selbst, das teilnimmt an der Agonie der Welt. So nimmt er das Seufzen der Kreaturen und das

Seufzen der Geistbegabten auf, um das Leid der Welt und das der Kirche zur Sprache zu bringen. Er ächzt in den Verhältnissen, ist der Heilige, der an der Welt und an der Kirche leidet, der in den Heiligen leidet, indem er sie vertritt. Der Geist Jahwes wird zum Nachbar der zerbrochenen Herzen (vgl. Ps 34,19) während Jesu Geist sich mit dem Hungrigen, Leidenden, mit dem Letzten identifiziert (vgl. Mt 25,31ff).«[23] Die Ruach fungiert also auch als gesellschaftskritische Stimme Gottes, die das *flourishing life* für alle Kreaturen unbedingt fordert.

Predigten und religiöse Kommunikationsprozesse, die dieser Auffassung folgen, weisen (m)achtsam auf Ungerechtes hin. Dies mag etwa Jes 61,1 illustrieren, wo die Ruach als treibende Kraft dazu führt, dass Ungehörte gehört werden: »Der Geist Gottes des HERRN ist auf mir. Denn der HERR hat mich gesalbt, um den Elenden frohe Botschaft zu bringen, er hat mich gesandt, um die zu heilen, die gebrochenen Herzens sind, um Freilassung auszurufen für die Gefangenen und Befreiung für die Gefesselten«.[24] Ein weiteres Beispiel lässt sich mit Micha 3,8 nennen, in dem die Ruach die Kraft dazu verleiht, die Stimme zu erheben gegen ungerechte Obere, also gegen ungerechte, ausbeuterische Führungs- und Machtsysteme: »Doch ich bin erfüllt von Kraft, durch den Geist des HERRN, und von Recht und von Stärke, um Jakob sein Vergehen kundzutun und Israel seine Sünde.«[25] Nicht zuletzt ließe sich in dieser Aufzählung auch die Apostelgeschichte 2 nennen, wo das *pneuma*, die Geistkraft, eine Vielzahl von Menschen erfüllt: Hierarchien von besonders Frommen oder besonders theologisch Gebildeten, von Mächtigen und Sklav:innen werden darin aufgelöst.

Insgesamt steht die Ruach für die kritische, unverfügbare Stimme, die nicht ob unterdrückender Strukturen verstummt, sondern zur Transformation auffordert und inspiriert. Oder wie Bohren formuliert: »Der Geist erhebt Anklage gegen das Unrecht der Welt und Klage über das Leid der Welt und bringt das Elend zu Sprache. Dies ist eine Weise, mit der Veränderung der Welt zu beginnen.«[26]

Eine pneumatologische Grundlegung in homiletischen Entwürfen ist aber eher selten. Sie kann auch hier nicht vollständig vorgetragen werden. Um dies mit den Worten Bohrens auszudrücken: »Das Ganze einer Predigtlehre wird nicht ausreichen, um die Bedeutung der Pneumatologie für dieselbe zu entfalten. Auch stehen wir vor der Schwierigkeit, dass wir ein theologisch beinahe unerforschtes Gebiet als Ausgangsbasis für unsere homiletischen Unternehmungen wählen; wir bewegen uns von Anfang an auf einem ungesicherten Gebiet. Aber das Unerforschte verspricht Entdeckungen, vielleicht sogar solche an der Basis, wer weiß. Auf alle Fälle lassen sich neue Aspekte gewinnen.«[27]

An dieser Stelle sei uns eine weitere kurze Anmerkung erlaubt: Wir sind uns bewusst, dass unsere Betonung der Ruach im Rahmen einer transformativen Homiletik auf gewisse bibelhermeneutische Skepsis stoßen mag. Unsere feministisch-pneumatologisch grundierte Homiletik zielt an dieser Stelle aber nicht auf eine bestimmte Auslegung biblischer Texte. Sie steht auch nicht in der Tradition der Verbalinspiration der lutherischen Orthodoxie.[28] Vielmehr möchten wir damit auf das vergessene Potenzial hinweisen, das in einem solchen Ansatz verborgen ist. Darauf hat jüngst auch der protestantische Theologe Ingolf Dalferth hingewiesen: »Die protestantische Theologie der Neuzeit verlor [...] das Thema ihrer reformatorischen Anfänge aus den Augen: Gottes wirksame Gegenwart im Leben seiner Schöpfung. [...] sie ist unfähig, sich produktiv mit den Spuren des Wirkens des Geistes im Leben der Menschen in der Gegenwart auseinanderzusetzen. [...] sie [muss] sich von Grund auf reformieren und wieder lernen, von Gott – und damit auch von Gottes Wort, Gottes Geist und Gottes Wirken [...] zu sprechen.«[29]

Dieser Anspruch »sich von Grund auf [zu] reformieren und wieder [zu] lernen von Gott zu sprechen« leitet eine transformative Homiletik. Ihr »sich von Grund auf reformieren« muss dabei Stimmen vom Rande hören und hörbar machen: äußerliche und innerlich-seelische. Denn wer den Anspruch hat, ein sich selbst übersteigendes System zu transformieren, darf dabei nicht von sich selbst absehen. Der Wandel beginnt bei sich selbst. Täglich.

- Sprechen Sie von Gottes Geist, dieser wirkenden Kraft, in Ihrem Leben? Wie sprechen Sie von ihr?
- Sind diese Erfahrungen ein Thema in Ihrem Leben, mit Freund:innen oder allenfalls in der Kirchgemeinde?
- Könnte diese Wirkkraft im Alltag, in Gemeinde, im Leben mehr thematisiert werden und falls ja, wie?
- Welche Stimmen kommen in der Kirche nicht zu Wort?
- Welche Stimmen werden aus ihrer Predigtpraxis ausgeblendet?
- Welche Stimmen in Ihnen selbst oder um Sie herum haben Sie aktiv unterdrückt und verdrängt und wissen eigentlich darum? Wer in Ihrem Umfeld könnte darunter leiden, dass Sie diese Stimme(n) nicht zu Wort kommen lassen?
- An wen haben Sie eigentlich Erwartungen, die betreffende Person weiß aber gar nichts davon?
- Welche (auch homiletischen) Träume haben Sie begraben, aber haben sich noch gar nie Zeit genommen für ein bewusstes Eingestehen der Hoffnung?

1 KANT, Immanuel: *Träume eines Geistersehers, erläutert durch Träume der Metaphysik. Textkritisch herausgegeben und mit Beilagen versehen*, hrsg. v. Rudolf MALTER, Stuttgart 1976, Drittes Hauptstück.

2 Vgl. SCHÜNGEL-STRAUMANN, Helen: »*Zur Dynamik der biblischen rûah – Vorstellung*«, in: MOLTMANN-WENDEL, Elisabeth (Hrsg.): *Die Weiblichkeit des Heiligen Geistes. Studien zur Feministischen Theologie*, Gütersloh, S. 17–37, hier S. 20.

3 Vgl. TENGSTRÖM, Sven: »*Art.* רוּחַ«, *Theologisches Wörterbuch zum Alten Testament*, Bd. VII, Stuttgart 1993, S. 385–425, hier S. 389.

4 ALBERTZ, Rainer und Claus WESTERMANN: »*Art. rûah – Geist*«, S. 726.

5 Vgl. GESENIUS, Wilhelm: *Wilhelm Gesenius' Hebräisches und aramäisches Handwörterbuch über das Alte Testament*, Unveränderter Neudr. der 1915 erschienenen 17. Aufl., Berlin: Springer 1962 (Hebräisches und aramäisches Handwörterbuch über das Alte Testament), S. 748–749; vgl. WOLFF, Hans Walter: *Anthropologie des Alten Testamentes*, 6. Aufl., Gütersloh: Chr. Kaiser / Gütersloher Verlagshaus 1994, S. 57–59.

6 Vgl. GERBER, Christine: »›*Das Pneuma weht, wo es will.*‹ *Neutestamentliche Hilfen zum Wiederfinden der Freiheit des Pneuma*«, in: MOLTMANN-WENDEL, Elisabeth (Hrsg.): *Die Weiblichkeit des Heiligen Geistes. Studien zur Feministischen Theologie*, Gütersloh 1995, S. 38–56.

7 Vgl. Gerber, Christine: »›*Das Pneuma weht, wo es will.*‹ *Neutestamentliche Hilfen zum Wiederfinden der Freiheit des Pneuma*«, S. 38–56.

8 Schüngel-Straumann: »*Zur Dynamik der biblischen rûah – Vorstellung*«, S. 28.

9 Vgl. z. B. Moltmann-Wendel, Elisabeth: *Die Weiblichkeit des Heiligen Geistes. Studien zur Feministischen Theologie*, Gütersloh.

10 Vgl. Chung, Hyun Kyung: »›*Komm, Heiliger Geist – erneuere die Schöpfung*‹, *Vortrag auf der 7. Vollversammlung des Ökumenischen Rats der Kirchen in Canberra, 1991*«, in: Chung, Hyun Kyung (Hrsg.): *Schamanin im Bauch – Christin im Kopf. Frauen Asiens im Aufbruch*, Stuttgart 1992, S. 17–30.

11 Schroer, Silvia: »*Der Geist, die Weisheit und die Taube. Feministisch-kritische Exegese eines neutestamentlichen Symbols auf dem Hintergrund seiner altorientalischen und hellenistisch-frühjüdischen Traditionsgeschichten*«, in: *Freiburger Zeitschrift für Philosophie und Theologie 22* (1986), S. 197–225, hier S. 224.

12 So etwa erfolgt schon in den 90er-Jahren von Hilberath, Bernd Jochen: »*Zur Personalität des Heiligen Geistes*«, in: *TThQ 173* (1993), S. 98–112.

13 Vgl. Welker, Michael: *Gottes Geist. Theologie des Heiligen Geistes*, Neukirchen-Vluyn 1992, S. 224–241.

14 Vgl. Pohl-Patalong/Gessler/Kosch: »*Noch keine Kirche der Armen*«.

15 Rosa, Hartmut: *Resonanz: eine Soziologie der Weltbeziehung*, 7. Aufl., Berlin 2017.

16 Rosa, Hartmut: »*Sich genügend Zeit lassen*«, in: *Deutschlandfunk Kultur* (02.01.2016), https://www.deutschlandfunkkultur.de/soziologe-hartmut-rosa-sich-genuegend-zeit-lassen-100.html (abgerufen am 29.09.2022).

17 Ebd.

18 Iris Buchheim, Bayerischer Rundfunk: »›*Mehr Resonanz bitte!*‹: *Hartmut Rosa und seine preisgekrönte Theorie vom guten Leben*« (2016), https://www.br.de/radio/bayern2/sendungen/kulturjournal/hartmut-rosa-resonanz-100.html (abgerufen am 29.09.2022).

19 Pohl-Patalong/Gessler/Kosch: »*Noch keine Kirche der Armen*«.

20 Bohren, Rudolf: *Predigtlehre*, 3. Aufl., München: C. Kaiser 1974 (Einführung in die evangelische Theologie Bd. 4), S. 66.

21 Kim-Cragg: *Postcolonial Preaching*, S. 10.

22 Wolff: *Anthropologie des Alten Testamentes*, S. 67.

23 Bohren: *Predigtlehre*, S. 81.

24 *Zürcher Bibel*, Zürich: TVZ Theologischer Verlag Zürich 2008. Vgl. u. a. auch: Jes 11,1-5: 1 Und aus dem Baumstumpf Isais wird ein Schössling hervorgehen, und ein Spross aus seinen Wurzeln wird Frucht tragen. 2 Und auf ihm wird der Geist des HERRN ruhen, der Geist der Weisheit und der Einsicht, der Geist des Rates und der Kraft, der Geist des Wissens und der Furcht des HERRN. 3 Und er wird die Furcht des HERRN atmen, und er wird nicht richten nach dem, was seine Augen sehen, und nicht entscheiden nach dem, was seine Ohren hören: 4 Den Machtlosen wird er Recht verschaffen in Gerechtigkeit, und für die Elenden im Land wird er einstehen in Geradheit. Und mit dem Knüppel seines Mundes wird er das Land schlagen und mit dem Hauch seiner Lippen den Frevler töten. 5 Und Gerechtigkeit wird der Schurz an seinen Hüften sein und Treue der Gurt um seine Lenden.

25 Vgl. KESSLER, Rainer: *Micha*, Freiburg: Herder 1999 (Herders Theologischer Kommentar zum Alten Testament), S. 144–160.
26 BOHREN: *Predigtlehre*, S. 87.
27 Ebd., S. 73.
28 Zum Verhältnis von Geist und Buchstabe in der Homiletik vgl. DEEG, Alexander: *»Geist und Buchstabe: homiletisch-hermeneutische Überlegungen zu einer schwierigen Beziehung«, Bibelwort und Kanzelsprache. Homiletik und Hermeneutik im Dialog*, Leipzig: Evangelische Verlagsanstalt 2010.
29 DALFERTH, Ingolf U.: *Wirkendes Wort. Bibel, Schrift und Evangelium im Leben der Kirche und im Denken der Theologie*, Leipzig: Evangelische Verlagsanstalt 2018, S. 21–23.

17 Transformative Homiletik

Die Intention einer transformativen Homiletik schließt an die Transformationsforschung und gleichzeitig und gleichermaßen an feministisch-pneumatologische Überlegungen an.

Sie will manche religiös-institutionelle und gesellschaftliche Strukturen proaktiv neu prägen. Sie muss dies übrigens auch reaktiv angesichts aktueller (Des-)Interesse-Dynamiken an Predigten in der westlichen Welt. Theologisch will sie die Ruach erfahrbar machen, welche die Welt neu schafft, also schöpferisch begeistert. »Nicht mehr und nicht weniger ist von der Predigt zu erwarten als das, dass sie den Geist schenkt, der zugleich ein Geist der Freiheit ist.«[1]

Eine transformative Homiletik trägt manche konstituierte Infrastruktur, Themenfelder, Rollenbilder und Machtdynamiken nicht (unbewusst) weiter, sondern erstellt auch entscheidende Säulen neu.

Der Wandel von Systemen, seien sie nun gesamtreligiöse, theologische oder eben die Homiletik betreffend, kann nun zwar durch einen bewussten Transformationsakt ausgelöst werden. Er ist aber immer auch unverfügbar und erschöpft sich nicht in einem einzigen wesentlichen Transformationsakt. Denn jede Handlung ist stets geprägt von Interdependenzen, wird immer ergänzt von Änderungen und Anpassungen in den weiteren (in-)formellen Institutionen, im kulturellen System, in den persönlichen Mentalitäten. Aus diesem Grund muss jeder transformative Ansatz das System, das er angeht, wiederum in dessen größerem Kontext betrachten.

Unumgänglich gehört zu transformativen Forschungs- und Handlungszielen also der systemische Blick. Im Folgenden verorten wir deshalb das homiletische Geschehen in seinem System mit jenen Aspekten, die das religiöse Kommunizieren / das Predigtgeschehen stets mitprägen.

17.1 Transformativ-(m)achtsame Homiletik – ein Modell

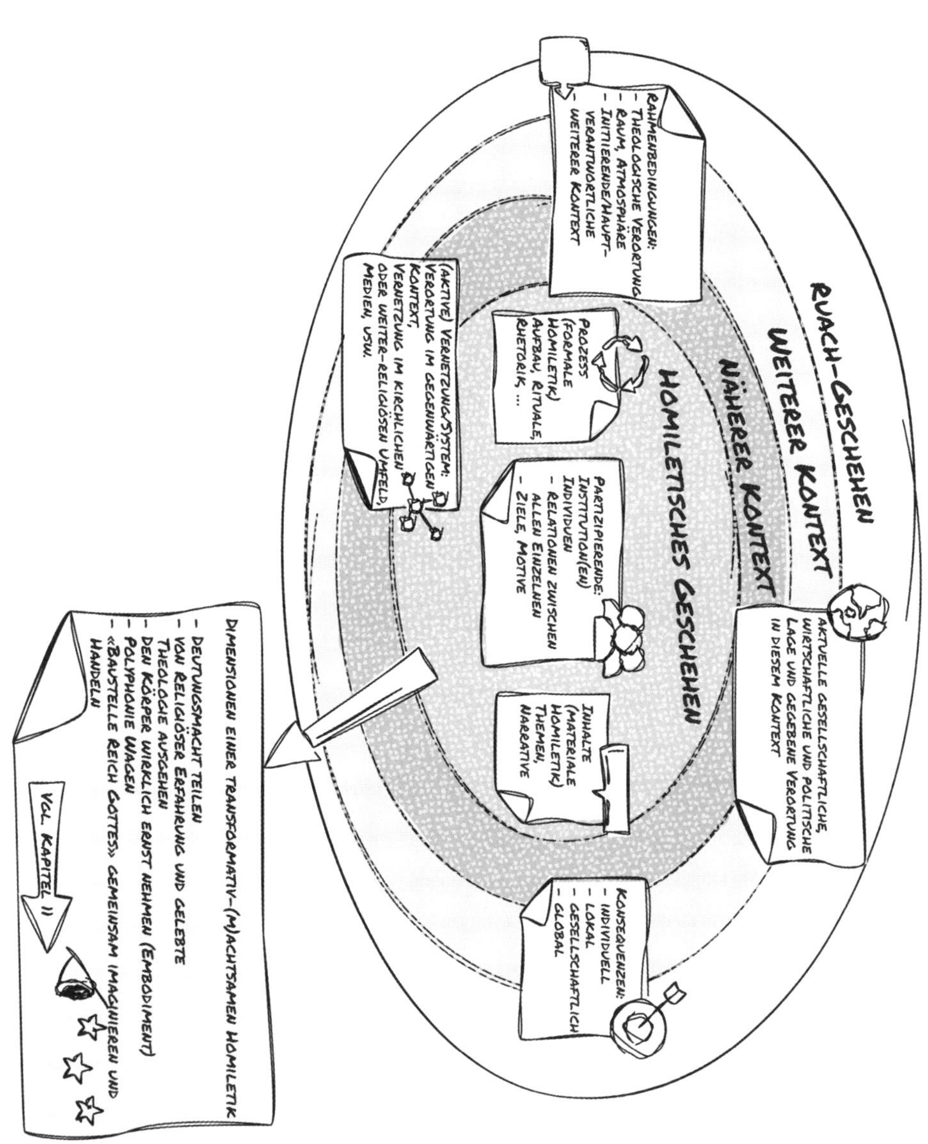

Die hier zu Papier gebrachte visuelle Darstellung des Systems »homiletisches Geschehen« ist nicht erschöpfend, sondern nennt die für unsere Thematik der transformativ-(m)achtsamen Homiletik in unseren Augen relevanten Faktoren, auf die ein homiletisches Geschehen Einfluss nehmen kann und von denen es wiederum selbst beeinflusst wird. Sie sind im Realkontext nicht strikt voneinander trennbar, sondern fließen ineinander über und beeinflussen sich wechselseitig. In ihnen spielen nun Relationen, Abgrenzungs-, Autoritäts-, Verantwortungs- oder eben Machtdynamiken in unterschiedlicher Weise eine Rolle. Was wir hier *Dimensionen* einer transformativen Homiletik nennen, folgern wir aus den bisherigen Ausführungen zu den neueren Machtdiskursen, der postkolonialen Homiletik und der Ruach. Diese Dimensionen, inklusive praktischer Beispiele, werden in Kapitel 18 konkretisiert.

Im Folgenden erläutern wir aber zunächst die einzelnen Einflussfaktoren des Systems »homiletisches Geschehen«. Dabei haben wir in dieser Visualisierung Ruach nicht konkret verortet – dies würde dem Unverfügbaren der Ruach widersprechen. Wir verstehen die Ruach aber als das Ganze prägend: Ruach-Geschehen als relationaler Prozess, in den die Partizipierenden hineingenommen werden.

Zum homiletischen Geschehen:

Die Grundlegung der Homiletik in der Ruach haben wir bereits geschildert. Wesentlich ist deshalb hierbei nur noch zu betonen, dass transformativ-homiletisches Geschehen mehr ist, als der Mensch aus bloßem Willen heraus erreichen kann. Des Weiteren lassen sich dabei drei Aspekte/Ebenen unterscheiden:

- **Inhalte (materiale Homiletik):** Welche Themen werden laut im Rahmen religiöser Kommunikation und Predigt? Welche Art von Machtverfestigung, Machtkritik oder Ohnmacht wird darin explizit und implizit laut? Welche Sprache, Begrifflichkeiten und Metaphern werden verwendet und wer oder was wird dadurch ermächtigt, wer entmächtigt? Welche Narrative werden (un-)hinterfragt übernommen, welche neuen werden gebildet? Schließlich auch: Wer hat die sprachliche und konzeptuelle (Deutungs-)Macht? Macht liegt schon in den Begriffen selbst, weil sie eine Pfadabhängigkeit haben, kulturell geprägt sind und weil wir damit einiges beleuchten und anderes ausblenden.

- **Prozess (formale Homiletik):** Wie wird der Aufbau des homiletischen Prozesses gestaltet (dialogisch, partizipativ, monologisch, …)? Werden Ohnmacht, Schwächen, Unwissenheit, ungerechte Strukturen und Hilfebedarf gezeigt, erhalten sie Raum?
- **Partizipierende:** In welcher Art werden die Partizipierenden angesprochen, miteinbezogen und werden Teil vor, während, nach dem Predigtgeschehen? Wer wirkt mit und welche Machtverhältnisse und Asymmetrien zeigen sich hier, etwa im Blick auf Gender, Frauen, Rasse, Männer, Altersstufen, Kultur, usw.? Welche Kultur der Begegnung »herrscht« mit und zwischen den Partizipierenden – etwa durch Titel, Du-/Sie-Kultur usw.?

Zum näheren Kontext des Predigtgeschehens:

- **Rahmenbedingungen:** In welchem Raum, von welchem Ort aus, vielleicht auf welcher Art Kanzel, in welcher Atmosphäre findet die religiöse Kommunikation statt? Wer sind die Initiierenden, woher stammen die Ressourcen und Infrastruktur? Für den digitalen Raum stellen sich hier dann Fragen nach Verwendung von Technologien, Plattformen, Quoten und mehr. Was lässt sich durch offene Agenden o. a. in positiver oder negativer Weise ändern?
- **Konsequenzen:** Welche näheren Konsequenzen folgen (potenziell) aus dem religiösen Kommunikationsgeschehen – für Individuen, für lokale Verhältnisse, für die globale Gesellschaft?

Zum weiteren Kontext des Predigtgeschehens:

- **Aktuelle gesellschaftliche, wirtschaftliche, politische Lage:** In welcher gegebenen politischen, wirtschaftlichen, sozialen Situation findet das Predigtgeschehen statt? Welche Machtverhältnisse spielen darin eine Rolle für die Einflussfaktoren des näheren Kontexts?
- **(Aktive) Vernetzung/System:** In welcher Weise, mit wem, mit welchen Motiven und Zielen ist der Raum, sind die Verantwortlichen des Predigtgeschehens aktiv, bewusst, vernetzt? Wie wirkt dieses Netzwerk/System auf die Einflussfaktoren des näheren Kontexts ein?

Es wäre ein uferloses Unterfangen, alle *aktuellen* Homiletik-Ansätze oder nur schon einzelne Predigten auf diese verschiedenen Einflussfaktoren und jeweiligen Machtdynamiken hin zu befragen. Dort, wo dies für Sie von Erkenntnisinteresse ist: Befragen Sie einfach einmal für sich einzelne, erlebte Predigten und religiöse Kommunikationsgeschehen auf diese Einflussfaktoren hin. Dass dabei zwangsläufig viele kritische Punkte aufleuchten, liegt in der Natur solcher Beobachtung. Der kritische Blick darf also nicht den Anspruch erheben, einen Gesamtblick auf ein Predigtgeschehen zu werfen und diese allein daraufhin zu be- und verurteilen. Er soll aber Ihren eigenen Blick schärfen für unhinterfragte Machtdynamiken, die stets mitspielen und ohne deren wachsame Beachtung keine entsprechende Neuausrichtung erfolgen kann.

Unter anderem folgende Fragen können dabei als Orientierung dienen:

- Wo wird es mir unwohl und wo werde ich wütend?
- Wo stimme ich zu und warum?
- Wo ist die »Quelle«, die Verortung der in Anspruch genommenen Macht?
- In welchem (Kommunikations-)»Modus« äußert sich der Machtanspruch?
- Auf welchen Ebenen kommt ein Machtanspruch zum Tragen?
- Mit welcher Blickrichtung, mit welcher (Transformations-)Intention zeigt sich der Machtanspruch?

17.2 Transformative Handlungen

Was sind nun transformative Handlungen in einem solchen System?

Strukturell betrachtet können Handlungen erst dann transformativ werden, wenn sie nachhaltig sind. Eine Bedingung dafür ist, dass sie eben system-bewusst (oder auch »zufälligerweise« das ganze System prägend) sind, wenn die Handlungen also nicht monoperspektivisch ausgeführt werden. Systemisch denken und handeln heißt konkret: verschiedene beteiligte Personen und Ebenen im Blick zu haben (Individuen, Kirchgemeinde, (globale) Gesellschaft). Es bedeutet nicht nur linear, sondern vernetzt zu denken und zu überlegen, welche Handlung an welchem Ort für welche Person welche Konsequenzen hat oder haben kann. Dies ist die unbedingte Forderung einer jeglichen transformativ-orientierten Tätigkeit und dazu ist eben das systemische Wissen eine Voraussetzung.

Inhaltlich betrachtet sind Handlungen dann transformativ, wenn sie – und dies ist die normative Setzung dieses Buches – achtsam sind im Blick auf historische, geschlechter- und kulturbezogene, kulturelle, soziale und kommunikationsbezogene Machtdynamiken. Dies kann sich nun im Konkreten sehr unterschiedlich zeigen. Der Frage der *konkreten* inhaltlichen Dimensionen einer transformativen Homiletik gehen wir nun im Folgenden nach: Wir fokussieren uns dabei auf verschiedene Dimensionen, die bisher angesprochen worden sind, also auf Aspekte feministisch-postkolonial inspirierten, pneumatologisch fundierten, transformativen religiösen Kommunizierens. Dies sind:

- (Deutungs-)Macht teilen
- Von religiösem Erfahren und gelebter Theologie ausgehen
- Den Körper wirklich ernstnehmen (Embodiment)
- Polyphonie wagen
- »Baustelle Reich Gottes« gemeinsam imaginieren und handeln

Im Kapitel 18 werden wir diesen einzelnen Dimensionen einer transformativ-machtsensiblen Homiletik nachgehen, diese Dimensionen ausformulieren und dabei *good-practice* Beispiele benennen.

1 Bohren: *Predigtlehre*, S. 87.

18 Dimensionen einer transformativ-(m)achtsamen Homiletik

Die vorhergehenden Kapitel haben Sie, unsere Leser:innen, mitgenommen auf unseren Suchprozess. Sie haben vielleicht auch ein Gefühl dafür geben können, inwiefern sich das »klassische Kanzelbewusstsein« an vielen Orten bereits weiterentwickelt hat und sich auch weiterentwickeln kann. Vielleicht haben Sie auch eine Vorstellung davon bekommen, wie es ist – oder sein könnte –, in einer solchen Weise zu arbeiten.

In diesem zweitletzten Kapitel des Buches werden wir unter anderem folgende Fragen untersuchen:

- Wo zeigen sich Dimensionen einer transformativ-(m)achtsamen Homiletik und wie kann dies konkret aussehen?
- Wie können wir bereits bestehende, herkömmliche homiletische Systeme entsprechend transformieren? Welche Handlungsempfehlungen lassen sich aus den bisherigen Kapiteln und aus den nun folgenden Beispielen ableiten?

Die Überschrift des Teil III besagt es bereits: Wir fragen nach Dimensionen transformativer Homiletik jenseits der Kanzel. Dafür schreiten wir nun durch verschiedene Beispiele: manche näher, manche ferner der Kanzel.

Klassischerweise wird der Veranderungsprozess hin zu dialogischen Predigtformaten metaphorisch als *Prozess von der Kanzel zum runden Tisch* beschrieben. Der runde Tisch steht dann häufig als Metapher für gemeinsame, partizipative, manchmal auch interreligiöse Settings. Wir schreiten in diesem Kapitel an solchen runden Tischen vorbei. Aber wir bleiben nicht am runden Tisch sitzen. Denn: Transformative Homiletik kann nicht sitzen bleiben, sie hat gewissermaßen auch nicht immer einen runden Tisch zur Verfügung – manchmal sogar weder Kanzel noch Tisch. Die verschiedenen Beispiele transformativer Homiletik, die wir im Folgenden nennen, zeigen, dass hier gebaut wird:

- dass Dinge umgestaltet und Gewohnheiten gebrochen werden,
- dass gewerkt wird,

- fröhlich experimentierend,
- mutig wagend, offen (sich) hinterfragend.
- Mit lauten Zurufen oder sanften Umbautechniken,
- planend oder auch mal ins Blaue hinein sich fallen lassend,
- auf unsicherem Boden stehend oder permanent neue Gerüste bauend.
- Transformative Homiletik: Das ist kein abgeschlossenes System. Es ist vielmehr ein Prozess, und zwar *von der Kanzel zur Baustelle.*

Die nun folgenden Dimensionen und Beispiele einer transformativ-(m)achtsamen Homiletik sind als Teil einer »Homiletik-Baustelle« zu sehen.

Sie sind eine momentane Bestandsaufnahme, exemplarisch, nicht abgeschlossen, ohne Anspruch auf Vollständigkeit in ihrer Darstellung. Die Beispiele sind auch keine *BEST-practice,* sie sind *GOOD-practice* Beispiele. Damit deuten wir an, dass Beispiele nicht als Rezepte gelesen werden dürfen und dass sie je nach Kontext mehr oder weniger passend sein können.

Wir schildern nicht primär Beispiele, die die Kanzel *physisch* verschieben. Davon gibt es zahlreiche, so etwa das Projekt »Bergkanzel«, welches die Kanzel buchstäblich (wieder) auf Reisen geschickt hat (www.bergkanzel.ch). Deutlich sollte geworden sein: Wir meinen das »Jenseits der Kanzel« zwar auch in physischer Weise, aber ebenso metaphorisch, also noch viel programmatischer.

Die im Folgenden präsentierten Beispiele werden außerdem nochmals in den einen oder anderen kurzen, theoretischen Diskurs zur jeweiligen Dimension eingebettet – wobei dies dann als Ergänzung zu den Ausführungen der bisherigen Kapitel zu lesen ist. Es hat mit unserem Verständnis von geteilter, fluider und (m)achtsamer Deutungsmacht zu tun, dass wir Theorie und Praxisbeispiele bewusst nicht eindeutig getrennt präsentieren – denn diese folgenden Beispiele sollen nicht nur inhaltlich, sondern auch in der Art der Präsentation zeigen, wie eng verknüpft und wechselseitig inspirierend Praxis und Theorie sind.[1]

Wir enden jedes Teilkapitel mit konkreten Handlungsempfehlungen. Und wir beginnen gleich an dieser Stelle mit Handlungsempfehlungen allgemeiner Art: Handlungsempfehlungen, die sich aus den bisherigen

Kapiteln allgemein herauskristallisieren lassen für eine transformativ-(m)achtsame Homiletik.

Mit einer Taschenmesser-Sketchnote signalisieren wir jeweils diese Handlungsempfehlungen. Weshalb ein Taschenmesser? Nun, wir verleugnen unseren Schweizer Hintergrund nicht. Das Taschenmesser soll aber natürlich nicht für einen touristischen Aspekt stehen, sondern: Hier werden wir konkret, hier finden Sie eine Vielzahl von Tipps, Tricks und Tools, mit denen man homiletisch arbeiten, im übertragenen (oder konkreten) Sinne eine Weinflasche öffnen, eine Wunde behandeln, Zähne reinigen und ein Brett zersägen kann. Ein Sammelsurium von Werkzeugen auf kleinem Raum.

Handlungsempfehlungen

→ **Die Kanzel mal sein lassen.** Unser Ego liebt die Kanzel. Sie erhöht uns selbst und das, was wir sagen. Umso mehr ist dies Grund dafür, die Kanzel und Kanzelrede einmal zu stoppen. Zu bedenken: Was ergibt sich denn »von sich aus«, als Bedürfnis von der Gemeinde, wenn man aktiv offene Räume gestaltet?

→ **Denken Sie Neues nicht als Zusatz.** Denken Sie Neues auch einmal als Abbrechen oder Minimieren »alter Zöpfe«, also alter Formate.

→ **Wagen Sie, Ihre Verpflichtungen**, Ihre von der Kirchenvorsteherschaft erwarteten Arbeitsstunden und Dienstleistungen neu zu füllen. In Kirchgemeinden und in homiletischen Systemen wird nach wie vor (zu) oft gedacht, dass die Sonntagspredigt die allerwichtigste Verpflichtung der Pfarrperson sei. Wir kennen nur wenige Pfarrer:innen, die es wagen und sich erlauben würden, eine Predigt (geschweige denn eine Oster-, Weihnachts-, Karfreitagspredigt!) abzusagen bzw. umzugestalten. Vielleicht ist Ihr Kontext einer, in dem dies wirklich nicht möglich ist. Aber hinterfragen Sie: Wer will was, wann? Und spüren Sie einmal frei hinein: Was wäre, wenn Sie versuchen würden, die Predigt in einem vielleicht ganz anderen Setting stattfinden zu lassen? Was hält Sie zurück? Wer könnte Sie dabei unterstützen?

→ **Geben Sie die Kontrolle ab.** Was wäre, wenn Sie nicht länger versuchen, in einen klassischen homiletischen Kontext hinein möglichst viele Menschen zu holen? Was wäre, wenn Sie stattdessen mit dem, was gerade ist: mit der vorhandenen Energie, mit den vorhandenen Menschen, mit den vorhandenen Fragen, mit den vorhandenen Problemen, mit den vorhandenen Unsicherheiten (m)achtsam-polyphon umzugehen? Das Ergebnis können Sie nicht gänzlich planen, aber die etwaige Kontrollfreude diesbezüglich aufgeben.

18.1 Dimension: (Deutungs-)Macht teilen

Im Teil I dieses Buchs haben wir rezeptionsästhetische Ansätze geschildert. Bereits in diesen Ansätzen liegt eine gewisse Verschiebung in der Konzeption der Deutungsmacht von der predigenden Person hin zu den Hörenden vor. In Anlehnung an literaturwissenschaftliche Ansätze, wie jenem von Umberto Eco, werden Predigten als *offene Kunstwerke* verstanden, die der eigenen, individuellen Interpretation der Hörenden bedürfen und diesen so eine Deutungsmacht zusprechen.[2]

Feminismus und Postkolonialismus bemühen sich nun darum, diese Pluralisierung der Deutungsmacht dezidiert zum Thema zu machen, zu konkretisieren, weiter auszubauen und partizipativ zu gestalten – erinnert sei hier nochmals an Arendt und Butler (Teil II). Dabei kritisieren sie, wie u. a. Courtney Goto bemerkt, dass die Deutungsmacht in homiletischen Diskursen nach wie vor primär – häufig unbewusst – durch sogenannte weiße männliche Normativität geprägt ist. In der Konsequenz werden andere Zugänge als eben diese stets als spezifische Perspektiven verstanden: als Ausnahme im Feld der als »normal« betrachteten weißen männlichen »Standard-Perspektive«[3]. Feministische und postkoloniale Ansätze betonen hingegen, dass *jede* Form der theologischen Wissensgenerierung perspektivisch ist und mit einer induktiv-kontextuell hermeneutischen Brille gelesen werden muss.[4]

Beeinflusst von diesen Theorien wird in der internationalen Praktischen Theologie die Überschneidung von Macht und Wissen als ein zentrales Element vermehrt diskutiert.[5] Dem praktischen Wissen (Erfahrungswissen) wird dabei eine zentrale Bedeutung zugeschrieben. Bonnie Miller-McLemore formuliert dies, wie folgt: »[P]ractical theology functions as one of the most important contemporary movements exploring alternative ways of religious knowing … knowing that is more than information.«[6]

Spätestens seit 2014 bildet sich dies in den homiletischen Diskursen ab. So wurden etwa im Jahr 2015 im Journal *Homiletic* die Implikationen postkolonialer Theorien für das Predigen diskutiert.[7] In der Folge wird z. B. *Erfahrung* als wichtiger Gegenstand theologischen Wissens angesehen, was sich im letzten Jahrzehnt vermehrt auf die Homiletik auswirkt.[8] Angestrebt wird dabei besonders die Dimension einer geteilten, multivokalen (Deutungs-)Macht: »It may also open up a practice of preaching that invites multivocal dialogues, polydoxy, and heteroglossia where the space of the pulpit is reimagined, and liturgy becomes truly the work of diverse people.«[9] Erfahrungswissen und theologisches Wissen fließen gleichermaßen und ebenbürtig in das Homiletikverständnis ein und führen notwendigerweise zu partizipativen Ansätzen mit geteilter theologischer Deutungsmacht.

Ein Experiment eines solchen Ansatzes aus einer Kirchgemeinde beschreiben wir nun hier. In der evangelisch-reformierten Kirchgemeinde Straubenzell im Kanton St. Gallen in der Schweiz wurde während eines Monats nicht gepredigt. »Hier wird nicht gepredigt im Mai« oder »Predigt-frei im Mai« war der Slogan.[10] Das Pfarrteam der Kirchgemeinde hatte sich selbst für einen Monat ein Predigtverbot erteilt. Weshalb? Gewiss nicht aus Faulheit. Auch nicht aufgrund rückläufiger Gottesdienst-Teilnehmer:innen. Auslöser dieser Aktion war vielmehr ein Artikel aus dem »bref« Magazin[11], der drei Pfarrpersonen aus Straubenzell nachdenklich stimmte: »Herr Pfarrer, lassen Sie Ihre Predigt stecken!« Die Autorin dieses Artikels, die Pfarrerin Hanna Jacobs, rief darin das Ende der Predigt aus und hinterfragte deren Funktion. In der Konsequenz folgerte sie, dass es Zeit sei, die Predigt von der Kanzel zu stoßen und argumentierte, dass die Predigt zwar hilfreich und neu gewesen sei, als sich die Menschen noch nicht informieren und weder lesen noch schreiben konnten. Deshalb sei der Gottesdienst auch das Zentrum des gemeindlichen Lebens gewesen. Diese Funktion aber sei inzwischen passé, denn auf eine monologische Predigt könne niemand reagieren. Heute könne man sich auf unzählige Arten bilden und informieren. Gefragt seien nun Diskurse, nicht Belehrung. Die Debatte, die Hanna Jacobs mit ihrem Artikel angestoßen hatte, wurde auch in den Sozialen Medien weitergeführt unter dem Hashtag #abgekanzelt[12].

Das Straubenzeller Pfarrteam fühlte sich beim Lesen des Artikels angesprochen und zum Nachdenken angeregt: Gemäß eigener Aussage predigen sie gern, fragen sich aber regelmäßig, ob die spirituellen Interessen der Zuhörenden bei der Predigt nicht auf der Strecke bleiben.[13] Deshalb formulierte das Pfarrteam nach einigen Diskussionen gegenüber dem lokalen Kirchenblatt »Kirchenbote«: »Es ist uns ein Anliegen, dass wir nicht in aller Selbstverständlichkeit weiterpredigen, sondern uns hinterfragen. Wir wollen eruieren, ob die klassische Rede von der Kanzel noch gewünscht sei. Deshalb wagen wir diesen Versuch.«[14] Zudem wollte das Pfarrteam ausprobieren, ob ein Gottesdienst auch ohne Predigt funktioniere. Im Endergebnis wurde im Mai in der Kirchgemeinde Straubenzell also keine Predigt gehalten. Die Verkündigung wurde in anderen Formen kreativ und partizipativ gestaltet und die Gottesdienstbesuchenden konnten wählen, ob sie lieber ein Lied einüben, an einer Meditation teilnehmen, gemeinsam »Bibel-Teilen«[15] oder beim »Küchengespräch« mit dabei sein wollten.

Die Kirchgemeinde Straubenzell hat mit dem predigtfreien Monat (durchaus medienwirksam) versucht, in einem eher monologischen Setting wie dem reformierten Gottesdienst diskursive und partizipative Räume zu eröffnen. Für die Schlussdiskussion nach dem predigtfreien Monat hatte das Pfarrteam die Theologin Hanna Jacobs eingeladen. Die meisten der versammelten Gemeindemitglieder waren sich einig: Das Experimentieren mit den predigtfreien Gottesdiensten sei begrüßenswert. Ein genereller Verzicht auf die Predigt kommt für die Gemeinde dennoch nicht infrage. Für die Straubenzeller Pfarrpersonen war das Experiment gelungen, deutlich war die große Resonanz und weiterführend die vielfältigen Gespräche, die in diesem Monat im Gottesdienst stattgefunden haben.[16]

Noch offen war und ist dabei für die Beteiligten – und für manchen theoretischen Diskurs ebenso –, wann ein Gespräch oder eine kirchliche Intervention, wie sie in der Kirchgemeinde Straubenzell stattgefunden haben, theologieproduktiv ist, welche Art Gespräch die theologische Sprachfähigkeit fördert, oder von welcher Gestalt von Theologie hier eigentlich gesprochen werden muss. Eindeutig war aber in Straubenzell zu erkennen, dass theologische Deutungsmacht geteilt wurde und die Leute damit positiv-konstruktiv umgegangen sind.

Wie wir im Teil II dieses Buches beschrieben haben, verstärkt die zunehmende Digitalisierung diese Tendenz, dass Deutungsmacht anders verteilt oder geteilt und Partizipation gefördert wird. Gerade im digitalen Raum kann man seit geraumer Zeit intensive theologische Diskurse und Debatten verfolgen, die wir in den Zusammenhang geteilter Deutungsmacht stellen. So lässt sich beispielsweise auf Twitter, Instagram und YouTube beobachten, dass viele Menschen in einer großen Selbstverständlichkeit digital theologieproduktiv sind: »There are new and emergent centers and sectors of authority, rooted in their ability to find audiences, to plausible invigorate or invite practice, and to direct attention.«[17] Diese Diskurse bleiben dann nicht Momentaufnahmen, sondern über sie bilden sich auch theologische und religiöse Netzwerke. Die Zugehörigkeit zu diesen Netzwerken wird über *partizipative Prozesse*, also über aktive Gesprächs- oder Ritualpartizipation, über biographische Identifikation, Bedürfnisse, Präferenz oder geteilte Werte definiert, nicht über den *Status einer formalen Mitgliedschaft*.[18] Der digitale Raum und hier spezifisch die Sozialen Medien eröffnen einen Resonanzraum, in dem die Deutung religiöser Erfahrungen, spiritueller Suchbewegungen, Fragen und Zweifel partizipativ und gemeinschaftlich entsteht. In digitalen Netzwerken wird ein hermeneutischer Rahmen geschaffen, der zum einen das theologische Verständnis der Partizipierenden prägt und gleichzeitig die individuelle und gemeinschaftliche Theologieproduktivität anregt. Den Individuen kommt die »dynamische Freiheit selbst gewählter Interpretationspraxis im Blick auf religiöse Inhalte, Symbolbedeutungen, Ritualpraxis und individuelle Wertpräferenzen zu«.[19] Die herkömmliche theologische Autorität, die Deutungsmacht von akademischer Theologie und ordiniertem Amt über den theologischen Lebensentwurf und die Meinungsbildung von Individuen, funktionieren in der Logik des Digitalen (noch) weniger als in Kirchgemeinden: »Truth is no longer dictated by authorities, but is networked by peers«.[20] Durch digitale Peergruppen und -netzwerke wird die Konstruktion von Theologie in den Sozialen Medien gezielt gefördert.[21] Religiöse und spirituelle Diskurse gehören zu den gängigen Themen und die Grenze zwischen Ordinierten und Nicht-Ordinierten ist durchlässig.[22] Dies führt dazu, dass die Theologieproduktivität angeregt und hermeneutische und liturgische Tätigkeit auch für Laien zur Selbstverständlichkeit wird. Gerade im Bereich des (religiösen) *meaning-making* eröffnen Soziale Medien einen kommunikativen und hermeneutischen Resonanzraum für die eigenen religiösen Erfahrungen.

Nun ist (auch für analoge Zusammenhänge) wichtig: Angesichts der gesellschaftlichen Veränderungen in einer Kultur der Digitalität[23] und der zu beobachtenden Theologieproduktivität in den Sozialen Medien muss davon ausgegangen werden, dass im digitalen Raum eröffnete Möglichkeiten auch die Bedürfnisse im analogen Raum prägen: Vermehrt suchen Personen partizipative Resonanzräume, in denen sie ihre alltäglichen Erfahrungen und den persönlich gelebten Glauben reflektieren können. Denn der lebensrelevante Sinn theologischer Rede erschließt sich erst dadurch, »dass Theologie getrieben, durchbuchstabiert und auf die entscheidenden Lebensfragen hin in ihrer möglichen Lebensrelevanz thematisch und in verschiedenen Alltagsmodi ›aktiviert‹ wird«[24]. Davon ausgehend erschließt sich, gerade in einer spätmodernen Zeit, in der persönliche Erfahrung individuelle normative Funktion bekommt,[25] die Alltags- und Lebensrelevanz theologischer Existenz weniger über gelehrte und vermittelte, vielmehr aber über erfahrene, gelebte und geteilte Kommunikationsprozesse des Evangeliums.[26]

Handlungsempfehlungen

- Räume schaffen und (Deutungs-)Macht teilen. Partizipative Ansätze haben Sie bestimmt schon eingesetzt, häufig oder hin und wieder. Schaffen Sie Räume oder nutzen Sie die schon bestehenden z. B. gottesdienstlichen, um gemeinsam zu theologisieren. Was, wenn ein Perikopentext nicht gepredigt, sondern im Gottesdienstraum diskutiert oder erlebt wird?[27]
- Leere Räume wagen. Denken Sie einmal das mutige Streichen eines Angebots an. Setzen Sie es zumindest probehalber einmal um. Betreten Sie Neuland und brüskieren Sie notfalls einige Mitarbeitende, indem Sie ein bisher unhinterfragtes Angebot gänzlich neu oder anders angehen.
- Digitale Räume nutzen. Wenn Sie sowieso auf den Sozialen Medien aktiv sind, nutzen Sie diese für Experimente. Beteiligen Sie sich an theologisch-partizipativen digitalen Formaten. Auch mit der Achtsamkeit dafür,

welche Art von Netzwerk, Verbundenheit, Partizipation sich hierüber ergibt. Und fordern Sie nicht, diese Verbundenheit zwingend in den analogen Kontext zu holen – Sie hat einen eigenen Wert auch als digitale.

18.2 Dimension: Von religiösen Erfahrungen und gelebter Theologie ausgehen

Die Bedeutung von (religiösen) Erfahrungen für Individuum und Gemeinschaft zog sich wie ein kleiner rote Faden durch das Buch. So ist es nicht verwunderlich, dass eine (m)achtsam-transformative Homiletik zwingend erfahrungsbezogen sein muss. Warum dies so ist und wie das aussehen kann, wird hier nun weiter ausgeführt.

Im Zuge der Individualisierung werden Glaubensüberzeugungen und Religiosität sowohl personalisiert (Gott wird personales Gegenüber) als auch von individuellen Erfahrungen abhängig gemacht.[28] Das Individuum ist selbst für die Beantwortung der großen Lebensfragen zuständig und somit auch dafür, seinem Leben Richtung zu geben und ihm Sinn zu verleihen.

Diese Erkenntnisse sind hoch relevant, um homiletische (und theologische) Transformationsprozesse zu reflektieren. Denn diese Prozesse finden nicht auf einer *tabula rasa* statt, sondern sind kontextgebunden, werden also durch die veränderten Lebensumstände beeinflusst. Gleichzeitig sind diese Prozesse insbesondere in einer spätmodernen Gesellschaft entscheidend an die persönliche Erfahrung und die Deutungsprozesse des im jeweiligen kulturellen System beheimateten Individuums gebunden.

Doch: Was ist der Kern transformierender religiöser Erfahrungen? Es ist, zumindest im christlichen Sinnsystem, die Erfahrung der *christlichen Hoffnungsperspektive,* die einen transformierenden Prozess im Dienst der Freiheit in Gang setzt.[29] Bei diesem Prozess geht es um das Relevantwerden der christlichen Hoffnungsperspektive oder, im Sinne Langes, um das »Relevantwerden der Christusverheißung für eine spezifische Situation«.[30] So ist es in erster Linie die Erfahrung dieser Hoffnungsperspektive, die »Menschen [hilft] im Umgang mit allem Lebensabträglichen und [sie] ermutigt, ihren Glauben so zu leben und zu erfahren, dass sie sich in ihrer Individualitat und Bezogenheit auf andere wahrnehmen und ihr Leben hoffnungsvoll und engagiert gestalten können.«[31]

Indem die Homiletik die alltäglichen religiösen Erfahrungen dieser Hoffnungsperspektive zum Ausgangspunkt ihrer Reflexion macht, wird sie im Schleiermacher'schen Sinn der bewussten Reflexion gegenwärtiger religiöser Praxis gerecht,[32] zugleich weist sie damit aber auch als Impulsgebende über diese hinaus: »Disciplinary expertise is always highly valued. But its ultimate aim lies beyond disciplinary concerns in the pursuit of an embodied Christian faith.«[33]

In der Schärfung ihres Gegenstandes als *Erfahrung der christlichen Hoffnungsperspektive* geht es in den praktisch-theologischen und homiletischen Reflexionen und Theoriebildungen um das Eigentliche christlicher Theologie: »Sache christlicher Theologie ist es, das spezifisch Christliche in Hinsicht auf die profane Welterfahrung so zur Sprache zu bringen, dass damit Grundelemente religiöser Erfahrung überhaupt angesprochen und zum Bewusstsein gebracht werden. Es gilt, eine Sprache wiederzugewinnen, durch die sich die natürliche, alltägliche Erfahrung von Welt als Natur und Geschichte zur fundamentalen Lebenserfahrung hin öffnet.«[34]

Die Erfahrung dieser Hoffnungsperspektive als Dimension transformativ-(m)achtsamen homiletischen Arbeitens ist gleichzeitig kontinuierliche, kontextuelle theologische Ausdrucks- und Sprachfindung, die auf der Sensibilität für narrativ-dialogische, partizipative und kontextuelle Erfahrungsräume beruht. Die Priorisierung kontextueller religiöser Erfahrungen bringt die Homiletik mitten ins Leben: »[T]heology is about the messy particularity of everyday lives examined with excruciating care and brought into conversation with the great doctrines of Christian tradition«[35] und führt zu den existenziellen, sinngebenden und freiheitlichen Hoffnungsperspektiven menschlichen Lebens. Diese sind dann wiederum die zentralen Objekte transformativer Homiletik.[36]

Doch so grundsätzlich neu ist dies nicht. Schon Martin Luther betonte dezidiert: »Sola autem experientia facit theologum«[37] (Nur die Erfahrung macht den:die Theolog:in). Für Luther war die Verknüpfung von theologischem Reflektieren und persönlichen Lebenserfahrungen und insbesondere Gnadenerfahrungen zentral. Ohne religiöse Erfahrung fehle der Theologie ihr Objekt des Theologisierens. Ohne Theologie bleibe die religiöse Erfahrung ohne Interpretation sich selbst überlassen bzw. ohne Gegenüber. Auch der systematische Theologe Paul Tillich wurde nicht müde, die Interdependenz von Theologie und Erfahrung hervorzuheben: »The sources of systematic theology can be sources only for one who participates in them, that is through experience.«[38] Zugespitzt lässt sich also sagen: Eine erfahrungsleere Theologie verdient die Bezeichnung Theologie nicht. Und um dies auf die Homiletik hinzudenken: Eine erfahrungsleere Homiletik verfehlt im Kern ihre Aufgabe.

Dennoch geriet diese Art des Theologisierens immer wieder in Vergessenheit oder wurde nur am Rande in akademische und kirchliche Diskurse aufgenommen. So existiert im deutschsprachigen Raum für diese alltägliche, erfahrene, produzierte und gelebte Theologie keine feste Bezeichnung und Definition.[39] Im Gegensatz dazu wird im angelsächsischen Raum der Alltagstheologie von Menschen schon länger mehr Beachtung geschenkt. Als Vorreiter des Diskurses gilt Jeff Astley, der die Wortkomposition ordinary theology geschaffen hat.[40]

Auch in den letzten 50 Jahren wurde im deutschsprachigen Kontext dieser Art der Theologie wenig Aufmerksamkeit geschenkt (außer in der Religionspädagogik, und hier besonders im Diskurs um Kinder- und Jugendtheologie). Nun, z. B. angesichts der Digitalisierung, rückt die erfahrungsbasierte gelebte Theologie von nicht akademisch-theologisch ausgebildeten Personen wieder vermehrt ins Blickfeld. In der akademischen Theologie, aber auch in der Homiletik.

In dieser alltäglichen, gelebten Theologie kommt die eigentliche Glaubenskonstruktion des Menschen zum Vorschein. Anders als bei den Begriffen gelebte Religion oder gelebter Glaube, die meist vorreflexive Momente beschreiben,[41] bezeichnet *gelebte Theologie* eine erfahrene und reflektierte Glaubenspraxis, die ein kritisches Moment des Zweifelns und Fragens beinhaltet: »Gelebte Theologie gründet in der Erfahrungswelt und Lebensrealität der Menschen. Sie wird dann zur Theologie, wenn sie reflektierten Ausdruck findet und auf öffentliche Resonanz stößt«.[42]

Gelebte Theologie und gemeinsames Theologisieren entstehen an unterschiedlichsten Orten, manifestieren sich digital und analog und unabhängig von Denominationen. Es ist ein Praxisphänomen. Der Begriff steht für die zumeist persönlich (aus Erfahrungen) konstruierten, im Alltag integrierten, gewöhnlichen christlichen Theologien des individualisierten Menschen: »ordinary theology in some sense ›works‹ for those who own it. It fits their life experience and gives meaning to, and expresses the meaning they find within their own lives.«[43] Gelebte Theologie zeigt sich in der konkreten Lebenswelt von Individuen. Sie entsteht im Privaten und äußert sich in persönlichen Lebensentscheiden. Sie ist dadurch ein Phänomen, das weit über den spezifischen kirchlichen Kontext hinausgeht. Viele Menschen verorten sich nicht mehr in einem Gemeindekontext. Ihre gelebte Theologie zeigt sich im alltäglichen Handeln und Reden, im Diskutieren und Reflektieren analog und digital.

Damit aber aus Erfahrung gelebte Theologie entstehen konnte, brauchte es ein Gegenüber. Eine Person, mit der man sprechen kann und die beim Einordnen der Erfahrungen unterstützt. Der Prozess *von der Erfahrung zur gelebten Theologie hängt* von diesem Gegenüber ab. Wo aber dieses Gegenüber zu finden ist, variiert massiv, es können Menschen einer Kirchgemeinde sein, Freundschaften, digitale Diskursräume oder Gott.

Schlussendlich liegt der Kern gelebter Theologie im gemeinsamen Theologisieren, in einem gemeinschaftlichen Predigtgeschehen jenseits der Kanzel. Da, wo Menschen zusammen über Glauben, Erfahrung, Schrift und Leben ins Gespräch kommen und voneinander lernen, spielt sich im Kern aktives homiletisches Handeln ab.

Ein bekanntes Praxis-Beispiel, wie gemeinsam homiletisch(!) theologisiert werden kann, ist das *Bibelteilen* oder die *Sieben-Schritte-Methode*, welche die Predigt einer einzelnen Person ganz ersetzt. Entwickelt wurde die Methode in Südafrika. Sie soll dazu anregen, dass Menschen miteinander ins Gespräch kommen über Bibeltexte und ihr Leben.[44]

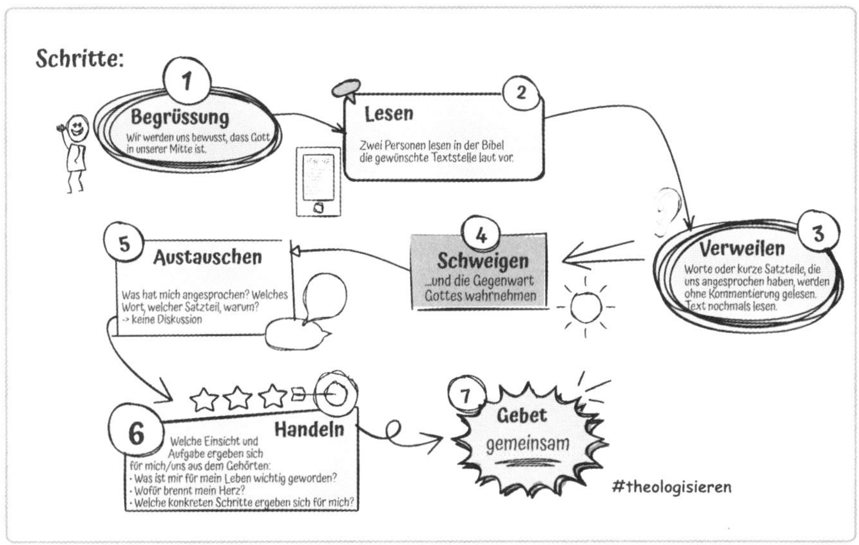

Nicht zu vergessen ist bei dieser Dimension (»von religiösen Erfahrungen und gelebter Theologie ausgehen«) die zentrale Figur der Ruach, auf die auch Anna Florence hinweist: »We can only interpret the best we can, helping and leaving room for the Spirit to make itself heard in the voice of the community as well as in the questions and new musical rhythms of outsiders.«[45]

Eine andere klassische Möglichkeit für gemeinschaftlich-homiletische Theologieproduktivität sind Gottesdienste mit einem kurzen Impuls, der nur dazu dient Gespräche und Diskussionen, als (Teil) gottesdienstlichen Handelns, anzuregen.

Ein weiteres Beispiel aus der Evangelical Lutheran Church in Zimbabwe (ELCZ) stammt von Herbert Moyo. Er beschreibt den kirchlichen und gottesdienstlichen Veränderungsprozess hin zu einer erfahrungsorientierten, partizipativen Kirche anhand des Veränderungsprozesses von einem kolonialen zu einem postkolonialen Gottesdienst: »The postcolonial ELCZ has transformed and adapted liturgical practices to the African worldview. […] Musical instruments have now become holy and are allowed in the liturgy: traditional African drums, jingles, Amahlwayi, guitars, and any form of musical instrument is welcome, while still accommodating Eurocentric instruments such as the organ and the piano. In terms of Holy things, the church has shown a high level of hybridity. The unholy are made holy by the holiness of God. Having introduced instruments to the liturgy, dancing became a reality in the church. Africans are naturally charismatic, and singing choruses, playing drums, and dancing isitshikitsha during liturgy allow people to be themselves before God. Congregants no longer watch the minister doing liturgy, but do liturgy with the minister.«[46]

Ein transformativ-(m)achtsames homiletisches Geschehen bietet die Chance, Räume zu eröffnen, in denen Hoffnung erlebt werden kann und Menschen sich auf Augenhöhe begegnen, um über Kontingenz- und Hoffnungserfahrungen ins Gespräch zu kommen. So können Verzweiflung, Ungerechtigkeit, Zweifel, Freude und Zuversicht benannt und in ein gemeinsames homiletisches Geschehen integriert werden.

Ziel dieses Prozesses ist, dass ein individueller und gemeinschaftlich reflektierter Ausdruck gelebter Theologien entstehen kann. In diesem Austauschprozess entwickelt sich gleichzeitig die theologische Sprachfähigkeit des Individuums und individuelle und/oder gemeinschaftliche Theologieproduktivität entsteht.[47] Dadurch kann eine (m)achtsame Homiletik transformierende Wirkungen entfalten: indem sie religionsbezogene Erfahrungen, die für das Individuum als intuitiver Wissens- und Erkenntnisgewinn fungieren, wahrnimmt, diese distanzierend herausstellt, nach einer gemeinsamen Sprache für diese Erfahrungen sucht und sie kritisch auf lebensfördernde und lebenshindernde Mechanismen prüft.[48] Die Gestalt dieser Theologie liefert nie Antwortsicherheit, »sondern fragende Existenz zwischen Anfechtung und Gewissheit«.[49]

Handlungsempfehlungen

- → **Über religiöse Erfahrungen sprechen.** Wann haben Sie zum letzten Mal über ihre religiösen Erfahrungen gesprochen und mit wem? Wo gibt es Räume, inner- und außerkirchlich, wo Sie mit Menschen über religiöse Erfahrungen ins Gespräch kommen können?
- → **Religiöse Erfahrung im Gottesdienst.** Stellen Sie sich vor, die Perikopentexte würden mit den persönlichen Erfahrungen der Menschen neu zum Leben erweckt. Im Bibelteilen wird unter anderem gerade diese Verbindung von religiöser (Alltags-)Erfahrung und Bibeltexten geschaffen und weiter noch, ihre individuelle und gemeinschaftliche Alltagsrelevanz wird herausgearbeitet.
- → **Gelebte Theologie.** Die eigene Theologie zeigt sich stärker im Leben und Alltag und weniger in Glaubenssätzen. Beobachten Sie sich selbst im Alltag: Wo und in welchen Begegnungen wird die Theologie lebendig, wo wird sie z. B. zur Handlung? Welche gelebten Theologien nehmen Sie bei anderen Menschen wahr? Ein lebendiges Theologisieren findet häufig in Nischen statt. Wir empfehlen Kirchgemeinden, ihre Aufmerksamkeit mehr auf die theologieproduktiven Orte zu richten, Räume für gemeinsames, gelebtes Theologisieren zu schaffen, dafür vielleicht ein bisschen weniger Zeit und Energie in Gebäude und Finanzdiskussionen zu investieren.
- → **Verpassen Sie die digitalen Portale für Ihre homiletische Arbeit nicht!** Denn digital wird getrauert, getröstet, gestritten, gezweifelt, gebetet, gefeiert, geglaubt: in Tweets und in Instagram-Stories, auf Facebook und in Whatsappgruppen.
- → **Theologisieren ist mehr als verbales Kommunizieren.** Die Theologie zeigt sich im Leben, haben wir soeben geschrieben. Vergessen Sie daher nicht: Theologie ist mehr als verbales Kommunizieren. Es ist in das Leben integriertes Erfahren, Hoffen und Handeln. Wie kann dies in ihrem homiletischen Geschehen Raum bekommen?

18.3 Dimension: Den Körper wirklich ernstnehmen (Embodiment)

Wir können nicht nicht körperlich sein. Körperlichkeit und Geschöpflichkeit gehören zusammen. Im Körper sammeln sich über Jahrhunderte genetische Informationen, über Generationen habitualisierte Gewohnheiten und Vollzugs-Logiken: implizites – intuitives – Wissen, zu dem der Körper aufgrund seiner Einbettung in der Welt gekommen ist. Erst die Verbindung von implizitem und explizitem Wissen, man könnte auch sagen: die Mischung von (stets auch körperlicher) Erfahrung einerseits und kognitiven Fähigkeiten andererseits machen den Menschen handlungsfähig.[50] Habermas spricht auch von »mobilisiertem Weltwissen«[51].

Erfahrungswissen ist Körperwissen. In zahlreichen Disziplinen wird diese Einsicht seit einigen Jahrzehnten aufgenommen. Häufig spricht man hier verallgemeinernd von »Embodiment«. Den gemeinsamen Standpunkt bildet dabei die Annahme, dass Lebewesen eben immer einen Körper haben und deshalb sowohl die kognitiven als auch die geistigen Zustände und Prozesse von Lebewesen grundlegend in eine Mitwelt eingebettet sind.[52] Embodiment rückt also nicht nur die physische Beschaffenheit des menschlichen Leibs ins Zentrum, sondern denkt Körper, Körperlichkeit, aber auch Raum und die ganze umfassende Umwelt- bzw. Mitwelt-Wahrnehmung eng zusammen. So gehören dann auch raumspezifische Fragen zu Migration, feministische und postkoloniale Diskurse, wirkliche Augenhöhe oder die Klimakrise im weiteren Feld zu dieser Debatte.

Nun ist klar: Der neue Fokus auf Embodiment, auf Körper und Körperlichkeit trifft im Abendland auf eine Mentalitätsgeschichte, in der jahrhundertelang körperfern argumentiert worden ist. Dies gilt gerade für die christlich-kirchliche Sicht. Aus dieser wurde der Körper im Blick auf die Suche nach Heil lange Zeit als Störung empfunden. Exemplarisch lassen wir hier Papst Innozenz III (1160–1216) sprechen: »Der Mensch ist gemacht aus Staub, Kot und Asche – und, noch gemeiner, aus unflätigem Samen. Anlass zu seiner Empfängnis war der Reiz des Fleisches und das Glühen der Begierde: in der Fülle der Ausschweifung und unter dem Makel der Sünde. Geboren wird der Mensch, damit er arbeitet, sich ängstet und leidet – das ist elender als zu sterben [...] Schließlich fällt er jenem Feuer anheim, das ewig brennt und unauslöschlich ist. Er wird jenem Wurm ausgeliefert, der immer nagt und zehrt und nicht vergeht. Sein Leib schließlich verwandelt sich in stinkenden und schmutzigen Moder«.[53] Auch die vorherrschenden Strömungen der Wissenschaften im westlichen Abendland haben dem Körper über lange Zeit jedes rationale Verhalten abgesprochen.

Ein Blick in biblisch-theologische Forschung verdeutlicht: Im Alten Testament existieren über 250 Begriffe für Körperteile, in mehreren tausend Belegstellen. Den Begriffen ist dabei bezeichnenderweise häufig eine synthetische Bedeutung zu eigen, d. h., mit der Nennung eines Körperteils steht weniger dessen *Aussehen* als vielmehr die *Funktion* des Körperteils (in Bezug auf etwas: eine Tätigkeit, ein Gegenüber, sich selbst) im Vordergrund. Ein Fuß ist in diesem Sinn dann schön, weil er laufen kann, oder eine Nase schön, weil sie riechen kann, usw.

Im Neuen Testament ist die Frage nach dem Leib besonders im Zusammenhang mit der Auferstehungsvorstellung zentral. *Systematisch-theologisch* lässt sich nicht darüber hinwegsehen, dass Leiblichkeit und Körper zentrale theologische Konzepte des christlichen Kommunikations-Wortfelds (z. B. Inkarnation, ritualtheoretische Aspekte, usw.) sind. Historisch jedoch lässt sich die jahrhundertelange Ablehnung des Körpers im christlichen westlichen Denken nicht verleugnen. Allerdings gab es – wenn auch am Rande der männlich dominierten Kirchlichkeit –, immer wieder christlich-religiöse Ansätze und Strömungen, die dem Körper als Kommunikationsraum, dem Erfahrungswissen, dem Sinnlichen und durch Sinne Erfahrenen, hohe Erkenntnis- und Kommunikationsrelevanz einordneten, so etwa die Erfahrungsmystik.

Die Praktische Theologie, und als Teil derer die Homiletik, war über lange Zeit eine Disziplin, in der Körper nur am Rande ein Thema war. Albrecht Grözinger skizziert in »Vom Verschwinden und der Wiederkehr des Körpers in der Praktischen Theologie«[54] diesen Sachverhalt als auch dem Verständnis von Praktischer Theologie bei Schleiermacher geschuldet. Andere Entwürfe, die der Körperthematik deutlichen Fokus widmen, existieren zwar, so etwa die Pastoraltheologie von Claus Harms (1778–1855): »Harms versteht die Verortung des Pfarrers als eine, die auch die körperliche Wahrnehmung und die körperliche Expression des Theologen bestimmt. Es ist eine Körperlichkeit zwischen Sinnlichkeit und Transzendenz.«[55] Im Zusammenhang mit homiletischen Anliegen wird dabei betont, dass die sozial-kommunikative Kompetenz des Theologen (im 19. Jahrhundert lediglich in männlicher Form erwähnt) eng mit seiner Körperlichkeit verknüpft ist. Erst aber im frühen 21. Jahrhundert spielte der Körper des Theologen und nun auch der Theologin wieder eine Rolle in der Praktischen Theologie und in Ansätzen nun verstärkt auch in der Homiletik.

Die Vorgeschichte dieser »Wieder-Entdeckung« liegt unter anderem in den Auseinandersetzungen um die Frauenordination (vgl. Teil I). Die Debatten und schließlich die Durchsetzung der Frauenordination haben den Körper unweigerlich in das Feld der Praktischen Theologie zurückgebracht. Frauen selbst brachten dabei ihre Körperlichkeit in die Diskussion mit ein: »Die Theologin braucht ihre weibliche Eigenart nicht zu verleugnen und zu unterdrücken, um männliche Aufgaben zu erfüllen und sich in Gebiete zu drängen, die ihren innersten Anlagen fremd sind.«[56] Die hier noch binäre, essentialistische Vorstellung von männlichen und weiblichen Anlagen und Aufgaben verflüssigt sich inzwischen in westlichen Breitengraden allmählich – ist aber im Jahre 1942 mit ihrem Fokus auf die freie Thematisierung des Körpers bereits als Fortschritt anzusehen.

Eine andere Treibkraft der »Wieder-Entdeckung« des Körpers innerhalb der Theologie ist das ab den 60er-Jahren zunehmende Verständnis von Praktischer Theologie als Handlungswissenschaft. Die dadurch entstehende Nähe der Praktischen Theologie zu Psychologie, Kognitionswissenschaft usw. ermöglichte die Aufnahme entsprechender Diskurse um Performativität, Sexualität, Leiblichkeit und Embodiment. Der ästhetisch-phänomenologische Paradigmenwechsel in den 80er-Jahren verstärkte diese Tendenz zusätzlich. Im Liturgischen und Homiletischen wurde ab dann auch die Frage des Körpers im Gottesdienst gestellt. Der sogenannte »performative turn« wurde aber gerade in der Homiletik noch lange eng gedeutet und tendenziell problematisiert.[57]

Von den genannten historischen Entwicklungen her fordern verschiedene Praktische Theolog:innen, die Körperlichkeit nicht nur als Thema, sondern als grundlegende Dimension in allen Disziplinen der Theologie mit aufzunehmen. So fordert etwa Grözinger die dringend notwendige Perspektiverweiterung auch auf den Körper der Theologin, das weiblich Verkörperte und Körperliche und auf das Körperliche jenseits essentialistischer Zuschreibungen. Amy McCullough hat indes in diesem Zusammenhang eine ethnographische Studie über Prediger:innen und deren Körper, Körperthematisierung und -gefühle publiziert.[58] Aber auch weiter zurückliegend findet man in feministischen Theologien,[59] in exegetischen Arbeiten[60] und in systematisch-theologischer Hinsicht[61] jede Menge Inspiration für körperbewusstes Homiletisieren.

Ein Beispiel verkörperter Homiletik, das seit Jahrtausenden ausgeübt wird und in kirchlichen wie außerkirchlichen Bereichen als spirituelles, religiöses, predigend-erzählendes Kommunikationsmedium betrachtet wird, ist der Tanz. Dennoch wird Tanzen noch selten als ein »doing theology«, als gelebte Theologie, geschweige denn als für sich selbst stehende Predigt anerkannt, zumindest nicht in einschlägigen Fachdebatten. Wird Tanz integriert, so häufig als Gemeinschaftsereignis – Stichwort sakraler Tanz – unabhängig der Predigt oder als Ergänzung zu kirchenmusikalischer »Untermalung«. Aber das bewegende, das Tanz auslöst – sei es beim selbst Tanzen oder beim Zuschauen –, wird in der westlichen Welt und in der Homiletikdebatte noch wenig als eigenständiges religiöses Kommunikationsmedium, als Predigen, verstanden.

Theologisch ergeben sich aus dem nonverbalen Predigtereignis selbstverständlich Fragen. Primär jene, ob in einem solchen Falle noch von einer spezifischen und eindeutig fassbaren Religion und Theologie die Rede sein könne, ob also der Deutungsrahmen nicht ein zu großer würde. Solche Fragen sind berechtigt. Allerdings kann Körpersprache gerade dadurch der Fluidität gegenwärtig gelebter Religion und Theologie besonders gerecht werden: Der Tanz – verstanden als Predigt – ist dabei in besonderer Weise der Ruach als fluides, tanzendes Konzept verbunden. Die Metapher des Tanzes versinnbildlicht das stets Bewegte und (auch vorsprachlich) Bewegende, das Vibrieren, Schwingen, Fluide, Partizipative und Vielsprachliche. Tanzen und Bewegen bilden die Brücke zwischen implizitem und explizitem Wissen. Wir sprechen gerade im Zusammenhang des bewegten Tanzes von »homiletisieren«, also von einem Verb. Es ist ein körperlicher Prozess, der sich nicht statisch auf eine einzige Lehre hin festhalten lässt.

Tanz kann in religiöse Kommunikation integriert werden oder eben: selbst zur Predigt werden. Hierfür gibt es verschiedene Beispiele. Es ist selbstverständlich, dass in Kirchgemeinden in Kuba getanzt wird.

Bibelstellen werden tanzend zur Aufführung gebracht, als normaler Teil des Gottesdienstes. In afrikanischen Kirchen sind Tanz, Bewegung und lautes Zurufen integraler Bestandteil von Gottesdienst-Erfahrungen. Nicht zuletzt in Megachurches wie Holy Trinity Brompton, Willow Creek Community Church oder ICF werden die Worshiplieder nicht nur gesungen, sondern mit Körpereinsatz und Handbewegungen begleitet. Tanz als elementare menschliche Äußerung ermöglicht einen einzigartigen mehrdimensionalen Selbst- und Weltzugang. Als Tätigkeit, die Zwischenräume eröffnet,[62] ist Tanz offen für subjektive Deutungsmuster und eignet sich gerade deshalb auch dafür, in nicht vereinnahmender Weise der Erfahrungsdimension von Religion Raum zu geben.[63] In religiösen Kommunikationsprozessen kann Tanz, Kreativtanz oder choreographierter Tanz zur innovationsfördernden Erarbeitung von Texten und Themen genutzt werden.[64] Insgesamt kann Tanz so jenseits kognitiver Zugänge einen Beitrag leisten, um Grenzen zu überschreiten und interkulturelles und interreligiöses Kommunizieren zu fördern.

In zahlreichen Ländern gibt es solche Beispiele, von Berufstänzer:innen und jeder Menge weiterer Tänzer:innen, die ihre Arbeit als Homiletisieren, also als Predigen oder als religiöse oder spirituelle Kommunikation verstehen.

Für den christlichen Kontext ist diesbezüglich z. B. der »Der tanzende Jesuit«, Prof. Dr. Saju George SJ, ein katholischer Priester aus Indien, bekannt. Er steht mit seiner Arbeit zugleich für tanzendes Predigen und für interkulturellen Dialog ein. Tanzend erzählt er biblische Geschichten und seinen Glauben: in Gottesdiensten, in Workshops, mit Kindern, Jugendlichen und Erwachsenen. Mit seinen getanzten Botschaften baut er Brücken: zwischen Christentum und Hinduismus, zwischen Jugend-/Sozialarbeit und Kunst, zwischen Priestersein und Tänzersein. Im Folgenden zwei Links zu YouTube-Videos, die seine Arbeit zeigen:

https://www.youtube.com/watch?v=oGWtolBxZeA
https://www.youtube.com/watch?v=UWh9_X1VDdQ

Sie, liebe Leser:innen, mögen nun einwenden: Schön und gut, aber Tanzen ist nicht mein Ding. Und erst recht nicht, was Menschen in meiner Gemeinde suchen. Das mag zutreffen. Aber Tanz lebt und beginnt eigentlich nur damit: Im eigenen Körper ankommen. Und atmen. Atemmeditation anleiten: in einer Gruppe gleichzeitig zu atmen oder noch einen Schritt weiter zu gehen und einfache Körpergebete einzuüben, können für sich bewegende Schritte und Erfahrungen sein. In biblischen Geschichten entsprechende Körperwahrnehmungen einmal nachahmen – Ballen der Hand zu einer Faust; Vorstellen und Ausprobieren des Blicks in den Augen von Mose, wenn er vom Sinai runtersteigt, oder sich mit der Nase durch die zahlreichen Düfte im Hohelied schnuppern; eine je individuelle Geste für den Friedensgruß suchen und/oder aber sich durch die Kraft der einheitlichen Geste erfahren lassen; nach der Schönheit von Körperteilen fragen, wie sie biblisch verstanden wird, nämlich im Blick auf die entsprechende Funktion, usw.

Handlungsempfehlungen

- → **Seien Sie in Ihrem Körper zuhause.** Geben Sie dem impliziten Wissen, Körperwissen und Körper-Ausdruck ein eigenes homiletisches Gewicht. Integrieren Sie den Raum, Kirchenbänke, Ihr eigenes Gesicht, Ihre Füße und Hände und Ihr Bewegtsein in Ihr homiletisches Tun. **Und belassen Sie es auch einmal dabei.** Doing Theology und Homiletisieren: dies darf auch nonverbal sein. Fühlen Sie sich nicht genötigt, jede Bewegung, einen Tanz noch mit langen Erläuterungen im Nachhinein zu erklären. Vertrauen Sie auf die Stärke des auch Nonverbalen oder Vorsprachlichen.
- → **Vertrauen Sie der Kraft der Körperlichkeit.** Drücken Sie Emotionen aus. Sie selbst. Oder lassen Sie ausdrücken. Dies darf professionell-pantomimisch sein (so etwa Felix Grützner: https://www.youtube.com/watch?v=JnIlwt4JeK8; https://www.youtube.com/watch?v=_bm7X42_ypE) oder persönlich, aus dem Moment oder einstudiert.
- → **Suchen Sie das Gespräch mit Tänzer:innen, Künstler:innen, Körperausdrucks-Freudigen.** Viele Menschen, die sich körperlich gerne bewegen und tanzen – auch außerhalb der Kirche, und gerade im Improvisationstanz –, nehmen häufig in ihrem Tanzen oder Bewegen eine Verbundenheit mit sich und der Umwelt wahr, für das sie irgendwann Sprache suchen. Hören Sie einmal zu, welche Worte hier verwendet werden und welche Fragen auftauchen. Treten Sie in Dialog, wenn möglich. Sie werden inspiriert sein – und umgekehrt.

18.4 Dimension: Polyphonie wagen

Um den Anspruch einer transformativ-(m)achtsamen Homiletik nicht nur theoretisch zu verankern, sondern auch praktisch umzusetzen, gilt es, ein partizipativ-polyphones Predigtgeschehen zu etablieren.

In den rezeptionsästhetischen Ansätzen sind die Hörenden zwar insofern zur Partizipation eingeladen, als dass sie bei der Interpretation individuell und introspektivisch tätig werden. Dennoch bleibt die Zentrierung auf eine Person, die einen theologisch-exegetischen und hermeneutischen Wissensvorsprung besitzt, bestehen.[65] In Langes homiletischen Überlegungen ist Polyphonie expliziter angelegt, da er den Anspruch hat, mit den Hörenden über ihr Leben, ihren Alltag, die existenzielle Dimension ihres Lebens zu sprechen und dieses zur Sprache zu bringen. Dies wird u. a. sichtbar in seinen Verweisen auf die Ladenkirche, in der Partizipation und Polyphonie Teil des Konzepts sind.[66]

In feministisch-postkolonialen Ansätzen nun wird die Predigt *dezidiert* als polyphones Geschehen verstanden. Dabei werden unterschiedliche Dimensionen erwähnt: Partizipation in der Predigtvor- und -nachbereitung, dialogische Predigtformen, wie sie z. B. schon John McClure 1995 in seinen Entwürfen des *Roundtable Pulpits*[67] vorgeschlagen hat, ebenso wie alternative gemeinschaftliche Formen, in denen die Predigt in Mahl und Gespräche integriert ist, wie dies etwa die womanist Theologin Donyelle McCray vorschlägt.[68] McCray kritisiert am klassischen Predigtmodell: »[…] when this Moses model of preaching stands alone as the model, it presents enormous hurdles for the Miriams and Aarons among us who preach in different ways. Such a narrow conception of prophetic voice hinders the sermon from functioning as emancipatory discourse in the fullest sense, and the sermon becomes a medium for propping up tired conceptions of God and authority.«[69]

Als Alternative zu einem autoritären Modell, in dem bloß von einer Person gepredigt wird, schlägt McCray Folgendes, auch für die Rolle des:der Prediger:in, vor: »Because we integrate forms of expression that African-American women and laypersons have used to express their spirituality in and out of the pulpit, the sermons are not beholden to the typical discursive frame of the preacher as a singular spokesperson. More often, the preacher emerges as a sage who bears witness by drawing from an archive of communal stories, songs, symbols, dances, and templates for survival. Preaching emerges as a mode of faith-sharing. In other words, the messages consist of less telling, explaining, and informing and more stirring, imagining, reinventing, and eliciting.«[70] In McCrays Überlegungen fungiert der:die Prediger:in als Ermöglicher:in polyphonen, homiletischen und gottesdienstlichen Geschehens. Sie:er schafft Raum für Erfahrungen und die diversen Stimmen aller. So wird der gottesdienstliche zu einem partizipativen Raum für alle. Oder umgekehrt – wenn dies auch mit einem weiten Homiletikverständnis einhergeht: der partizipative religiös-kommunikative Raum wird zu einem gottesdienstlichen.

In einem anderen imaginativen Gedankenspiel nimmt Sharon Fennema einen ähnlichen Ansatz in Queering Worship folgendermaßen auf: »During one worship service where a male heterosexual ordained clergy member is giving the sermon, have a series of different people interrupt him to give their own interpretation of the scripture text. Imagine the power of seeing an elderly woman, a child, a gay couple, a transgender person, a punk teenager, etc. step into behind the pulpit and offer their insights and stories. […] Such a worship practice could reveal […] what was considered normal […] and the ways in which we can imagine new possibilities that undo these patterns of normal in life-giving ways.«[71] Diversität bzw. Polyphonie zeigt sich dabei in einer besonderen Sensibilität für Erfahrungen von Menschen, den *voices from the margins*,[72] Erfahrungen von Frauen, von People of Color,[73] von Migrant:innen, aber auch in der Selbstverständlichkeit, mit der von einem multikonfessionellen Setting ausgegangen wird.[74] Diese Stimmen aufzunehmen ist nicht mehr als die radikale Konsequenz der Zuneigung von Jesus von Nazareth zu Ausgestoßenen, ist nicht mehr als die radikale Konsequenz dessen, dass die einzige Sünde ist, sich über andere zu erheben – sei dies durch deren Verdrängung oder andere Formen.

Polyphonie als Leitgedanke für die Predigtarbeit, kann zu ganz neuen Formen gottesdienstlichen Lebens führen. Polyphonie zuzulassen stärkt dabei auch die schon mehrfach erwähnte, mit der Fluidität einhergehende Tendenz, dogmatische Gewissheiten und (vermeintliche) Eindeutigkeiten hinter sich zu lassen. Sie zwingt zum Fortsetzen des Dialogs. Sie arbeitet damit also auch der Möglichkeit eines geschlossenen, absoluten und abgeschirmten Raumes entgegen. Denn es gibt durchaus verschiedene Arten von Dogmatismus: theistische, atheistische und viele weitere. Im Fördern von Polyphonie wird also auch Folgendes deutlich: Die Grenzen zwischen Positionen sind nicht nur fluide »Zwischen-Positionen«, sondern an diesen Zwischenstellen und in diesen Zwischenräumen können ganz neue Stimmen, Klänge und neue »Räume« entstehen. Exemplarisch verdeutlicht dies etwa der Religionsphilosoph Richard Kearney, der das Kunstwort »Anatheismus« prägte. Dabei meint das Wort »Anatheismus« ein Wortspiel von: An-Atheismus (griechisch für: Nicht-Atheismus) und zugleich von Ana-Theismus (griechisch für: Wieder-Theismus). Damit gemeint ist ein (dritter) Raum, in dem »ein offener Theismus und ein offener Atheismus in Dialog treten können.«[75] Im Unterschied zu Theismus und Atheismus sowie den mit ihnen verbundenen Positionsbestimmungen fördert, so Kearney, der Anatheismus das Wiedergewinnen von »Eröffnungsmomenten«: von Momenten, »mit denen wir alle im Leben konfrontiert werden, wenn wir nicht mehr sicher wissen, was das alles zu bedeuten hat, wenn wir uns wieder der radikalen Fragestellung, der extremen Aufmerksamkeit für das Sein öffnen – was getan, gesagt, gerufen wird –, für das, was ist und was sein könnte.«[76]

Handlungsempfehlungen

- → **Wer da ist, ist richtig.** Arbeiten, theologisieren Sie mit den Menschen, die da sind. Vertrauen Sie darauf, dass dieser Kreis in dem Augenblick der passende ist.
- → **Von »was kann ich gut« zu »was können wir gut«.** Viele Pfarrpersonen predigen gerne. Viele auch gut. Machen Sie weiterhin, was Ihnen Freude macht, darin ist man meist besser als in jenem, was einem weniger Freude bereitet. Aber: Stellen Sie einmal die Frage: Was können Sie als Team gut? Und lenken Sie den Blick bei »Team« auch auf Stimmen, die stumm sind – auf die *voices from the margins* Ihrer Gemeinde.
- → **Kultur der Wertschätzung.** Mehrstimmigkeit und die Freude, etwas beizutragen, gelingt dann gut, wenn auch Falsches gesagt und die Beiträge wertgeschätzt werden. Gibt es in Ihrem Kontext, in Ihrer Kirche und in den Gottesdiensten eine Kultur der Wertschätzung für unterschiedliche Töne und Stimmen?
- → **Die richtige Technologie nutzen.** Manchmal ist es eine Vernetzung und ein Follow-Back auf Instagram, manchmal sind es Whatsapp- oder Signal-Gruppen, wieder andere nutzen Trello oder Miro. Es gibt je nach Kontext die passenden technologischen Tools, die Kollaboration, Vernetzung und effektive Kommunikation fördern und durch die flacheren Hierarchien kreiert und Partizipation ermöglicht wird. Es lohnt sich, diese Tools zu nutzen.

18.5 Dimension: »Baustelle Reich Gottes« gemeinsam imaginieren und handeln

Die gegenwärtige deutschsprachige Homiletik sei stark auf das Individuum ausgerichtet, kritisiert die Praktische Theologin Ruth Conrad.[77] Dies macht exemplarisch ein einschlägiges Zitat von Wilfried Engemann ersichtlich: »Alle homiletische Kunst ist vergeblich, wenn sich der Einzelne aus der Predigtkommunikation nichts ersehen kann, wenn sie für seine Existenz keine Bedeutung gewinnt.«[78] Diese Orientierung am Individuum findet sich seit Friedrich Schleiermacher, der den Gottesdienst als *darstellendes Handeln* konzipierte und der Predigt darin die Aufgabe zuwies, individuelle religiöse Überzeugungen anzuregen. Die Predigt zielt so auf das individuelle Selbstgefühl.[79] Auch gegenwärtige empirische homiletische Untersuchungen zur Rezeption der Predigt bei den Hörenden sind vorwiegend am Individuum ausgerichtet.[80] Die *soziale* Wirksamkeit religiöser Rede wird dabei wenig diskutiert.[81]

In den postkolonial-feministischen und in womanist-Ansätzen gehören Relationalität und soziale Wirksamkeit hingegen zur zentralen Programmatik homiletischen Handelns, wie an Carvalhaes und Kim-Cragg in Kp. 12.4.1 und 12.4.2 aufgezeigt wurde. Predigen wird als ein gemeinschaftlicher Akt verstanden, der die Gemeinschaft aufbauen und *care* vermitteln soll. So führt Kim-Cragg an: »Preaching [is] never a solitary act. It involves people; people from the congregation, people outside church, and even creation itself […] preaching ought to be conductive to the work of the whole people of God.«[82] Um hier die Reich-Gottes-Metapher, die von Kim-Cragg so stark gemacht wird, nochmals aufzunehmen: Predigen bedeutet einüben und proben des Reich Gottes. Es ist die Einübung in eine neue Perspektive einer gerechten Welt: »[…] preaching as rehearsal points to what the community of faith does, in anticipation of the coming realm of God. Preaching as a rehearsal of the realm of God anticipates a Kairos moment and engages a foretaste of the new reality. Postcolonial preaching as rehearsal helps to expound the goal of preaching as a kind of anticipation of the realm of God in a Kairos sense.«[83] Dabei gehören Worte und Handlung, gerade auch gemeinschaftliche, zusammen.[84]

Ein Beispiel, beziehungsweise gleich zwei, sollen an dieser Stelle skizziert werden: das Open Place und Grandview. Diese kirchlichen Gemeinschaften versuchen explizit das Reich Gottes zu imaginieren, soziale Realität zu verändern und so eine neue soziale Wirklichkeit zu schaffen. Es sind Gemeinschaften, die ihrem Ruf folgen und sich zu spezifischen, inklusiven Orten für einen Kontext entwickeln.[85]

Das Open Place

Das Open Place wurde 2014 als Begegnungsprojekt der Evangelischen Kirchgemeinde Kreuzlingen ins Leben gerufen. Da das kirchliche Leben stark auf das Zentrum konzentriert war, bot es sich an, in den bisher wenig benutzten Gebäuden am Rande der Stadt eine neue Form von Kirche ins Leben zu rufen. Das Open Place ist eine soziale Anlaufstelle für unterschiedliche Menschen. So werden z. B. Lebensmittel in der verwertBAR zur Verhinderung von Foodwaste gratis abgegeben, im Café in der Kirche wird kostenlose Verpflegung angeboten, zudem gibt es eine Kleiderbörse, ein Kunst-Atelier, Veranstaltungen in der Erwachsenenbildung und ein gemeinsames Kochen und Essen in der neuen Küche. Initiiert wurde das Projekt von Pfarrer Damian Brot, der in Kürze ein engagiertes Team zusammenstellen konnte, aber innerkirchlich zunächst auf Widerstand stieß. 2019 konnte sich das Open Place schließlich als neue kirchliche Gemeinschaftsform etablieren und bekam 2019 den Zwinglipreis für kirchliche Innovation.[86] Das Open Place ist ein integrativer Ort, in dem nicht nur psychisch beeinträchtigte, sondern auch finanziell in Not stehende Personen Hilfe finden, gleichzeitig wurde es zu einem Treffpunkt im und für das Quartier und eine Anlaufstelle für Menschen jeglicher kultureller und religiöser Hintergründe. Kurz: Das Open Place wurde für viele Menschen zu einem Ort der Zuflucht und Hoffnung. Es bietet gesellschaftlich Heimatlosen eine Heimat. Gepredigt wird weniger mit Worten denn durch Taten.

Grandview

Ein anderes Beispiel ist Grandview, eine ehemals methodistische Kirche in Lancaster, Pennsylvania. Diese Kirche machte es sich zum Ziel, eine offene und bejahende Kirche für LGBTQAI+-Personen zu werden. Dies hat in Pennsylvania eine besondere Brisanz, insofern es in diesem Staat immer noch möglich ist, eine Person aufgrund ihrer sexuellen Orientierung zu entlassen. Der Veränderungsprozess von Grandview wurde 2003 angestoßen, als eine Pfarrerin in einer benachbarten Gemeinde aufgrund ihrer sexuellen Orientierung entlassen wurde. 2014 entschied sich Grandview in einer Abstimmung dazu, eine inklusive Gemeinde zu werden. 93% der Mitglieder stimmten dafür.[87] Die Pfarrpersonen, die Gemeindeleitung und die Mitglieder entschlossen sich gemeinsam, transparent und aktiv die United Methodist Policy zu verändern, die LGBTQAI+-Menschen diskriminiert. Sie traten in der Folge dem Reconciling Ministries Network[88] bei. Als 2019 die United Methodist Policy gegenüber queeren Menschen erneut verschärft wurde, löste sich die Gemeinde von der Denomination, wobei sie immer noch darum bemüht ist, in der methodistischen religiös-liturgischen Tradition verwurzelt zu bleiben.[89]

Im Welcoming-Statement von Grandview wird der integrative Ansatz der Gemeinde erkennbar: »Jesus Christ calls Grandview Church to be a fully inclusive church, recognizing the sacred worth of all people, including those of every race, ethnicity, sexual orientation, and gender identity. We embrace those who are marginalized for any reason. Grandview cultivates respectful discussion of differences among all who seek to love their neighbors.«[90]

Die inklusive Haltung von Grandview geht inzwischen weit über das Thema LGBTQAI+ hinaus: Die Gemeinde engagiert sich in Diskursen über *white privilege*, die Überwindung von Rassismus, und fordert Veränderungen im Strafrechtsystem der USA, die zu Masseneinkerkerungen von *People of Color* führen: »The journey of becoming truly welcoming is the ongoing journey of faith – a continual process of learning how to be the people of God.«[91] Der Lern- und Inklusionsprozess von Grandview wird von Darryl W. Stephens, Forscher und Praktischer Theologe, als »The charism of radically inclusive love« bezeichnet: »At Grandview, I learned to interpret radically inclusive agape as evidence of the Holy Spirit building up the church. In other words, open and affirming ministry is the fruit of the charism of radically inclusive love, expressed through love for persons of all sexual orientations, gender identities, and marital statuses.«[92]

Sowohl bei Open Place als auch bei Grandview findet das Predigtgeschehen noch auf einer anderen Ebene, also außerhalb dessen, was klassischerweise als Gottesdienst bezeichnet wird, statt. Sie machen das, was der afrikanische Theologe Herbert Moyo als Ziel seiner liturgischen Überlegungen angibt: »It interrogates liturgy beyond the church service to the role of the church in public life, because authentic liturgy encompasses public service by the church in enacting the kingdom of God on earth. People who are made holy by the liturgy express their holiness in society through acts of justice.«[93] Ziel transformativ-(m)achtsamen homiletischen Handelns liegt nicht (nur) in der spirituellen Befriedigung des Individuums, sondern im gemeinsamen Aufbruch hin zu einer Reich-Gottes-Perspektive, die das *human flourishing*[94] und eine gerechtere Welt für alle Geschöpfe im Blick hat.

Beide Gemeinden sind auf ihre Art zu radikal inklusiven Orten der Liebe Gottes geworden. Wie bei Stephens Ausführungen zu Grandview ersichtlich wurde, versteht er diese inklusive Liebe als Charisma und verbindet den Veränderungsprozess der Gemeinde mit der Ruach, der Pneumatologie. In diesem übertragenen Sinn ebenfalls von einem Charisma einer Gemeinde zu sprechen, ist u. E. hilfreich und fruchtbar und verleiht dem homiletischen Diskurs eine erweiterte pastoraltheologische, amtstheologische und kirchentheoretische Dimension. In beiden Gemeinden waren und sind die ordinierten Personen zentrale Figuren, die den Inklusions- und Innovationsprozess der Gemeinde stützen, fördern und immer wieder Raum für Diskurse schaffen. Beide Gemeinden haben eine starke narrative Tradition, in der die geteilten Lebens- und Glaubensgeschichten zentral sind und Veränderung über eine gelebte und geteilte theologische Alltagshermeneutik geschieht. Die hier beschriebenen Veränderungsprozesse gründen in Haltungsveränderungen von Ordinierten, von kirchlichen Angestellten und von Gemeindegliedern. Dem ordinierten Amt kommt dabei die zentrale Aufgabe zu, Raum zu schaffen, damit auf der *Baustelle Reich Gottes* gemeinsam imaginiert und gehandelt wird, sodass sich z. B. das Charisma einer Gemeinde entwickeln und entfalten kann.

Handlungsempfehlungen

→ Empowerment – gemeinsam statt einsam. »I alone cannot change the world, but I can cast a stone across the waters to create many ripples« (Mutter Teresa). Mehrfach haben wir beschrieben, dass Transformationsprozesse Systemprozesse sind. Ein Stein, der an einer vielleicht unscheinbaren Stelle ins Wasser fällt, kann der Auslöser sein für die Veränderung eines Systems. Wo ist diese unscheinbare Stelle in Ihrem gottesdienstlichen Handeln, in Ihren religiösen Kommunikationsprozessen? Wie könnte da gemeinsam imaginiert werden, was die Metapher vom Reich Gottes für diesen Kontext bedeutet? Wir sprechen hier nicht von Visions- oder Leitbildprozessen, sondern von liturgischem Geschehen – analog und digital –, in dem das gemeinsame hoffnungsvolle Imaginieren ritualisiert wird und so zu kollektiver Ermächtigung, Übertragung von theologischer Verantwortung und Erhöhung der homiletischen Handlungsfähigkeit beiträgt.

- → **Gemeinsam hoffen.** Reich Gottes imaginieren, hoffen auf das, was (noch) nicht ist. Wo erleben Sie jetzt schon Hoffnung? Wo wird Hoffnung hartnäckig geteilt – als Trotzdem zu dem, was gerade als Realität erscheint? Vielleicht lohnt es sich, diese Hoffnungsfäden aufzunehmen, zu pflegen, ihnen Raum zu geben. Hoffnungsgeschichten gemeinsam im homiletischen Handeln präsent zu machen. Als Trotzdem und als Dennoch und als Stein, der ins Wasser fällt und möglicherweise ein System zu verändern beginnt.
- → **Gemeinsam handeln.** Reich Gottes gemeinsam imaginieren, Hoffnung pflegen, auf die Ruach hören: Wo lohnt es sich, gemeinsam ein (homiletisches) Risiko einzugehen? Gibt es Orte, wo Imaginieren, Hoffen und Handeln geübt werden können? Schaffen Sie Raum dafür und für Sehnsucht.

---

1 Vgl. zur Verschränkung von praktischem und theoretischem Wissen u. a. Turpin, Katherine: »*The Complexitiy of Local Knowledge*«, in: Mercer, Joyce Ann und Bonnie J. Miller-McLemore (Hrsg.): *Conundrums in Practical Theology*, Leiden/Boston: Brill 2016, S. 250–275.

2 Vgl. Hermelink, Jan: »*Homiletik*«, in: Fechtner, Kristian u. a. (Hrsg.): *Praktische Theologie: Ein Lehrbuch*, Stuttgart: Kohlhammer 2017, S. 152–170, hier 166f.

3 Vgl. Goto, Courtney: »*Writing in Compliance with the Racialized Zoo of Practical Theology*«, in: Mercer, Joyce Ann und Bonnie J. Miller-McLemore (Hrsg.): *Conundrums in Practical Theology*, Leiden/Boston: Brill 2016, S. 110–133, *hier S. 114; vgl. zudem* Miller-McLemore, Bonnie J.: »*The Contributions of Practical Theology*«, in: Miller-McLemore, Bonnie J. (Hrsg.): *The Wiley Blackwell Companion to Practical Theology*, Chichester, West Sussex: Wiley-Blackwell 2013, S. 1–20, hier S. 5f.

4 »I regard the occasional, contextual and fragmentary nature of this collection as a virtue rather than a problem! Like much British theology, my own work eschwes the large-scale, systematic or comprehensive approach typical of Germanic theology of the first half of the twentieth century and facours the small-scale, the incidental, the narrative and metaphorical, the particular.« Slee, Nicola: *Fragments for Fractured Times: What Feminist Practical Theology Brings to the Table*, London: SCM Press 2020, S. 3.

5 Vgl. Turpin, Katherine: »*The Complexitiy of Local Knowledge*«, in: Mercer, Joyce Ann und Bonnie J. Miller-McLemore (Hrsg.): *Conundrums in Practical Theology*, Leiden/Boston: Brill 2016, S. 250–275; Lartey, Emmanuel Y.: »*Postcolonializing Pastoral Theology: Enhancing the Intercultural Paradigm*«, in: Ramsay, Nancy Jean

(Hrsg.): *Pastoral theology and care: critical trajectories in theory and practice*, Chichester, West Sussex, UK: Wiley Blackwell 2018, S. 79–98.

6 Bass, Dorothy C. u. a.: *Christian practical wisdom: what it is, why it matters*, Grand Rapids, Michigan: William B. Eerdmans Publishing Company 2016, S. 175.

7 Vgl. Go, Yohan, David Schnasa Jacobsen und Duse Lee: »*Introduction to the Essays of the Consultation on Preaching and Postcolonial Theology*«, in: *HMLTC 40/1* (2015), https://ejournals.library.vanderbilt.edu/index.php/homiletic/article/view/4116 (abgerufen am 18.11.2021).

8 Vgl. z. B. ebd. Ebenso: »[L]eading to a plethora of liberation theologies all returning to context and experience as primary source of knowing.« Miller-McLemore: »*The Contributions of Practical Theology*«, S. 2.

9 Kim-Cragg: »*Probing the Pulpit: Postcolonial Feminist Perspectives*«, S. 28.

10 Vgl. https://straubenzell.ch/ (abgerufen am 14.07.19).

11 Vgl. https://brefmagazin.ch/ausgaben/n-19-2018/ (abgerufen am 14.07.19).

12 Vgl. https://twitter.com/search?q=%23abgekanzelt&src=typd (abgerufen am 14.07.19).

13 Ein Teil der Informationen zu Straubenzell stammt aus einem Telefonat mit der Pfarrerin Kathrin Bolt, das ich am 15.07.19 geführt habe.

14 https://www.ref.ch/news/in-der-kirchgemeinde-straubenzell-wird-wieder-gepredigt/ (abgerufen am 14.07.19).

15 Das Bibel-Teilen ist eine Methode in sieben Schritten für das gemeinsame und partizipative Lesen der Bibel. Es hat zum Ziel, den Glaubenden einen persönlichen Zugang zur Bibel zu ermöglichen und eine gemeinschaftliche, spirituelle und theologische Auseinandersetzung anzuregen. Entwickelt wurde die Methode im südafrikanischen Lumko-Pastoralinstitut in den 1970er-Jahren und später von Fritz Lobinger und Oswald Hirmer weiterentwickelt. Das Bibel-Teilen ist besonders geeignet für Menschen und Gruppen, die keine theologische Ausbildung haben. Durch diese Methode wird der hermeneutische Umgang mit der Bibel gefördert und eine Auseinandersetzung mit unterschiedlichen theologischen Zugängen und Interpretationen angeregt. Sie finden eine ausführliche Darstellung in Kapitel 18.2.

16 Vgl. https://www.ref.ch/news/in-der-kirchgemeinde-straubenzell-wird-wieder-gepredigt/ (abgerufen am 14.07.19).

17 Hoover, Stewart M.: »*Religious Authority in the Media*«, in: Hoover, Stewart M. (Hrsg.): *The Media and Religious Authority*, Pennsylvania: University Park: Penn State University Press 2016.

18 Vgl. Campbell, Heidi A. und Stephen Garner: *Networked Theology: Negotiating Faith in Digital Culture*, Grand Rapids, MI: Baker Academic 2016, S. 64–67.

19 Schlag, Thomas: »*Öffentlichkeit 4.0*«, in: Merzyn, Konrad, Ricarda Schnelle und Christian Stäblein (Hrsg.): *Reflektierte Kirche: Beiträge zur Kirchentheorie*, Leipzig: Evangelische Verlagsanstalt 2018, S. 321–336, hier S. 321.

20 Gray, Richard: *Lies, propaganda, and fake news. A challenge for our age* (1. März 2017), in: http://www.bbc.com/future/story/20170301-lies-propaganda-and-fake-news-a-grand-challenge-of-our-age (abgerufen am 13.7.2019); vgl. dazu auch Campbell, Garner: *Networked Theology*, 14.

21 Vgl. z. B. »*Yeet I Das evangelische Contentnetzwerk*«.

22 Vgl. Müller: *Gelebte Theologie – Impulse für eine Pastoraltheologie des Empowerments*, S. 58.

23 Vgl. STALDER, Felix: *Kultur der Digitalität*, Berlin: Suhrkamp Verlag 2016.

24 SUHNER, Jasmine und Thomas SCHLAG: »*Lebensrelevante Theologieproduktivität: Überlegungen zum ›Theologiebegriff‹ in der Praktischen Theologie*«, in: *Praktische Theologie 55/1* (2020), S. 4–10, hier S. 4.

25 Vgl. MÜLLER, Sabrina: *How ordinary moments become religious experiences*, in: RIEGEL, Ulrich, Eva-Maria LEVEN, Daniel FLEMING (Hrsg.): *Religious Experience and Experiencing Religion in Religious Education*, Münster/New York 2018, S. 79–96, hier S. 91.

26 Vgl. GRETHLEIN, Christian: *Christsein als Lebensform. Eine Studie zur Grundlegung der Praktischen Theologie*, Leipzig 2018.

27 Zum Beispiel als Bibliolog: POHL-PATALONG, Uta: *Bibliolog: Impulse für Gottesdienst, Gemeinde und Schule. Grundformen*, Bd. 1, 3. Aufl., Stuttgart: Verlag W. Kohlhammer 2013; POHL-PATALONG, Uta und Maria Elisabeth AIGNER: *Bibliolog: Impulse für Gottesdienst, Gemeinde und Schule. Aufbauformen*, Bd. 2, 2nd ed. Aufl., Stuttgart: Verlag W. Kohlhammer 2012; POHL-PATALONG, Uta: »*Bibliolog. Eine neue Predigtform in der homiletischen Diksussion*«, in: *Pastoraltheologie 90* (2001), S. 272–284.

28 Vgl. BERGER, Peter: *The Many Altars of Modernity, Toward a Paradigm for Religion in a Pluralist Age*, Berlin / Boston: de Gruyter 2014.

29 Ohne auf andere Problemstellungen und die Unterschiede in der Amtstheologie eingehen zu wollen, sei hier eine gemeinsame Resonanz mit Ernst Lange benannt. Denn im Sinne Langes geht es um ein Reden mit dem Gegenüber: »Ich rede mit ihm [dem Hörer] über sein Leben im Lichte der Christusverheissung, wie sie in der Heiligen Schrift bezeugt ist. Und das heisst letztlich: Ich rede mit ihm aufgrund von biblischen Texten.« LANGE: »*Zur Aufgabe christlicher Rede*«, S. 62.

30 Ebd., S. 64.

31 KARLE: *Praktische Theologie*, S. 20.

32 Vgl. z. B. Karle: »Die Praktische Theologie nimmt nicht direkt auf religiöse oder kirchliche Praxis Einfluss. Sie bringt die Praxis, die den Gegenstand ihrer Reflexion bildet, nicht hervor, sondern findet sie vor.« Ebd., S. 10; HAUSCHILDT, Eberhard und Uta POHL-PATALONG: *Kirche*, Gütersloh: Gütersloher Verlagshaus 2013, S. 55–73; RÖSSLER, Dietrich: *Grundriß der Praktischen Theologie*, 2. Aufl., Berlin / New York: de Gruyter 1994, S. 40.

33 »Practical theology as a term refers to at least four distinct enterprises with different audiences and objectives, the two just named: it is a discipline among scholars and an activity of faith among believers. And it has two other common uses: it is a method for studying theology in practice and it is a curricular area of subdisciplines in the seminary.« MILLER-MCLEMORE: »*The Contributions of Practical Theology*«, S. 5.

34 EBELING, Gerhard: *Wort und Glaube. Beiträge zur Fundamentaltheologie, Soteriologie und Ekklesiologie*, Bd. 3, Tübingen: Mohr Siebeck 1975, S. 24.

35 MILLER-MCLEMORE, Bonnie J.: »*Feminist Theory in Pastoral Theology*«, in: MILLER-MCLEMORE, Bonnie J. und Brita L. GILL-AUSTERN (Hrsg.): *Feminist and womanist pastoral theology*, Nashville, Tenn: Abingdon Press 1999, S. 77–94, hier S. 86.

36 Vgl. für den Zusammenhang von religiöser Erfahrung und Hoffnung: Kapitel 8 und 9 MÜLLER, Sabrina: *Religiöse Erfahrung und ihre transformative Kraft. Empirische und hermeneutische Zugänge zu einem praktisch-theologischen Grundbegriff*, Berlin: De Gruyter 2023.

37 LUTHER, Martin: *WA TR*, Weimar 1883, S. 1; 16,13.

38 TILLICH, Paul: *Systematic Theology, Volume 1*, Chicago: University of Chicago Press 1973, S. 46.

39 Das Begriffsspektrum ist breit. U.a. werden Begriffe wie: Laientheologie, Alltagstheologie, gelebter Glaube, Theologisieren und gelebte Religion verwendet.

40 Vgl. MÜLLER: *Gelebte Theologie – Impulse für eine Pastoraltheologie des Empowerments*, S. 33f.

41 Heimbrock und Dinter beschreiben mit gelebter Religion einen offenen Erfahrungsprozess im Alltag, bei dem es speziell um den Versuch geht, mit der vorreflexiven Unmittelbarkeit in Berührung zu kommen. Die Autoren verweisen auf alltägliche Erscheinungen, die vom Individuum als bedeutsam, aber nicht als explizit religiös eingestuft werden. Vgl. DINTER, Astrid, Hans-Günter HEIMBROCK und Kerstin SÖDERBLOM (Hrsg.): *Einführung in die Empirische Theologie: Gelebte Religion erforschen*, Göttingen: UTB 2007, S. 73f.

42 MÜLLER: *Gelebte Theologie – Impulse für eine Pastoraltheologie des Empowerments*, S. 39.

43 ASTLEY, Jeff: »*The Analysis, Investigation and Application of Ordinary Theology*«, in: FRANCIS, Leslie J. und Jeff ASTLEY (Hrsg.): *Exploring Ordinary Theology. Everyday Christian Believing and the Church*, Farnham, Surrey, UK / Burlington, VT: Ashgate 2013, S. 1–9, hier S. 2.

44 Vgl. »*Bibelteilen.pdf*«.

45 FLORENCE: *Preaching as Testimony*, S. 121.

46 MOYO, Herbert: »*Liturgy and Justice in Postcolonial Zimbabwe: Holy People, Holy Places, Holy Things in the Evangelical Lutheran Church in Zimbabwe*«, in: CARVALHAES, Claudio (Hrsg.): *Liturgy in postcolonial perspectives: only one is holy*, New York: Palgrave Macmillan 2015 (Postcolonialism and religions), S. 95–106, hier S. 99.

47 Vgl. Kp. 8 und 9 MÜLLER, Sabrina: *Religiöse Erfahrung und ihre transformative Kraft. Empirische und hermeneutische Zugänge zu einem praktisch-theologischen Grundbegriff*, Berlin: De Gruyter 2023.

48 Vgl. MÜLLER, Sabrina und Jasmine SUHNER: »*Eine Frage der Relation: praktisch-theologische Annäherungen an die Frage nach Irrtum und Erkenntnis*«, in: *conexus 2019/2* (2019), S. 8–24, hier S. 9f.

49 LUTHER, Henning: *Religion und Alltag: Bausteine zu einer Praktischen Theologie des Subjekts*, Stuttgart: Radius 1992, S. 23.

50 Vgl. FINGERHUT, Joerg u. a.: *Philosophie der Verkörperung: Grundlagentexte zu einer aktuellen Debatte*, 1., neue Ausg. Aufl., Berlin: Suhrkamp 2013 (Suhrkamp Taschenbuch. Wissenschaft 2060), S. 9–11.

51 HABERMAS, Jürgen: *Theorie des kommunikativen Handelns*, Frankfurt a. M.: Suhrkamp 1988, S. 45.

52 Vgl. FINGERHUT u. a.: *Philosophie der Verkörperung*, S. 9.

53 VON SEGNI, *Lother (Innozenz III.)*, 1990, 42f.

54 GRÖZINGER, Albrecht: »*Vom Verschwinden und der Wiederkehr des Körpers in der Praktischen Theologie*«, in: AUS DER AU, Christina und David PLÜSS (Hrsg.): *Körper – Kulte: Wahrnehmungen von Leiblichkeit in Theologie, Religions- und Kulturwissenschaften*, Zürich: TVZ 2007, S. 75–94.

55 Ebd., S. 79.

56 So die Theologin Eva Hoffmann-Aleith, zitiert nach: Ebd., S. 86.

57 Vgl. WARD, Richard F.: »*Performance Turn in Homiletics*«, in: *Reformed Liturgy and Music 30:2* (1996).

58 Vgl. MCCULLOUGH, Amy P.: »*Her Preaching Body: Embodiment and the Female Preaching Body*«, in: *Practical Matters Journal 6* (2013), S. 1–8.

59 Vgl. z. B. MOLTMANN-WENDEL, Elisabeth: *I Am My Body: A Theology of Embodiment*, Bloomsbury Academic 1995.

60 Vgl. z. B. WAGNER, Andreas: »*Art. Körperteile*«, *Das Wissenschaftliche Bibellexikon im Internet* 2013.

61 Nicht zuletzt auch im zweifachen Blick auf den menschlichen Körper, aber auch die Vorstellung des göttlichen Körpers, vgl. z. B. MARKSCHIES, Christoph: *Gottes Körper: Jüdische, christliche und pagane Gottesvorstellungen in der Antike.*, 1. Aufl., München: C.H.Beck 2016.

62 KLEIN, Gabriele: »*Choreografien des Alltags. Bewegung und Tanz im Kontext Kultureller Bildung*«, in: *Kulturelle Bildung online* (2013), https://www.kubi-online.de/artikel/choreografien-des-alltags-bewegung-tanz-kontext-kultureller-bildung.

63 Vgl. z. B. SCHNÜTGEN, Tatjana K.: *Tanz zwischen Ästhetik und Spiritualität: Theoretische und empirische Annäherungen*, Göttingen: Vandenhoeck & Ruprecht 2019 (Research in contemporary religion; Band 26).

64 Vgl. HILPERT, Anne: »*Tanz im Dazwischen: Neuformulierung einer performativen Religionsdidaktik*«, Stuttgart: Verlag W. Kohlhammer 2020.

65 Gemeinschaftliche Predigt- und Interpretationsprozesse stehen dabei nicht im Fokus. Das Predigtgeschehen bleibt in den Händen der Amtsperson, da kein konkretes, aktives, in Handlungen mündendes Partizipieren der Gemeinde mitbedacht wird. Kritisiert wird dies besonders in Bezug auf die dramaturgische Homiletik, wie Nicol/Deeg sie entwerfen. Beispielsweise beanstandet Hermelink »die Tendenz, die Hörerinnen und Hörer eher performativ-dramaturgisch zu beeindrucken, als eine reflexive Verständigung mit dem Gegenüber zu suchen und dessen religiöse Freiheit zu wahren« (HERMELINK, *Homiletik*, S. 168).

66 Vgl. LANGE, Ernst: *Zur Aufgabe christlicher Rede*, in: R. SCHLOZ (Hrsg.), *Predigen als Beruf. Aufsätze zu Homiletik, Liturgie und Pfarramt*, 1976, S. 52–67, hier S. 53 und S. 58–63.

67 Vgl. MCCLURE: *The roundtable pulpit: where leadership and preaching meet.*

68 Vgl. MCCRAY, Donyelle: »*Playing in Church: Insights from the Boundaries of the Sermon Genre*«, in: *null 36/2* (2021), S. 11–17.

69 Ebd., S. 12.

70 Ebd.

71 Zitiert im Artikel: KIM-CRAGG: *Probing*, S. 28.

72 Vgl. SUGIRTHARAJAH: *Voices from the Margin: Interpreting the Bible in the Third World.*

73 Vgl. dazu z. B. SHEPPARD, Phillis Isabella: »*Womanist Pastoral Theology and Black Women's Experience of Gender, Religion, and Sexuality*«, in: RAMSAY, Nancy J (Hrsg.): *Pastoral theology and care: critical trajectories in theory and practice*, Chichester West Sussex: Wiley-Blackwell 2018, S. 125–148.

74 Vgl. z. B. MCCRAY, *Playing*.

75 Kearney, Richard: *Revisionen des Heiligen: Streitgespräche zur Gottesfrage*, Freiburg: Verlag Herder 2019, S. 308.

76 Ebd., S. 308.

77 Vgl. Conrad, Ruth und Roland Hardenberg: »*Religious Speech as Resource. A Research Report*«, in: *International Journal of Practical Theology 24/1* (2020), S. 165–195, hier S. 166f.

78 Engemann: *Einführung*, S. 256.

79 Vgl. Hermelink: *Homiletik*, S. 157.

80 Vgl. T. Pleizier: *Religious Involvement in Hearing Sermons: A Grounded Theory Study in Empirical Theology and Homiletics*, 2010; Conrad und Hardenberg: S. 166.

81 Vgl. Conrad/Hardenberg: »*Religious Speech as Resource. A Research Report*«, S. 166.

82 Vgl. McCray: *Black*, S. 12f; Kim-Cragg bringt dies folgendermaßen auf den Punkt: »Preaching [is] never a solitary act. It involves people; people from the congregation, people outside church, and even creation itself [...] preaching ought to be conductive to the work of the whole people of God.« Kim-Cragg: *Postcolonial Preaching*, S. 55 und S. 58.

83 Kim-Cragg: *Postcolonial Preaching*, S. 13.

84 Vgl. ebd., S. 16.

85 Vgl. für den Kontextbegriff in der Praktischen Theologie u. a. Schreiter, Robert J.: *Constructing Local Theologies*, Revised Aufl., Maryknoll, N.Y.: Orbis Books 2007; Bevans, Stephen B.: *Models of Contextual Theology*, Maryknoll, N.Y.: Orbis Books 2002; Green, Laurie: *Let's Do Theology: Resources for Contextual Theology*, 2. Aufl., London/New York: Mowbray 2009.

86 Vgl. »*Wir als Open Place..., Evangelische Kirche Kreuzlingen*«, https://www.open-place.ch/wir-als-open-place (abgerufen am 03.03.2022).

87 Vgl. Stephens, Darryl W.: »*A Charismatic Learning: Open and Affirming Ministry in a Methodist Congregation*«, in: *International Journal of Practical Theology 22/2* (2018), S. 193–210, hier S. 195f.

88 »*Reconciling Ministries Network*«; »Reconciling Ministries Network (RMN) equips and mobilizes United Methodists of all sexual orientations and gender identities to resist evil, injustice, and oppression in whatever forms they present themselves. The language of our mission comes from the United Methodist baptismal vow, and that's our charge. Simply put, we work to advance justice and inclusion for all LGBTQ people in The United Methodist Church and beyond. Since 1984, RMN has worked to transform hearts, churches, and communities. We do that through grassroots organizing, resourcing and educating, denomination-level change-making, pastoral care, and working with you: faithful people hopeful for a reconciled Church. RMN began as a faith-based response to institutionalized homophobia braided into the fabric of The United Methodist Church. Now, over 30 years later, the Reconciling movement spans four continents, 1,000+ churches, and 40,000+ individuals. And we're still growing. Love is still growing.« »*Mission & History – Reconciling Ministries Network*«, https://rmnetwork.org/about/who-we-are/ (abgerufen am 03.07.2022).

89 »*A New Grandview*«, in: *Grandview Church*, https://www.grandviewlancaster.org/content.cfm?id=9026 (abgerufen am 03.03.2022).

90 »*Grandview Church*«, in: *Grandview Church*, https://www.grandviewlancaster.org/index.cfm?id=9067 (abgerufen am 03.03.2022).

91 STEPHENS: »*A Charismatic Learning: Open and Affirming Ministry in a Methodist Congregation*«, S. 206.

92 Ebd., S. 204.

93 MOYO: »*Liturgy and Justice in Postcolonial Zimbabwe: Holy People, Holy Places, Holy Things in the Evangelical Lutheran Church in Zimbabwe*«, S. 96.

94 Zum Begriff »human flourishing« vgl. z. B. ROEST, Henk de: *Collaborative Practical Theology: Engaging Practitioners in Research on Christian Practices*, Leiden: Brill 2019, S. 160. »Part of the mission of the church consists of combatting oppression, poverty, isolation or any kind of danger or evil, of strengthening resilience, promoting human flourishing and creating a climate for shared life through dialogue, mutual care, friendship, and compassion for others.« Ein prominenter systematischer Theologie, welcher »human flourishing« zum Ausgangspunkt seiner theologischen Reflexionen macht, ist Miroslav Volf. Er zählt die Förderung von »human flourishing« zur Kernaufgabe von Theologie: »[…] flourishing of human beings and all God's creatures in the presence of God is God's foremost concern for creation and should therefore be the central purpose of theology«. VOLF, Miroslav und Matthew CROASMUN: *For the Life of the World: Theology That Makes a Difference*, Grand Rapids, MI: Brazos Press 2019, S. 11. Im deutschsprachigen Kontext wird der Diskurs im Horizont von »gelingendem und erfülltem Leben« geführt. Vgl. LAUSTER, Jörg: »*Leben. Genetischer Code/Lebensphilosophie/inneres Erleben/ewiges Leben*«, in: GRÄB, Wilhelm und Birgit WEYEL (Hrsg.): *Handbuch Praktische Theologie*, Gütersloh: Gütersloher Verlagshaus 2007, S. 137–148, hier S. 145f.

19 Willkommen auf der Homiletik-Baustelle!

»If the future is to remain open and free,
we need people who can tolerate the unknown,
who will not need
the support of completely worked out systems
or traditional blueprints from the past.«[1]
MARGARET MEAD

Handlungsempfehlungen sind in gewissem Sinne auch dies: Koordinaten für die Zukunft. Solche Koordinaten sind dabei in einer Zeit gesellschaftlicher Transformation selbst liquide, sie stellen kein statisches und ebenso wenig ein geschlossenes Koordinatensystem dar. Sie sind eben eher: Baustellen-Werkzeuge. Transformativ-(m)achtsam zu predigen ist also eine Herausforderung, die gerade durch ihre offene Zukunft und ihr offenes Ziel herausfordernd ist. Sie wird und muss dies auch bleiben.

Die gegenwärtigen Grundkoordinaten sind aber, dies das Plädoyer dieses Buchs: eine große Achtsamkeit im Blick auf Machtdynamiken und monologisches Predigen. Allgemein Stimmen oder leise(re) zu verdrängen, kann Gewalt gegen ebendiese (inneren oder äußeren) Stimmen bedeuten. Sich selbst allein auf ein klassische Kanzelbewusstsein hin zu verengen, kann bedeuten, dass ganze Menschengruppen ausgeschlossen werden. Nur eine diesbezüglich umfassende »(M)achtsamkeit« kann mittelfristig zu nachhaltigen Änderungen in homiletischen Systemen führen.

Transformativ-(m)achtsam zu predigen, ist eine Herausforderung und wird dies wohl auch bleiben, das haben Sie als Lesende wohl immer wieder gedacht. Diesen Herausforderungen gehen wir in diesen letzten Kapiteln nach und enden mit einem ermutigenden Schlusswort für eine polyphone predigende Zukunft.

19.1 Dennoch mutig transformativ predigen!

Viele Predigende und religiös Kommunizierende mögen sich vielleicht schon mehrmals gedacht haben: »Das klingt ja alles gut, aber meine Gemeinde würde bei solch partizipativen Ansätzen nicht mitmachen.« Oder eine andere Person denkt sich vielleicht: »Unsere Pfarrpersonen würden sich nie auf solche Ansätze einlassen.« Wieder andere denken: »Ist das dann überhaupt noch eine Homiletik oder unterlauft ihr Autorinnen nicht das, was sich seit Jahrhunderten bewährt hat?«

All diese Bedenken und Fragen sind gerechtfertigt. Nicht selten stoßen Predigende auf Widerstand in den Gemeinden, insbesondere dann, wenn sie im Gottesdienst Veränderungen anstoßen. Und ja: Es gibt viele Kontexte, in denen die Gemeindemitglieder wahrscheinlich nicht offen für jede Form transformativer Predigt sind. Wenn man sie vor die Wahl zwischen einer traditionellen Predigt und dem, was wir Predigen *jenseits der Kanzel* nennen, stellt, entscheiden sich diese Gemeinden in der Regel immer für die Standardpredigt. Es ist nicht einfach, Räume zu finden oder zu kreieren, in denen sich transformative Predigtgeschehen, wie die hier beschriebenen, entfalten können.

Und schließlich auch: Ja, manch eine:r mag der Ansicht sein, dass wir mit diesem Ansatz den Homiletikbegriff sprengen. Man könnte aber ebenso behaupten: Wir führen ihn auf einen seiner Kerne zurück, indem wir die »Kunst des Umgangs mit Menschenmengen und Versammlungen« (vgl. Kap. 2.1) lösen von manchen Rahmenbedingungen, welche diese Kunst zur Unkunst verhärten. Denn Kunst hat sich noch nie nur an äußere Rahmenbedingungen gehalten und daran gemessen. So möchten wir im Horizont des Homiletik-Begriffs den Blick öffnen für die bestehende Vielfalt dieser Kommunikations-Kunstfertigkeit.

Das Plädoyer dieses Buchs ist das »Dennoch«. Das »Dennoch« ist Teil der Reich Gottes Vorstellung. Es ist Teil jeden transformativen Projekts. Auch einer transformativen Homiletik.

Predigende, die sich in das Feld dessen begeben, was wir in diesem Buch skizziert haben, müssen Strategien entwickeln, um konkrete innere und äußere Herausforderungen zu bewältigen. Nicht jede der hier geschilderten Dimensionen transformativer Homiletik macht im je eigenen Lebens- und Gemeindekontext Sinn. Und häufig lohnt es sich zu fragen, wo wir uns selbst an Gegebenheiten gewöhnt haben, die einer transformativen Homiletikpraxis lediglich im Wege stehen.

Eine Gemeinde kann auch zur Polyphonie ermuntert werden, im Kleinen oder mit einer groß angelegten Aktion. Polyphonie ist ja, als solche, Gemeindemitgliedern der Gegenwart grundsätzlich gut bekannt und zwar in der Hinsicht, dass auch innerhalb einer Gemeinde oft deutlich wird, dass hier Menschen mit unterschiedlichen religiösen Erfahrungen und unterschiedlichen religiösen Sprachen oder Stimmen zusammenkommen. Dass solche Polyphonie aber *aus theologischer Überzeugung* in das »Kanzelgeschehen« integriert und proaktiv gefördert wird, dies bedarf noch vieler mutiger Schritte von vielen Aktuer:innen diesseits und jenseits der Kanzel.

Die bereits erwähnte Gemeinde Straubenzell etwa führte den predigtfreien Monat nach zwei Jahren weiter – und leitete diesen Entscheid mit einer deutlichen Symbolhandlung ein: Die Pfarrerin Kathrin Bolt zersägte eine alte Kanzel: »Es tat schon ein wenig weh«, meinte Bolt auf Anfrage, »aber es hatte auch etwas Befreiendes, so eine Kanzel, sozusagen eine alte Tradition, zersägen zu können.«[2] Dabei betont sie, dass man Altes loslassen müsse, damit Veränderungen überhaupt Raum erhalten könnten. Aus der zersägten Kanzel bauten dann das Pfarrteam, der Sigrist (der kirchliche Hauswart) und Jugendliche gemeinsam einen Tisch. Um diesen Tisch kam die Gemeinde Straubenzell im Februar 2022 erneut für einen Monat zusammen, um gemeinsam zu diskutieren, Abendmahl zu feiern, Gottesdienste gemeinsam zu verantworten und zu gestalten. Der Pfarrkollege von Kathrin Bolt, Uwe Habenicht, betont: »Wir wollen weg vom Monolog, hin zur Tischgemeinschaft«.[3] Einigkeit besteht im Pfarrkollegium, dass man vielfältige religiöse Kommunikationsformen entwickeln muss: »Die Predigt ist für Viele nicht mehr zeitgemäss [sie wirkt] von oben herab.«[4] Am Tisch soll nun in Straubenzell gefeiert, gegessen, gelebt und geweint werden. Die Kanzel wird später in den Pfarrhausgarten gestellt: »Dort sollen die Wettereinflüsse an ihr nagen, bis nichts mehr von ihr übrig ist oder wieder etwas anderes aus ihr werden kann.«[5]

Eine transformativ-(m)achtsame, polyphone Homiletik und das dazugehörige Predigtgeschehen zielen dezidiert auf Veränderungen von autoritären, diskriminierenden und lebenshindernden Strukturen für Einzelne, für Gemeinschaften und Gesellschaft. Gleichzeitig fördert ein gemeindlicher (oder digitaler) Kontext, in welchem diskursive und relationale Erfahrungsräume eröffnet werden und in dem mit Ehrenamtlichen (oder Follower:innen) ein »doing theology« stattfindet, sowohl die Theologieproduktivität als auch die theologische Sprachfähigkeit von Menschen.[6] Dabei geht es weniger darum, Inhalte zu vermitteln, als vielmehr um gemeinsame und individuelle hermeneutische Prozesse. Ziel ist, dass die theologische Sprachfähigkeit von Menschen gefördert wird, sodass sie ihre religiösen Erfahrungen zu deuten vermögen und zu theologisch mündigen Subjekten im Horizont des Allgemeinen Priestertums und einer multireligösen Gesellschaft werden.[7]

Die bereits erwähnte Conrad kritisiert in ihrem Homiletikentwurf *Weil wir etwas wollen!*, dass es in der gegenwärtigen deutschsprachigen Homiletik an einer konkreten Predigtabsicht mangele.[8]

Lange fügte der homiletischen Debatte zudem schon früh den Aspekt der Theologiefähigkeit der Menschen hinzu. Seine Perspektive und sein Predigtverständnis waren geprägt von einer partizipativen Empowermentperspektive. Der Modus des gemeinsamen Theologisierens ist dabei auf den Alltag bezogen, er bedeutet eine permanente Verschränkung von Erfahrung und Praxis[9] mit dem Ziel, lebensfördernde Prozesse anzuregen und zu einer »Sprachschule für die Freiheit«[10] anzuleiten, in der die eigene Existenz im Licht persönlicher und manchmal auch pneumatologischer Hoffnungsperspektiven wahrgenommen und *transformiert* werden kann. »Die Situation verändert sich, indem das Licht der göttlichen Verheißung auf sie fällt. Tradition und Situation, Verheißung und Wirklichkeit werden miteinander – wie Lange formuliert – versprochen.«[11]

Die feministisch-postkolonialen Ansätze sind gar nicht ohne diese *transformative* Dimension zu denken. Erinnert sei hier nochmals an Kim-Craggs Konzept der Imagination: »The preaching imagination combined with the practice of rehearsal enables people to dream a different word, living out of a reality that is not readily obvious and barely audible.«[12] Predigen ist daher, und das möchten wir betonen, auch nicht bloß eine sonntägliche Aktivität, sondern eine Alltagspraxis: »Preaching is a public theological practice that takes the whole world as its preaching space.«[13] Kim-Craggs Fokus liegt dabei auf der Entstehung einer alternativen Community, die sich für soziale, Gender- und Race-Gerechtigkeit einsetzt.[14]

Die Stärke transformativ-(m)achtsamer Homiletik und Predigt besteht darin, dass Flexibilität gefördert und der Status quo infrage gestellt werden kann. Die Hoffnung ist, dass das Evangelium dabei der Stein ist, der ins Wasser fällt und einen *ripple*-Effekt auslöst.

Was in verschiedenen womanist und feministisch-postkolonialen Diskussionen ersichtlich wird, ist die Empowermentperspektive, die im reformierten Kontext in der Formel des Allgemeinen Priestertums zum Ausdruck gebracht wird. Diese Perspektive will Glaube und Hoffnung wecken, indem gesellschaftlich-transformative Prozesse im Horizont einer Reich Gottes-Perspektive angestoßen werden.

Um mit unseren Erfahrungen für dieses »Dennoch« einer (m)achtsam-transformativen Homiletik aus je unseren eigenen Perspektiven hier zu enden:

Ich, Sabrina Müller, war sechs Jahre Pfarrerin in einer engagierten Landgemeinde. Die Gottesdienste waren rege besucht, aber im klassischen Format monologischer Predigten gehalten. Schon bei meinem ersten Gottesdienst versuchte ich die Gemeinde in ganz kleinen Schritten zu aktivieren, indem ich während der Predigt innehielt, eine rote Schnur von Person zu Person weitergegeben wurde und ein Gedanke geteilt werden konnte (aber nicht musste). Über die Jahre baute ich diese Interaktionen so aus, dass sich die Gemeinde daran gewöhnte, dass sie den Gottesdienst aktiv mitgestaltete, durch spontane Gedankenbeiträge während des Predigtteils, durch erfahrungsorientierte Spontantheater in den Bankreihen, durch selbstgewählte unterschiedliche Vertiefungsformate wie Diskussionsgruppen, Meditationen usw. in verschiedenen Ecken der Kirche oder durch polyphone Predigten, bei denen viele Menschen zu Wort kamen. Natürlich ließ sich dies nicht immer so durchführen, doch sehr häufig. Ich stellte mit der Zeit fest, dass die Gottesdienstgemeinde darauf wartet, involviert und selbst aktiv zu werden.

Häufig ist es auch hilfreich, eine transformativ-polyphone Predigtpraxis in Jugendgottesdiensten, zu besonderen Anlässen, in Lagern, bei Bibelstudien oder aber auf Instagram oder Twitter einzuüben. Diese gewonnenen Erfahrungen können sodann auf andere Predigten, Vorträge und auf verschiedene gottesdienstliche Anlässe übertragen werden.

Wenn eine Person denkt, dass sich die Pfarrpersonen nicht auf transformativ-(m)achtsames Predigtgeschehen einlassen würden, kann wiederum im Kleinen begonnen werden. In der Gemeinde, an Anlässen, Treffen, in Hauskreisen kann z. B. das Bibel-Teilen (vgl. Kp. 17.2) eingeübt werden. Das Bibel-Teilen ist eine partizipative Form, das einen ganzen Gottesdienst ersetzen kann und wird häufig von nichtordinierten Personen geleitet und gestaltet. Eine Gemeinde, die im Bibel-Teilen geübt ist und gelernt hat, auf dieses polyphone Predigtgeschehen zu hören, wird zu einer theologisch sprachfähigen Gemeinde.

Ich, Jasmine Suhner, erlebe wiederum in zahlreichen Gesprächen inner- und außerkirchlich, was so manche Pfarrperson, aber auch weitere innovative, religiös kommunizierende Person wohl umgehend bestätigen kann: Eine überaus große Offenheit bei zahlreichen Menschen für prägende, partizipative religiöse Kommunikation. Ebenso eine große theologische, religiöse, fluid-religiöse Neugier und das Bedürfnis zu fragen und sich mitzuteilen. Und ein Gemeinschaftsbedürfnis, das sich aus eben diesem Fragen und Mitteilen ergibt. Nicht mit einer vorgegebenen Kirchgemeinde arbeite ich – sondern an vielfältigen Orten, an denen Menschen jeglicher Weltanschauung und mit verschiedensten Lebenserfahrungen zusammenkommen. Empfehlenswert (und immer wieder erhellend – manche Leser:innen mögen dies bestätigen) ist dabei, Menschen wiederholt darauf hinzuweisen, dass es durchaus erlaubte (und seelisch wichtige) Aufgabe sei, offene Fragen zu stellen, eigene Sprache zu entwickeln, im Dialog zu bleiben. Das Theologisieren aller ist noch lange nicht in den Köpfen der Individuen angelangt; der theologisch-individualisierte Auftrag scheint, als Erlaubnis, noch lange nicht mit institutioneller Religion verknüpft zu werden in den Köpfen vieler Menschen. Zur Polyphonie zählt dabei auch das nonverbale Kommunizieren, zählen Bewegung, Tanz, Gestik, zählen Tränen und Schweiß und Anklage und das je eigene Raumgeben für innere, verdrängte Stimmen. Dies bedeutet Arbeit. Und solche Arbeit ist man nur bereit auf sich zu nehmen, wenn man schon – verkörperte – Erfahrungen gemacht hat mit dem Religiösen, eben: in der Tanzstunde beim Wahrnehmen von etwas, was einen selbst übersteigt; in der Demut beim Entscheid zu heiraten; im großen Erschöpfungstief, in dem man sich irgendwie doch noch ein bisschen gehalten fühlt.

Manchmal bedarf das Dennoch radikaler Vorgehensweisen. Es braucht durchaus Mut, symbolisch sowie handfest zu verdeutlichen: hier wird neu gedacht und gehandelt. Das »Dennoch« transformativ-(m)achtsamen Predigens ist notwendig. Ohne Widerstand – eben bisheriger autoritativer, mächtiger Systeme und Strukturen gäbe es keine Notwendigkeit für aktive Veränderung. McCray betont dies wiederum mit dem Bild von Mose, Miriam und Aaron: »Yet the fact that many faith communities may ultimately prefer the Moses model over Miriam or Aaron remains painful. […] I see these Miriams and Aarons as hinge figures who are helping congregations see themselves anew and pivot to a world that needs a more loving vision of authority.«[15]

19.2 Dies ist erst der Anfang

Anfangen – dies hat im Zusammenhang unserer Ausführungen zum Machtverständnis von Hannah Arendt eine Rolle gespielt. Wir schreiben an dieser Stelle kein »Schlusswort«. Natürlich: Wir hoffen, dass es uns gelungen ist, Sie für die Vielfalt noch zu beschreitender Wege einer transformativ-(m)achtsamen Homiletik zu begeistern. Dank vieler Pionier:innen und deren Geschichten und Beispiele entwickeln sowohl die Kirche und außerkirchlich religiös Kommunizierende, auch unabhängig theoretischer Diskurse, ein Gespür dafür, was neue Wege polyphonen Homiletisierens sein können und wo und wie sich diese Pfade wirkungsvoll, inspiriert, systemisch bewusst, (m)achtsam »bauen« lassen.

Wir hoffen aufgezeigt zu haben: Wenn die Stimmen von Frauen, queeren Personen und People of Color in den homiletischen Seminaren und im homiletischen Diskurs fehlen, dann fallen ganze Erfahrungswelten weg. Es ist, als würde man Beethovens Symphonie Nr. 9 aufführen und dabei bloß ein Register des ganzen Orchesters aufbieten. Dadurch gehen die Zwischentöne verloren, bei denen Wissen induktiv konstruiert und partizipativ zur Sprache gebracht wird und bei denen Begründungszusammenhänge prozessual aus existenziellen, individuellen und gemeinschaftlichen Erfahrungen entstehen.

Insbesondere in den homiletischen Seminaren läge das Potenzial, zu Reflexionsorten zu werden, in denen transformativ-(m)achtsame religiöse Kommunikation eingeübt werden kann. Es sind erfahrungsorientierte, diversitätssensible und gleichzeitig partizipative Impulse, die Kreise ziehen und die wiederum in die deutschsprachige und auch internationale Homiletikdebatte einfließen dürfen.

Auch der Ort der Kanzel wird daraufhin neu ausverhandelt werden müssen. Wo dieser Ort sein wird, ist nicht nur von den homiletischen Diskursen, sondern ebenso von der polyphonen Praxis zu bestimmen. Es werden aber (m)achtsame (Predigt-)Orte sein, die stets neu kreiert werden müssen und die wohl weniger erhöhte, denn erhörende Orte sind. Es werden wohl viele runde Tische und, mehr noch als das, viele homiletische Baustellen sein.[16]

1 Mead, Margaret: *Coming of age in Samoa* (1928). New York: Mariner Books 2001.

2 Bättig, Andreas: »*Pfarrerin macht aus der Kanzel Kleinholz: ref.ch*« (13.01.2022), https://www.ref.ch/news/kathrin-bolt-straubenzell-gottesdienst-predigt/ (abgerufen am 17.08.2022).

3 Ebd.

4 Ebd.

5 Ebd.

6 Vgl. Green: *Let's Do Theology.*

7 Seit der Reformation steht beim Gedanken des Allgemeinen Priestertums deshalb die Überzeugung im Zentrum, dass jede Person die Bibel selbst lesen und verstehen kann und dies nicht mehr nur dem Klerus vorbehalten ist. Damit ist jeder Mensch für seine religiösen Überzeugungen selbst verantwortlich und ist somit auch theologisch mündig. Vgl. dazu Kunz, Ralph und Matthias Zeindler (Hrsg.): *Alle sind gefragt: Priestertum aller Gläubigen heute*, Zürich: Theologischer Verlag Zürich 2018, S. 7.

8 Vgl. Conrad: *Weil wir etwas wollen!: Plädoyer für eine Predigt mit Absicht und Inhalt*, S. 9.

9 Vgl. Hermelink, Jan: »*Lange, Ernst (1927–1974)*«, *Theologische Realenzyklopädie Online*, De Gruyter 2010, S. 438f.

10 Lange, Ernst: »*Sprachschule für die Freiheit. Bildung als Problem und Funktion der Kirche*«, in: Schloz, Rüdiger und Alfred Butenuth (Hrsg.): *Kirche für die Welt. Aufsätze zur Theorie kirchlichen Handelns*, München/Gelnhausen: Chr. Kaiser 1992.

11 Weyel: »*Predigt*«, S. 633.

12 Kim-Cragg: *Postcolonial Preaching*, S. 29.

13 Ebd., S. 20.

14 Ebd.

15 McCray: »*Playing in Church: Insights from the Boundaries of the Sermon Genre*«, S. 16.

16 Vgl. Lk 14, 15-24.

20 Bibliografie

Zürcher Bibel, Zürich: TVZ Theologischer Verlag Zürich 2008.

»*A New Grandview*«, in: *Grandview Church*, https://www.grandviewlancaster.org/content.cfm?id=9026 (abgerufen am 03.03.2022).

AERNE, Pierre: *Frauen auf der Kanzel: Frauenordination und Frauenpfarramt in den Reformierten Kirchen der Schweiz*, Zürich 2015.

ALBERTZ, Rainer und Claus WESTERMANN: »*Art. rûah - Geist*«.

ANTER, Andreas: *Theorien der Macht. Zur Einführung*, 3. Aufl., Società editrice il Mulino 2017.

ARENDT, Hannah: *On violence*, New York/London 1970.

ARENDT, Hannah: *Elemente und Ursprünge totaler Herrschaft (1951/1955)*, 4. Aufl., München: Piper 1986.

ARENDT, Hannah: *Macht und Gewalt*, 6. Aufl., München 1987.

ARENDT, Hannah: *Vita activa oder Vom tätigen Leben*, München: Piper 2002.

ARENDT, Hannah: *Denktagebuch*, Bd. 2, hrsg. v. Ursula LUDZ und Ingeborg NORDMANN, München/Zürich: Piper 2003.

ASTLEY, Jeff: »*The Analysis, Investigation and Application of Ordinary Theology*«, in: FRANCIS, Leslie J. und Jeff ASTLEY (Hrsg.): *Exploring Ordinary Theology: Everyday Christian Believing and the Church*, Farnham, Surrey, UK/Burlington, VT: Ashgate 2013, S. 1–9.

BASS, Dorothy C. u. a.: *Christian practical wisdom: what it is, why it matters*, Grand Rapids, Michigan: William B. Eerdmans Publishing Company 2016.

BÄTTIG, Andreas: »*Pfarrerin macht aus der Kanzel Kleinholz: ref.ch*« (13.01.2022), https://www.ref.ch/news/kathrin-bolt-straubenzell-gottesdienst-predigt/ (abgerufen am 17.08.2022).

BAUER, Gisa und Paul METZGER: *Grundwissen Konfessionskunde*, 1. Aufl., Stuttgart: utb GmbH 2019 (Bauer, Grundwissen Konfessionskunde).

BECKER, Ruth: *Handbuch Frauen- und Geschlechterforschung: Theorie, Methoden, Empirie*; 3. Aufl., Wiebaden: Springer, 2010.

BELLAR, Wendi: »*Private practice: using digital diaries and interviews to understand evangelical Christians' choice and use of religious mobile applications*«, in: *Research methods and theories in digital religion studies* (2018), S. 111–125.

BERGER, Peter: *The Many Altars of Modernity, Toward a Paradigm for Religion in a Pluralist Age*, Berlin/Boston: de Gruyter 2014.

BERGUNDER, Michael: »*Was ist Religion? Kulturwissenschaftliche Überlegungen zum Gegenstand der Religionswissenschaft*«, in: *Zeitschrift für Religionswissenschaft 19/1* (2011), S. 3–55.

BERTALANFFY, Ludwig von: *General system theory: foundations, development, applications*, Revised ed., [15th paperback printing] Aufl., New York: Braziller 2006.

BEVANS, Stephen B.: *Models of Contextual Theology*, Maryknoll, N.Y.: Orbis Books 2002.

BHABHA, Homi: »*In the Cave of Making. Thoughts on Third Space*«, in: IKAS, Karin und Gerhard WAGNER (Hrsg.): *Communicating in the Third Space*, New York 2009, S. ix–xiv.

BOHREN, Rudolf: *Predigtlehre*, 3. Aufl., München: C. Kaiser 1974 (Einführung in die evangelische Theologie Bd. 4).

BOND, Susan: *Contemporary African American Preaching. Diversity in Theory and Style*, St. Louis 2003.

BUBLITZ, Hannelore: *Diskurs*, Bielefeld: transcript Verlag 2003.

BUTLER, Judith: *Das Unbehagen der Geschlechter*, 22. Aufl., Frankfurt am Main: Suhrkamp Verlag 1991 (es 1722 Neue Folge 722 Gender studies).

BUTLER, Judith: *Körper von Gewicht: Die diskursiven Grenzen des Geschlechts*, Frankfurt am Main: Suhrkamp 1997 (es 1737 Neue Folge 737 Gender studies).

CAMPBELL, Heidi A.: *Digital Creatives and the Rethinking of Religious Authority*, London: Routledge 2020.

CAMPBELL, Heidi A. und Stephen GARNER: *Networked Theology: Negotiating Faith in Digital Culture*, Grand Rapids, MI: Baker Academic 2016.

CARVALHAES, Cláudio: »*Liturgy and Postcolonialism: An Introduction*«, *Liturgy in postcolonial perspectives. Only one is holy*, New York: Palgrave Macmillan 2015 (Postcolonialism and Religions), S. 1–20.

CARVALHAES, Claudio (Hrsg.): *Liturgy in postcolonial perspectives: only one is holy*, New York: Palgrave Macmillan 2015 (Postcolonialism and religions).

CARVALHAES, Cláudio: »*FORMS OF SPEECH, RELIGION, AND SOCIAL RESISTANCE*«, in: *CrossCurrents 66/2* (2016), S. 136–153.

CARVALHAES, Claudio: *Liturgies from Below: Praying with People at the End of the World*, Nashville: Abingdon Press 2020.

CARVALHAES, Cláudio: *Praying with Every Heart: Orienting Our Lives to the Wholeness of the World*, Eugene, Oregon: Cascade Books 2021.

CARVALHAES, Cláudio: »*Preaching in the 21st century: Metaphors and ideologies*« (abgerufen am 08.08.2022).

CASSIANUS, Johannes: »*Vierundzwanzig Unterredungen mit den Vätern (Collationes patrum)*«, *Sämtliche Schriften des ehrwürdigen Johannes Cassianus: erster Band / aus dem Urtexte übers. von Antonius Abt*, Bd. 59 und 68, Kempten 1879 (Bibliothek der Kirchenväter, 1 Serie), https://bkv.unifr.ch/de/works (abgerufen am 22.3.2023).

CASTELLS, Manuel: *The Information Age: Economy, Society and Culture*, Oxford 2010.

CASTRO VARELA, Maria do Mar und Nikita DHAWAN: *Postkoloniale Theorie: Eine kritische Einführung*, 3. Aufl., Stuttgart: utb GmbH 2020.

CHEONG, Pauline Hope, Shirlena HUANG und Jessie P. H. POON: »*Cultivation online and offline Pathways to Enlightenment. Religious authority and strategic arbitration in wired Buddhist organization*«, in: *Information, Communication & Society 14/8* (2011), S. 1160–1180.

CHUNG, Hyun Kyung: »*Komm, Heiliger Geist – erneuere die Schöpfung*«, *Vortrag auf der 7. Vollversammlung des Ökumenischen Rats der Kirchen in Canberra, 1991*«, in: CHUNG, Hyun Kyung (Hrsg.): *Schamanin im Bauch – Christin im Kopf. Frauen Asiens im Aufbruch*, Stuttgart 1992, S. 17–30.

CLOETE, Anita L.: »*Living in a digital culture: The need for theological reflection*«, in: *HTS Teologiese Studies / Theological Studies 71/2* (2015), S. 7.

COHEN, Cathy J.: »*Bulldaggers, and Welfare Queens: The Radical Potential of Queer Politics?*«, in: JOHNSON, E. Patrick und Mae G. HENDERSON (Hrsg.): *Black Queer Studies: A Critical Anthology*, Durham/London 2005, S. 21–51.

CONRAD, Ruth: *Weil wir etwas wollen!: Plädoyer für eine Predigt mit Absicht und Inhalt*, Neukirchen-Vluyn: Neukirchener Theologie 2014 (Evangelisch-katholische Studien zu Gottesdienst und Predigt Bd. 2).

CONRAD, Ruth und Roland HARDENBERG: »*Religious Speech as Resource. A Research Report*«, in: *International Journal of Practical Theology 24/1* (2020), S. 165–195.

CONSALVO, Mia und Charles ESS: »*Introduction*«, in: CONSALVO, Mia und Charles Ess (Hrsg.): *The Handbook of Internet Studies*, Malden, MA: Wiley-Blackwell 2012, S. 1–8.

»*Content mit Mehrwert: Der Aufstieg der Sinnfluencer | Mintel.com*«, https://de.mintel.com/blog/medien-und-werbung/content-mit-mehrwert-der-aufstieg-der-sinnfluencer (abgerufen am 23.10.2021).

»*contoc. Churches Online in Times of Corona*«, https://contoc.org/de/contoc/ (abgerufen am 22.01.2022).

COOPER, Caren: *Citizen Science: How Ordinary People Are Changing the Face of Discovery*, New York, N.Y: OVERLOOK PR 2016.

CRADDOCK, Fred B.: *As One Without Authority*, 3. Aufl., Nashville: Abingdon Press 1979.

CRENSHAW, Kimberlé Williams: »*Mapping the Margins: Intersectionality, Identity Politics, and Violence against Women of Color*«, in: *Stanford Law Review 43* (1991), S. 1241–1299.

DALFERTH, Ingolf U.: *Wirkendes Wort. Bibel, Schrift und Evangelium im Leben der Kirche und im Denken der Theologie*, Leipzig: Evangelische Verlagsanstalt 2018.

DAMBLON, Albert: *Zwischen Kathedra und Ambo. Zum Predigtverständnis des II. Vatikanums – aufgezeigt an den liturgischen Predigtorten*, Düsseldorf: Patmos 1988.

DAMBLON, Albert: *Ab-kanzeln gilt nicht: Zur Geschichte und Wirkung christlicher Predigtorte*, Münster, Hamburg, London: LIT 2003.

DEEG, Alexander: »*Geist und Buchstabe: homiletisch-hermeneutische Überlegungen zu einer schwierigen Beziehung*«, *Bibelwort und Kanzelsprache. Homiletik und Hermeneutik im Dialog*, Leipzig: Evangelische Verlagsanstalt 2010.

DELEUZE, Gilles und Félix GUATTARI: *A Thousand Plateaus: Capitalism and Schizophrenia*, London/New York 2004.

DERRIDA, Jacques: *Auslassungspunkte: Gespräche (hg. von P. Engelmann)*, Wien: Passagen Verlag 1998.

»*Die Situation in den evangelisch-reformierten Kirchen*«, https://kirchenstatistik.spi-sg.ch/die-situation-in-den-evangelisch-reformierten-kirchen/ (abgerufen am 14.11.2021).

DIETZ, Mary G.: »*Feminist Receptions of Hannah Arendt*«, in: HONIG, Bonnie (Hrsg.): *Feminist Interpretations of Hannah Arendt*, Pennsylvania 1995, S. 17–50.

»*Digitale Bildung und Freiwilligenarbeit*«, http://www.theologie.uzh.ch/de/faecher/praktisch/kirchenentwicklung/Forschung/Digitale-Bildung.html (abgerufen am 10.03.2022).

DIJCK, José VAN und Thomas POELL: »*Understanding Social Media Logic*«, in: *Media and Communication 1/1* (2013), S. 2–14.

DINTER, Astrid, Hans-Günter HEIMBROCK und Kerstin SÖDERBLOM (Hrsg.): *Einführung in die Empirische Theologie: Gelebte Religion erforschen*, Göttingen: UTB 2007.

DIX, Carolin: *Die christliche Predigt im 21. Jahrhundert Multimodale Analyse einer Kommunikativen Gattung*, Wiesbaden 2020.

EBELING, Gerhard: *Wort und Glaube. Beiträge zur Fundamentaltheologie, Soteriologie und Ekklesiologie*, Bd. 3, Tübingen: Mohr Siebeck 1975.

EISLER, Riane: *The Power of Partnership (New World Library)*, Novato (California) 2002.

EMMINGHAUS, Johannes H.: »*Gestaltung des Altarraums*« *11*, Salzburg 1985.

ENGEMANN, Wilfried: *Personen, Zeichen und das Evangelium: Argumentationsmuster der Praktischen Theologie*, Leipzig: Evangelische Verlagsanstalt 2003 (Arbeiten zur praktischen Theologie Bd. 23).

ENGEMANN, Wilfried: *Einführung in die Homiletik*, 2. Aufl., Tübingen: A. Francke 2011 (UTB 2128. Theologie).

ENNO, Rudolph: *Wege der Macht. Philosophische Machttheorien von den Griechen bis heute*, Weilerswist 2017.

EVANG.-LUTHERISCHE KIRCHE HANNOVERS: »*Frauen gehören nicht auf die Kanzel? Oh doch!*« (2021), https://www.landeskirche-hannovers.de/evlka-de/presse-und-medien/frontnews/2021/09/09 (abgerufen am 09.11.2022).

EVOLVI, Giulia: »*Materiality, Authority, and Digital Religion: The Case of a Neo-Pagan Forum*«, in: *Entangled Religions 11/3* (2020), https://er.ceres.rub.de/index.php/ER/article/view/8574 (abgerufen am 28.09.2022).

FAIX, Tobias und Tobias KÜNKLER (Hrsg.): *Handbuch Transformation: ein Schlüssel zum Wandel von Kirche und Gesellschaft*, Neukirchen-Vluyn: Neukirchener Verlag 2021.

FINGERHUT, Joerg u. a.: *Philosophie der Verkörperung: Grundlagentexte zu einer aktuellen Debatte*, 1., neue Ausg. Aufl., Berlin: Suhrkamp 2013 (Suhrkamp Taschenbuch. Wissenschaft 2060).

FLORENCE, Anna Carter: *Preaching as Testimony*, Westminster John Knox Press 2007.

FORST, Rainer: *Normativität und Macht: zur Analyse sozialer Rechtfertigungsordnungen*, Erste Auflage, Berlin: Suhrkamp 2015 (Suhrkamp-Taschenbuch Wissenschaft 2132).

FOUCAULT, Michel: *Archäologie des Wissens*, Frankfurt am Main: Suhrkamp 1973 (stw 536).

FOUCAULT, Michel: *Überwachen und Strafen: Die Geburt des Gefängnisses*, Frankfurt a. M. 1977.

FRANK, Michael C.: »*Kolonialismus und Diskurs: Michel Foucaults ›Archäologie‹ in der postkolonialen Theorie*«, in: KOLLMANN, Susanne und Kathrin SCHÖDEL (Hrsg.): *PostModerne De/Konstruktionen: Ethik, Politik und Kultur am Ende einer Epoche*, Münster: LIT 2004, S. 139–155.

GERBER, Christine: »*Das Pneuma weht, wo es will. Neutestamentliche Hilfen zum Wiederfinden der Freiheit des Pneuma*«, in: MOLTMANN-WENDEL, Elisabeth (Hrsg.): *Die Weiblichkeit des Heiligen Geistes. Studien zur Feministischen Theologie*, Gütersloh: Gütersloher Verlagshaus 1995, S. 38–56.

GERHARDT, Volker: »*Vom Willen zur Macht: Anthropologie und Metaphysik der Macht am exemplarischen Fall Friedrich Nietzsches*«, Berlin: W. de Gruyter 1996.

GESENIUS, Wilhelm: *Wilhelm Gesenius' Hebräisches und aramäisches Handwörterbuch über das Alte Testament*, Unveränderter Neudr. der 1915 erschienenen 17. Aufl., Berlin: Springer 1962 (Hebräisches und aramäisches Handwörterbuch über das Alte Testament).

GO, Yohan, David Schnasa JACOBSEN und Duse LEE: »*Introduction to the Essays of the Consultation on Preaching and Postcolonial Theology*«, in: *HMLTC 40/1* (2015), https://ejournals.library.vanderbilt.edu/index.php/homiletic/article/view/4116 (abgerufen am 18.11.2021).

Gössmann, Elisabeth u. a. (Hrsg.): *Wörterbuch der feministischen Theologie*, Gütersloh 1991.

Goto, Courtney: »*Writing in Compliance with the Racialized Zoo of Practical Theology*«, in: Mercer, Joyce Ann und Bonnie J. Miller-McLemore (Hrsg.): *Conundrums in Practical Theology*, Leiden/Boston: Brill 2016, S. 110–133.

»*Grandview Church*«, in: *Grandview Church* , https://www.grandviewlancaster.org/index.cfm?id=9067 (abgerufen am 03.03.2022).

Green, Laurie: *Let's Do Theology: Resources for Contextual Theology*, 2. Aufl., London / New York: Mowbray 2009.

Grin, John, Jan Rotmans und Johan Schot: *Transitions to Sustainable Development: New Directions in the Study of Long Term Transformative Change*, New York: Routledge 2010.

Grözinger, Albrecht: *Praktische Theologie und Ästhetik: ein Beitrag zur Grundlegung der praktischen Theologie*, 2., durchgesehene Aufl., München: C. Kaiser 1991.

Grözinger, Albrecht: »*Vom Verschwinden und der Wiederkehr des Körpers in der Praktischen Theologie*«, in: Aus der Au, Christina und David Plüss (Hrsg.): *Körper – Kulte: Wahrnehmungen von Leiblichkeit in Theologie, Religions- und Kulturwissenschaften*, Zürich: TVZ 2007, S. 75–94.

Grözinger, Albrecht: *Homiletik*, Gütersloh: Gütersloher Verlagshaus 2008 (Lehrbuch Praktische Theologie Bd. 2).

Grözinger, Albrecht: »*Mit den Sinnen sprechen*«, in: Charbonnier, Lars, Konrad Merzyn und Peter Meyer (Hrsg.): *Homiletik: aktuelle Konzepte und ihre Umsetzung*, Göttingen: Vandenhoeck & Ruprecht 2012 (elementar. Arbeitsfelder im Pfarramt), S. 153–165.

Guzek, Damian: »*Discovering the Digital Authority: Twitter as Reporting Tool for Papal Activities*«, in: *Online - Heidelberg Journal of Religions on the Internet 9* (2015), https://heiup.uni-heidelberg.de/journals/index.php/religions/article/view/23533 (abgerufen am 28.09.2022).

Habermas, Jürgen: *Theorie des kommunikativen Handelns*, Frankfurt a. M.: Suhrkamp 1988.

Hall, Stuart: »*Rassismus als ideologischer Diskurs*«, in: *Das Argument 178* (1989), S. 7–16.

Han, Byung-Chul: *Müdigkeitsgesellschaft*, 12. Aufl., Berlin: Matthes & Seitz 2021.

Harker, David: *Creating Scientific Controversies: Uncertainty and Bias in Science and Society*, Cambridge: Cambridge University Press 2015.

Harker, David: »*Two challenges for the naïve empiricist*«, *Creating Scientific Controversies: Uncertainty and Bias in Science and Society*, Cambridge: Cambridge University Press 2015, S. 37–59.

Hauschildt, Eberhard und Uta Pohl-Patalong: *Kirche*, Gütersloh: Gütersloher Verlagshaus 2013.

Hering, Rainer: »*Frauen auf der Kanzel? Die Auseinandersetzungen um Frauenordination und Gleichberechtigung der Theologinnen in der Hamburger Landeskirche*«, in: Hering, Rainer und Inge Mager (Hrsg.): *Kirchliche Zeitgeschichte (20. Jahrhundert) Hamburgische Kirchengeschichte in Aufsätzen, Teil 5*, Hamburg 2008 (Arbeiten zur Kirchengeschichte Hamburgs 26), S. 105–153.

Hering, Rainer: »*Frauen auf der Kanzel? Die Auseinandersetzungen um Frauenordination und Gleichberechtigung der Theologinnen in der Hamburger Landeskirche*«, in:

Kirchliche Zeitgeschichte (20. Jahrhundert) Hamburgische Kirchengeschichte in Aufsätzen, Teil 5 (2008), S. 105–154.

Hermelink, Jan: »*Lange, Ernst (1927–1974)*«, *Theologische Realenzyklopädie Online*, De Gruyter 2010.

Hermelink, Jan: »*Homiletik*«, in: Fechtner, Kristian u. a. (Hrsg.): *Praktische Theologie: Ein Lehrbuch*, Stuttgart: Kohlhammer 2017, S. 152–170.

»*Hermeneutische Dynamiken individueller und gemeinschaftlicher christlich-religiöser Sinnstiftung in einer Kultur der Digitalität*«, http://www.digitalreligions.uzh.ch/de/research/internaldynamics/p6_hermeneutical_dynamics_virtual_embodied_communities.html (abgerufen am 10.03.2022).

Hilberath, Bernd Jochen: »*Zur Personalität des Heiligen Geistes*«, in: *TThQ 173* (1993), S. 98–112.

Hilpert, Anne: »*Tanz im Dazwischen: Neuformulierung einer performativen Religionsdidaktik*«, Stuttgart: Verlag W. Kohlhammer 2020.

Hippo, Augustinus v.: »*Ausgewählte Briefe (Erster Teil)*«, *Des heiligen Kirchenvaters Aurelius Augustinus ausgewählte Briefe / aus dem Lateinischen mit Benutzung der Übers. von Kranzfelder übers. von Alfred Hoffmann*, Bd. 29–30, Kempten 1917 (Des heiligen Kirchenvaters Aurelius Augustinus ausgewählte Schriften Bd. 9–10; Bibliothek der Kirchenväter, 1. Reihe).

Holland-Cunz, Barbara: »*Die Wiederentdeckung der Herrschaft: Begriffe des Politischen in Zeiten der Transformation*«, 1998.

Hoover, Stewart M.: »*Religious Authority in the Media*«, in: Hoover, Stewart M. (Hrsg.): *The Media and Religious Authority*, Pennsylvania: University Park: Penn State University Press 2016.

Hörsch, Daniel: »*Midi-Studie: DIGITALE VERKÜNDIGUNGS-FORMATE WÄHREND DER CORONA-KRISE*«, S. 64.

Imbusch, Peter (Hrsg.): *Macht und Herrschaft: sozialwissenschaftliche Theorien und Konzeptionen*, 2. Aufl., Wiesbaden: Springer 2012.

Inhetveen, Katharina: »*Macht*«, in: Baur, Nina u. a. (Hrsg.): *Handbuch Soziologie*, Wiesbaden 2008, S. 253–272.

Iris Buchheim, Bayerischer Rundfunk: »›*Mehr Resonanz bitte!*‹*: Hartmut Rosa und seine preisgekrönte Theorie vom guten Leben*« (2016), https://www.br.de/radio/bayern2/sendungen/kulturjournal/hartmut-rosa-resonanz-100.html (abgerufen am 29.09.2022).

James F. White: »*Kanzel*«, *Religion in Geschichte und Gegenwart - Online Publication*, 4. Aufl., Leiden: Brill.

Kammler, Clemens u. a.: *Foucault-Handbuch: Leben, Werk, Wirkung*, Stuttgart 2014.

Kant, Immanuel: *Träume eines Geistersehers, erläutert durch Träume der Metaphysik. Textkritisch herausgegeben und mit Beilagen versehen*, hrsg. v. Rudolf Malter, Stuttgart 1976.

Karle, Isolde: *Praktische Theologie*, Bd. 7, Leipzig: Evangelische Verlagsanstalt 2020 (Lehrwerk Evangelische Theologie).

Karthago, Cyprian v.: »*The epistles of Cyprian*«, in: Roberts, Alexander und James Donaldson (Hrsg.): *The Writings of the Fathers Down to AD 325 ANTE-NICENE FATHERS VOLUME 5: Hippolytus, Cyprian, Caius, Novatian, Appendix*, 2. Aufl., Edinburgh 1995.

KEARNEY, Richard: *Revisionen des Heiligen: Streitgespräche zur Gottesfrage*, Freiburg: Verlag Herder 2019.

KESSLER, Rainer: *Micha*, Freiburg: Herder 1999 (Herders Theologischer Kommentar zum Alten Testament).

KIM-CRAGG, HyeRan: »*Probing the Pulpit: Postcolonial Feminist Perspectives*«, in: *null 34/2* (2019), S. 22–30.

KIM-CRAGG, HyeRan: »*Invisibility of Whiteness: A Homiletical Interrogation*«, in: *HMLTC 46/1* (2021), S. 28–39.

KIM-CRAGG, Hyeran: *Postcolonial Preaching: Creating a Ripple Effect*, Lanham: Lexington Books 2021.

KLEIN, Gabriele: »*Choreografien des Alltags. Bewegung und Tanz im Kontext Kultureller Bildung*«, in: *Kulturelle Bildung online* (2013), https://www.kubi-online.de/artikel/choreografien-des-alltags-bewegung-tanz-kontext-kultureller-bildung (abgerufen am 09.11.2022).

KLINGER, Ulrike und Jakob SVENSSON: »*The emergence of network media logic in political communication: A theoretical approach*«, in: *New Media & Society 17/8* (2015), S. 1241–1257.

KNOBLAUCH, Hubert: *Populäre Religion: Auf dem Weg in eine spirituelle Gesellschaft*, Frankfurt am Main: Campus Verlag 2009.

KOLLMORGEN, Raj, Wolfgang MERKEL und Hans-Jürgen WAGENER (Hrsg.): *Handbuch Transformationsforschung*, Wiesbaden: Springer Fachmedien 2015.

KUMLEHN, Martina: »*Deutungsmacht*«, https://www.bibelwissenschaft.de/stichwort/200577/ (abgerufen am 14.12.2019).

KUNZ, Ralph und Matthias ZEINDLER (Hrsg.): *Alle sind gefragt: Priestertum aller Gläubigen heute*, Zürich: Theologischer Verlag Zürich 2018.

LANGE, Ernst: *Zur Theorie und Praxis der Predigtarbeit: Bericht von einer homiletischen Arbeitstagung September 1967 - Esslingen*, Stuttgart: Kreuz-Verl. 1968 (Predigtstudien. Beiheft 1).

LANGE, Ernst: *Predigen als Beruf: Aufsätze*, Stuttgart: Kreuz-Verlag 1976.

LANGE, Ernst: »*Zur Aufgabe christlicher Rede*«, in: SCHLOZ, Rüdiger (Hrsg.): *Predigen als Beruf. Aufsätze zu Homiletik, Liturgie und Pfarramt*, 1. Aufl., Stuttgart: Kreuz-Verlag 1976, S. 52–67.

LANGE, Ernst: »*Sprachschule für die Freiheit. Bildung als Problem und Funktion der Kirche*«, in: SCHLOZ, Rüdiger und Alfred BUTENUTH (Hrsg.): *Kirche für die Welt. Aufsätze zur Theorie kirchlichen Handelns*, München/Gelnhausen: Chr. Kaiser 1992.

LARTEY, Emmanuel Y.: »*Postcolonializing Pastoral Theology: Enhancing the Intercultural Paradigm*«, in: RAMSAY, Nancy Jean (Hrsg.): *Pastoral theology and care: critical trajectories in theory and practice*, Chichester, West Sussex, UK: Wiley Blackwell 2018, S. 79–98.

LATOUR, Bruno: *Reassembling the Social: An Introduction to Actor-Network-Theory*, Oxford 2007.

LAUSTER, Jörg: »*Leben. Genetischer Code/Lebensphilosophie/inneres Erleben/ewiges Leben*«, in: GRÄB, Wilhelm und Birgit WEYEL (Hrsg.): *Handbuch Praktische Theologie*, Gütersloh: Gütersloher Verlagshaus 2007, S. 137–148.

LEHMANN, Roland M.: *Reformation auf der Kanzel: Martin Luther als Reiseprediger*, 1. Aufl., Tübingen: Mohr Siebeck 2021.

»*Leitfaden_Gender_Lehre_Layout.pdf*«, https://www.uni-goettingen.de/de/document/download/36012151f45f8bac44c146c88c4eb714.pdf/Leitfaden_Gender_Lehre_Layout.pdf (abgerufen am 22.11.2021).

LONG, Thomas G.: *The Witness of Preaching, Third Edition*, 3. Aufl., Louisville, KY: Westminster John Knox Press 2016.

LOREY, Isabell: »*Konstituierende Kritik. Die Kunst, den Kategorien zu entgehen*«, in: MENNEL, Birgit, Stefan NOWOLNY und Gerald RAUNIG (Hrsg.): *Kunst der Kritik*, Wien 2010, S. 47–64.

LOURD, Audre: »*Du kannst nicht das Haus des Herren mit dem Handwerkszeug des Herren abreissen*«, in: SCHULTZ, Dagmar (Hrsg.): *Macht und Sinnlichkeit. Ausgewählte Texte von Audre Lorde und Adrienne Rich*, Berlin 1993, S. 199–212.

LUHMANN, Niklas: *Legitimation durch Verfahren*, 10. Auflage, Frankfurt am Main: Suhrkamp 2017 (Suhrkamp Taschenbuch Wissenschaft 443).

LUTHER, Henning: *Religion und Alltag: Bausteine zu einer Praktischen Theologie des Subjekts*, Stuttgart: Radius 1992.

LUTHER, Martin: *WA TR*, Weimar 1883.

MARINA, José Antonio: *Die Passion der Macht: Theorie und Praxis der Herrschaft*, Basel: Schwabe Verlag 2011 (Schwabe reflexe 12).

MARKSCHIES, Christoph: *Gottes Körper: Jüdische, christliche und pagane Gottesvorstellungen in der Antike*, 1. Auflage, München: C.H.Beck 2016.

MARX, Karl: *Grundrisse der Kritik der politischen Ökonomie*, Berlin 1953.

MASSEY, Doreen: *Space, Place, and Gender*, NED-New edition Aufl., University of Minnesota Press 1994.

»*Massnahmen zur Berücksichtigung von Gender-Aspekten in Lehre und Forschung*«, https://ethz.ch/services/de/anstellung-und-arbeit/arbeitsumfeld/chancengleichheit/equal-tools/gender-aspekte-in-lehre-und-forschung.html (abgerufen am 22.11.2021).

MCCLURE, John S.: *The roundtable pulpit: where leadership and preaching meet*, Nashville, Tenn: Abingdon 1995.

MCCRAY, Donyelle: »*Playing in Church: Insights from the Boundaries of the Sermon Genre*«, in: *null 36/2* (2021), S. 11–17.

MCCRAY, Donyelle C.: »*Black Feminist Triptych*«, in: *HMLTC 45/2* (2020), S. 5–13.

MCCULLOUGH, Amy P.: »*Her Preaching Body: Embodiment and the Female Preaching Body*«, in: *Practical Matters Journal 6* (2013), S. 1–8

MEAD, Margaret: *Coming of age in Samoa* (1928). New York: Mariner Books 2001.

MEAD, Margaret: *The world ahead: an anthropologist anticipates the future*, New York; Berghahn Books 2005 (Margaret Mead – the study of contemporary western cultures; v. 6).

MERRITT, Richard L.: »*On the Transformation of Systems*«, in: *International Political Science Review 1* (1980), S. 13–22.

MEYER, Katrin: *Macht und Gewalt im Widerstreit*, Basel 2016 (Schwabe reflexe).

MILLER-MCLEMORE, Bonnie J.: »*Feminist Theory in Pastoral Theology*«, in: MILLER-MCLEMORE, Bonnie J. und Brita L. GILL-AUSTERN (Hrsg.): *Feminist and womanist pastoral theology*, Nashville, Tenn: Abingdon Press 1999, S. 77–94.

MILLER-MCLEMORE, Bonnie J.: »*The Contributions of Practical Theology*«, in: MILLER-MCLEMORE, Bonnie J. (Hrsg.): *The Wiley Blackwell Companion to Practical Theology*, Chichester, West Sussex: Wiley-Blackwell 2013, S. 1–20.

»*Mission & History – Reconciling Ministries Network*« (abgerufen am 20.08.2022).

MOLTMANN-WENDEL, Elisabeth: *I Am My Body: A Theology of Embodiment*, Bloomsbury Academic 1995.

MOLTMANN-WENDEL, Elisabeth: *Die Weiblichkeit des Heiligen Geistes. Studien zur Feministischen Theologie*, Gütersloh.

MOYO, Herbert: »*Liturgy and Justice in Postcolonial Zimbabwe: Holy People, Holy Places, Holy Things in the Evangelical Lutheran Church in Zimbabwe*«, in: CARVALHAES, Claudio (Hrsg.): *Liturgy in postcolonial perspectives: only one is holy*, New York: Palgrave Macmillan 2015 (Postcolonialism and religions), S. 95–106.

MÜLLER, Sabrina: »*How Ordinary Moments Become Religious Experiences. A Process-Related Practical Theological Perspective*«, in: RIEGEL, Ulrich, Eva-Maria LEVEN und Daniel FLEMING (Hrsg.): *Religious Experience and Experiencing Religion in Religious Education*, Münster/New York: Waxmann 2018, S. 79–96.

MÜLLER, Sabrina: *Gelebte Theologie - Impulse für eine Pastoraltheologie des Empowerments*, Zürich: Theologischer Verlag Zürich 2019 (Theologische Studien).

MÜLLER, Sabrina: »*Die transformierende Wirkung religiöser Erfahrung und die Genese gelebter Theologie*«, in: FAIX, Tobias und Tobias KÜNKLER (Hrsg.): *Handbuch Transformation: ein Schlüssel zum Wandel von Kirche und Gesellschaft*, Neukirchen-Vluyn: Neukirchener Verlag 2021, S. 256–268.

MÜLLER, Sabrina: *Religiöse Erfahrung und ihre transformative Kraft. Empirische und hermeneutische Zugänge zu einem praktisch-theologischen Grundbegriff*, Berlin: De Gruyter 2023.

MÜLLER, Sabrina und Jasmine SUHNER: »*Eine Frage der Relation: praktisch-theologische Annäherungen an die Frage nach Irrtum und Erkenntnis*«, in: *conexus 2019/2* (2019), S. 8–24.

MÜLLER, Sabrina und Patrick TODJERAS: »*Theological Empowerment of Lay Leaders: A Citizen Science Project in Switzerland and Austria*«, in: *Ecclesial Practices 8/2* (2021), S. 185–198.

NICOL, Martin und Alexander DEEG: »*Einander ins Bild setzen*«, in: CHARBONNIER, Lars, Konrad MERZYN und Peter MEYER (Hrsg.): *Homiletik: aktuelle Konzepte und ihre Umsetzung*, Göttingen: Vandenhoeck & Ruprecht 2012 (elementar. Arbeitsfelder im Pfarramt), S. 68–84.

NICOL, Martin und Alexander DEEG: *Im Wechselschritt zur Kanzel. Praxisbuch Dramaturgische Homiletik*, 2. Aufl., Göttingen: Vandenhoeck & Ruprecht 2013.

NUTTIN, Joseph: *Future time perspective and motivation: theory and research method*, New York; Psychology Press 1985 (Louvain psychology series: studia psychologica).

NYSSA, Gregor v.: »*Ausgewählte Reden*«, *Ausgewählte Schriften des heiligen Gregorius, Bischofs von Nyssa*, Bd. 70, Kempten 1880 (Bibliothek der Kirchenväter, 1 Serie).

»*Pfarrdienststatistik der EKD*« (abgerufen am 04.07.2022).

OTTONI-WILHELM, Dawn, *New Hermeneutic, New Homiletic, and New Directions: an U.S.-North American Perspective*, in: DEEG, Alexander, Martin NICOL (Hrsg.): *Bibelwort und Kanzelsprache. Homiletik und Hermeneutik im Dialog*, Leipzig: Evangelische Verlagsanstalt 2010, S. 47–71.

PLEIZIER, Theo: *Religious Involvement in Hearing Sermons: A Grounded Theory Study in Empirical Theology and Homiletics*, Delft: Eburon Academic Publishers 2010.

POHL-PATALONG, Uta: »*Bibliolog. Eine neue Predigtform in der homiletischen Diksussion*«, in: *Pastoraltheologie 90* (2001), S. 272–284.

POHL-PATALONG, Uta: *Bibliolog: Impulse für Gottesdienst, Gemeinde und Schule. Grundformen*, Bd. 1, 3. Aufl., Stuttgart: Verlag W. Kohlhammer 2013.

POHL-PATALONG, Uta und Maria Elisabeth AIGNER: *Bibliolog: Impulse für Gottesdienst, Gemeinde und Schule. Aufbauformen*, Bd. 2, 2nd ed. Aufl., Stuttgart: Verlag W. Kohlhammer 2012.

POHL-PATALONG, Uta, Philipp GESSLER und Stephan KOSCH: »*Noch keine Kirche der Armen*«, in: *Zeitzeichen* (2019), https://zeitzeichen.net/node/7900 (abgerufen am 09.11.2022).

POSCHARSKY, Peter: *Die Kanzel: Erscheinungsformen im Protestantismus bis zum Ende des Barocks*, Gütersloh: Gütersloher Verlagshaus 1963.

POSCHARSKY, Peter: »*Kanzel*«, *Theologische Realenzyklopädie Online*, Berlin/New York: De Gruyter 2010, S. 599–604.

PREUL, Reiner: *Kirchentheorie*, Berlin: de Gruyter 1997.

RABENS, Volker: »*Transformation im Neuen Testament. Ein Ein- und Überblick über zentrale Ziele und Strukturen neutestamentlicher Transformationsprozesse*«, in: FAIX, Tobias und Tobias KÜNKLER (Hrsg.): *Handbuch Transformation: ein Schlüssel zum Wandel von Kirche und Gesellschaft*, Neukirchen-Vluyn: Neukirchener Verlag 2021, S. 165–183.

RECKWITZ, Andreas: *Das hybride Subjekt: eine Theorie der Subjektkulturen von der bürgerlichen Moderne zur Postmoderne*. Überarbeitete Neuauflage, Berlin 2020 (Suhrkamp-Taschenbuch Wissenschaft 2294).

»*Reconciling Ministries Network*« (abgerufen am 20.08.2022).

RHEINBERGER, Hans-Jörg: *Experiment, Differenz, Schrift: zur Geschichte epistemischer Dinge*, Marburg an der Lahn: Basilisken-Presse 1992.

ROEST, Henk de: *Collaborative Practical Theology: Engaging Practitioners in Research on Christian Practices*, Leiden: Brill 2019.

ROSA, Hartmut: *Resonanz: Eine Soziologie der Weltbeziehung*, 5. Aufl., Berlin: Suhrkamp Verlag 2016.

ROSA, Hartmut: »*Sich genügend Zeit lassen*«, in: *Deutschlandfunk Kultur* (02.01.2016), https://www.deutschlandfunkkultur.de/soziologe-hartmut-rosa-sich-genuegend-zeit-lassen-100.html (abgerufen am 29.09.2022).

ROSA, Hartmut: *Resonanz: eine Soziologie der Weltbeziehung*, 7. Aufl., Berlin 2017.

RÖSSLER, Dietrich: *Grundriß der Praktischen Theologie*, 2. Aufl., Berlin/New York: de Gruyter 1994.

SABISCH, Katja: »*Poststrukturalismus: Geschlechterforschung und das Denken der Differenz*«, in: KORTENDIEK, Beate, Birgit RIEGRAF und Katja SABISCH (Hrsg.): *Handbuch Interdisziplinäre Geschlechterforschung. Geschlecht und Gesellschaft*, Bd. 65, Wiesbaden 2017.

SANDOVAL, Chéla: »*RE-ENTERING CYBERSPACE: SCIENCES OF RESISTANCE*«, in: *Dispositio 19/46* (1994), S. 75–93.

SANDOVAL, Chela: *Methodology of the Oppressed: Volume 18*, Illustrated Edition Aufl., Minneapolis, MN: University of Minnesota Press 2000.

SCHARFFENORTH, Gerta und Erika REICHLE: »*Frau VII. Neuzeit*«, *Theologische Realenzyklopädie*, Bd. 11, Berlin/New York 1983.

Schlag, Thomas: »*Öffentlichkeit 4.0*«, in: Merzyn, Konrad, Ricarda Schnelle und Christian Stäblein (Hrsg.): *Reflektierte Kirche: Beiträge zur Kirchentheorie*, Leipzig: Evangelische Verlagsanstalt 2018, S. 321–336.

Schmidt, Eric und Jared Cohen: *The New Digital Age: Transforming Nations, Businesses, and Our Lives*, New York: Vintage 2013.

Schnütgen, Tatjana K.: *Tanz zwischen Ästhetik und Spiritualität: Theoretische und empirische Annäherungen*, Göttingen: Vandenhoeck & Ruprecht 2019 (Research in contemporary religion; Band 26).

Schottroff, Luise: »*Die Herren wahren den theologischen Besitzstand. Zur Situation feministisch-theologischer Wissenschaft in der Bundesrepublik Deutschland*«, in: *Junge Kirche 51* (1990), S. 367–371.

Schreiter, Robert J.: *Constructing Local Theologies*, Revised Aufl., Maryknoll, N.Y.: Orbis Books 2007.

Schroer, Markus: *Soziologische Theorien: Von den Klassikern bis zur Gegenwart*, Paderborn 2017 (UTB 8695).

Schroer, Silvia: »*Der Geist, die Weisheit und die Taube. Feministisch-kritische Exegese eines neutestamentlichen Symbols auf dem Hintergrund seiner altorientalischen und hellenistisch-frühjüdischen Traditionsgeschichten*«, in: *Freiburger Zeitschrift für Philosophie und Theologie 22* (1986), S. 197–225.

Schüngel-Straumann, Helen: »*Zur Dynamik der biblischen rûah – Vorstellung*«, in: Moltmann-Wendel, Elisabeth (Hrsg.): *Die Weiblichkeit des Heiligen Geistes. Studien zur Feministischen Theologie*, Gütersloh, S. 17–37.

Schüssler Fiorenza, Elisabeth: *Transforming vision: explorations in feminist the*logy*, Minneapolis: Fortress Press 2011.

Schüssler Fiorenza, Elisabeth: *Changing horizons: explorations in feminist interpretation*, Minneapolis: Fortress Press 2013.

Schüssler Fiorenza, Elisabeth: *Empowering memory and movement: thinking and working across borders*, Minneapolis: Fortress Press 2014.

Scott, Sasha A. Q.: »*Algorithmic absolution: the case of catholic confessional Apps*«, in: *Online - Heidelberg journal of religions on the internet 11* (2016), S. 254–275.

Seemann, Michael: *Die Macht der Plattformen: Politik in Zeiten der Internetgiganten*, 1. Auflage, Berlin: Aufbau Verlag 2021.

Serres, Michel: *Atlas*, Berlin: Merve 2005.

Serres, Michel: *Erfindet euch neu!: Eine Liebeserklärung an die vernetzte Generation*, Deutsche Erstausgabe, Berlin: Suhrkamp Verlag 2013.

Sheppard, Phillis Isabella: »*Womanist Pastoral Theology and Black Women's Experience of Gender, Religion, and Sexuality*«, in: Ramsay, Nancy J (Hrsg.): *Pastoral theology and care: critical trajectories in theory and practice*, Chichester West Sussex: Wiley-Blackwell 2018, S. 125–148.

Shercliff, Liz: *Preaching Women: Gender, Power and the Pulpit*, SCM Press 2019.

Sievert, Holger und Ralf Peter Reimann: *Interaktion Unerwünscht? Online-Gottesdienste Während Der Corona-Pandemie. Weitere Ausgewählte Ergebnisse Der Befragungsstudie »Rezipiententypologie Evangelischer Online-Gottesdienstbesucher*Innen Während Und Nach Der Corona-Krise«*, Rochester, NY: Social Science Research Network 2021.

Siwila, Lilian Cheelo: »*Do This in Remembrance of Me: An African Feminist Contestation of the Embodied Sacred Liturgical Space in the Celebration of Eucharist*«, in:

Carvalhaes, Claudio (Hrsg.): *Liturgy in postcolonial perspectives: only one is holy*, New York: Palgrave Macmillan 2015 (Postcolonialism and religions), S. 83–94.

Slee, Nicola: *Fragments for Fractured Times: What Feminist Practical Theology Brings to the Table*, London: SCM Press 2020.

Sölle, Dorothée: *Mystik und Widerstand*, Freiburg i.Br. 2014.

Spivak, Gayatri Chakravorty: »*Can the subaltern speak?*«, in: Williams, Patrick und Laura Chrisman (Hrsg.): *Colonial discourse and post-colonial theory. A reader*, New York: Columbia University Press 1994, S. 66–111.

Staehle, Hanna: »*Russian Orthodox Clergy and Laity Challenging Institutional Religious Authority Online: The Case of Ahilla.ru*«, in: *Entangled Religions 11/3* (2020), https://er.ceres.rub.de/index.php/ER/article/view/8445 (abgerufen am 28.09.2022).

Stalder, Felix: *Kultur der Digitalität*, Berlin: Suhrkamp Verlag 2016.

Stephens, Darryl W.: »*A Charismatic Learning: Open and Affirming Ministry in a Methodist Congregation*«, in: *International Journal of Practical Theology 22/2* (2018), S. 193–210.

Sugirtharajah, R.S.: *Voices from the Margin: Interpreting the Bible in the Third World*, 3. Aufl., Maryknoll, N.Y.: Orbis Books 2016.

Suhner, Jasmine und Thomas Schlag: »*Lebensrelevante Theologieproduktivität: Überlegungen zum ›Theologiebegriff‹ in der Praktischen Theologie*«, in: *Praktische Theologie 55/1* (2020), S. 4–10.

Taylor, C. Gardner: »*Shaping Sermons by the Shape of Text and Preacher*«, in: Wardlaw, Don M. (Hrsg.): *Preaching biblically*, Philadelphia: Westminster Press 1983, S. 137–152.

Taylor, Gardner C.: *How shall they preach*, Elgin, IL: Progressive Baptist Pub. House 1977.

Tengström, Sven: »*Art.* חור«, *Theologisches Wörterbuch zum Alten Testament*, Bd. VII, Stuttgart 1993, S. 385–425.

Thomas, Gerald Lamont: *African American Preaching: The Contribution of Dr. Gardner C. Taylor*, New Edition Aufl., New York: Peter Lang Inc., International Academic Publishers 2004.

Tillich, Paul: *Systematic Theology, Volume 1*, Chicago: University of Chicago Press 1973.

Tisdale, Leonora Tubbs: *Preaching as Local Theology and Folk Art*, Minneapolis: Augsburg Fortress 1997.

Turner, Stephen: »*Charisma – neu bedacht*«, in: Gostmann, Peter und Peter-Ulrich Merz-Benz (Hrsg.): *Macht und Herrschaft: Zur Revision zweier soziologischer Grundbegriffe*, Wiesbaden: VS Verlag für Sozialwissenschaften 2007, S. 81–105.

Turpin, Katherine: »*The Complexitiy of Local Knowledge*«, in: Mercer, Joyce Ann und Bonnie J. Miller-McLemore (Hrsg.): *Conundrums in Practical Theology*, Leiden/Boston: Brill 2016, S. 250–275.

Ulrich Bock: »*Kanzel*«, *Religion in Geschichte und Gegenwart – Online Publikation*, 4. Aufl., Leiden: Brill.

»*UZH - UFSP Digital Religion(s)*«, http://www.digitalreligions.uzh.ch/de.html (abgerufen am 01.10.2022).

Volf, Miroslav und Matthew Croasmun: *For the Life of the World: Theology That Makes a Difference*, Grand Rapids, MI: Brazos Press 2019.

Wagner, Andreas: »*Art. Körperteile*«, *Das Wissenschaftliche Bibellexikon im Internet* 2013.

WARD, Richard F.: »*Performance Turn in Homiletics*«, in: *Reformed Liturgy and Music 30:2* (1996).

WEBER, Max: *Max Weber-Studienausgabe: Wirtschaft und Gesellschaft. Jubiläumspaket*, Tübingen: Mohr Siebeck 2014.

WELKER, Michael: *Gottes Geist. Theologie des Heiligen Geistes*, Neukirchen-Vluyn 1992.

WELSCH, Wolfgang: »*Transkulturalität: Realität und Aufgabe*«, in: GIESSEN, Hans W. und Christian RINK (Hrsg.): *Migration, Diversität und kulturelle Identitäten: Sozial- und kulturwissenschaftliche Perspektiven*, Stuttgart: Springer 2020, S. 3–18.

WEYEL, Birgit: »*Predigt*«, in: GRÄB, Wilhelm und Birgit WEYEL (Hrsg.): *Handbuch Praktische Theologie*, Gütersloh: Gütersloher Verlagshaus 2007, S. 627–638.

WIEK, Arnim u. a.: »*From complex systems analysis to transformational change: a comparative appraisal of sustainability science projects*«, in: *Sustain Sci 7/1* (2012), S. 5–24.

WILKE, Jürgen: *Grundzüge der Medien- und Kommunikationsgeschichte: Von den Anfängen bis ins 20. Jahrhundert*, Köln: Böhlau Verlag 2000.

»*Wir als Open Place…, Evangelische Kirche Kreuzlingen*«, https://www.open-place.ch/wir-als-open-place (abgerufen am 03.03.2022).

WISCHKE, Mirko und Georg ZENKERT (Hrsg.): *Macht und Gewalt. Hannah Arendts »On Violence« neu gelesen*, Wiesbaden 2019.

WITTMAYER, Julia und Katharina HÖLSCHER: »*Transformationsforschung – Definitionen, Ansätze, Methoden*« (2017), Mohr Siebeck Verlag.

WOLFF, Hans Walter: *Anthropologie des Alten Testamentes*, 6. Aufl., Gütersloh: Chr. Kaiser / Gütersloher Verlagshaus 1994.

»*Yeet I Das evangelische Contentnetzwerk*«, https://yeet.evangelisch.de/ (abgerufen am 16.10.2021).

ZERFASS, Rolf: *Der Streit um die Laienpredigt: eine pastoralgeschichtliche Untersuchung zum Verständnis des Predigtamtes und zu seiner Entwicklung im 12. und 13. Jahrhundert*, Freiburg: Herder 1974 (Untersuchungen zur praktischen Theologie 2).

ZUBOFF, Shoshana: *Das Zeitalter des Überwachungskapitalismus*, übers. von. Bernhard SCHMID, Frankfurt/New York: Campus Verlag 2018.